国家社会科学基金重大项目"建设面向东北亚开放合作高地与推进新时代东北振兴研究"(批准号：20&ZD098)

"一带一路"背景下中俄区域经济合作新进展

New Progress of Sino-Russian Regional Economic Cooperation under the Background of "One Belt One Road"

刁秀华 著

中国社会科学出版社

图书在版编目（CIP）数据

"一带一路"背景下中俄区域经济合作新进展/刁秀华著. —北京：中国社会科学出版社，2023.10
ISBN 978-7-5227-2800-1

Ⅰ.①一… Ⅱ.①刁… Ⅲ.①区域经济合作—国际合作—研究—中国、俄罗斯 Ⅳ.①F125.4 ②F151.254

中国国家版本馆 CIP 数据核字（2023）第 234758 号

出 版 人	赵剑英
责任编辑	刘晓红
责任校对	周晓东
责任印制	戴　宽

出　　版	中国社会科学出版社
社　　址	北京鼓楼西大街甲 158 号
邮　　编	100720
网　　址	http://www.csspw.cn
发 行 部	010-84083685
门 市 部	010-84029450
经　　销	新华书店及其他书店
印　　刷	北京君升印刷有限公司
装　　订	廊坊市广阳区广增装订厂
版　　次	2023 年 10 月第 1 版
印　　次	2023 年 10 月第 1 次印刷
开　　本	710×1000　1/16
印　　张	15.75
字　　数	251 千字
定　　价	89.00 元

凡购买中国社会科学出版社图书，如有质量问题请与本社营销中心联系调换
电话：010-84083683
版权所有　侵权必究

前　　言

2013年9月和10月，中国国家主席习近平在出访中亚和东南亚国家期间，先后提出共建"丝绸之路经济带"和"21世纪海上丝绸之路"（以下简称"一带一路"）的重大倡议。为推进实施"一带一路"倡议，2015年中国政府发布了《推动共建丝绸之路经济带和21世纪海上丝绸之路的愿景与行动》，提出把东北地区建设成为中国向北开放的重要窗口。

近年来，随着"一带一路"倡议的推进、"丝绸之路经济带"与"欧亚经济联盟"（以下简称"一带一盟"）建设对接合作的深入以及中俄两国共同打造"一带一路"北向新通道，中俄两国区域经济合作不断加深。"一带一盟"建设对接，将中俄两国的全方位合作推向了更高阶段。俄罗斯总统普京认为，"丝绸之路经济带"和"欧亚经济联盟"的对接有助于加强中俄双方在高科技、交通和基础设施等领域的合作，特别是推动俄罗斯远东地区的发展。作为中国"一带一路"北向新通道的拓展地区，俄罗斯远东地区不仅是中俄两国扩大经贸和投资领域合作、深化能源领域合作的重要区域，而且是中俄双方建设能源运输大动脉和欧亚大陆交通走廊、打造"冰上丝绸之路"、实现"互联互通"的重点地区。

从俄罗斯方面来看，俄罗斯东部地区尤其是远东地区不仅具有重要的经济意义，而且具有特别重要的战略意义。因此，俄罗斯政府一直在东部地区实施长期的、特殊的地缘战略目标，也一直在寻求改变东部地区的落后状况和经济发展模式，试图通过东部地区的不断开发，保持其在太平洋地区乃至整个亚太地区的军事、政治和经济影响力，并推动整个俄罗斯经济的快速发展。为了加快东部地区尤其是远东地区的开发，俄罗斯先后出台了一系列战略规划和发展纲要。特别是普京总统执政以来，对远东地区开发做出了详细规划和具体部署，不断加大对远东地区的开发力度。

由于远东地区开发的艰巨性和长期性，仅靠俄罗斯自身力量无法达到预定目标，因而寻求国际合作、扩大开放、吸引国际投资成为俄罗斯的必然选择。随着亚太地区经济的迅速发展，对资源的需求不断增加，为俄罗斯提供了前所未有的商机。乌克兰危机爆发后，随着欧美各国对俄罗斯的经济制裁及俄罗斯的反制裁，俄罗斯与西方国家的经济合作受到巨大冲击和严重阻碍。因此，俄罗斯希望将东部地区尤其是远东地区对外经济合作的重心转向亚太地区，实行"向东看"战略，特别是通过建立跨越式发展区和符拉迪沃斯托克自由港等新举措，推动远东地区的可持续开发和发展。俄罗斯试图通过实施一系列推动远东地区发展的实质性政策措施，拓展亚太市场，融入亚太地区经济一体化，寻求亚太地区国家尤其是中国共同参与远东地区的开发和建设，助力远东地区的发展。

从中国方面来看，习近平总书记关于新时期东北地区建设面向俄罗斯远东及东北亚地区开放合作高地的重要部署，成为东北地区深度开展对俄罗斯远东地区开放合作以及中俄两个毗邻地区强化经济合作的重要战略指引。在中俄两国政府的共同努力和大力推动下，两国间的区域经济合作尤其是中国东北地区与俄罗斯远东地区的经贸合作关系不断发展，合作领域逐步拓宽，合作共赢成为两国区域经济合作所追求的共同目标。一方面，中国东北振兴与俄罗斯远东地区开发具有较强的互补性，两个毗邻地区的发展能够互相借重。另一方面，中国东北地区新一轮振兴与俄罗斯远东地区开发同步实施，为双方提供了对接合作的新机遇，形成相互促进和共同发展的新格局。新形势下，中俄两个毗邻地区的合作空间将会进一步扩大，合作平台也会更大。

本书共分为六章，以"一带一路"和"一带一盟"对接合作为背景，对打造"一带一路"北向通道背景下中俄区域经济合作问题展开全方位和多层面的分析研究。概括起来，主要包括以下内容：

第一章作为本书的基础性部分，以大量数据和资料为基础，分析俄罗斯东部地区尤其是远东地区的资源状况、总体开发进程和主要进展。本章还重点剖析了长期困扰俄罗斯东部开发的不利因素和存在的主要问题。

第二章深入分析俄罗斯东部地区特别是远东地区开发战略与规划纲要的实施进展情况及主要措施，较为详细地分析了叶利钦执政前后到普京各任期和"梅普组合"时期出台的各类主要发展战略规划纲要及其实施情况；深入分析俄罗斯东部开发的新进展与取得的成效。

第三章重点分析了俄罗斯东部开发条件下中俄区域经济合作问题，包括中俄区域经济合作的进展情况、区域经济合作特点和主要合作领域，深入分析了中俄区域经济合作的有利因素与存在的问题。

第四章全面阐述打造"一带一路"北向新通道背景下中国东北地区对俄罗斯远东地区开放合作高地建设问题。基于中国东北地区新一轮振兴与俄罗斯远东地区开发是相互促进、共同发展的互动关系这一前提，以打造东北地区对俄罗斯远东地区合作的"桥头堡"为目标，对新时期东北地区新一轮振兴与俄罗斯远东地区开发的有效对接合作展开深入研究，分析了构筑"一带一路"北向通道下深化中俄区域经济合作的问题。

第五章分析了"一带一路"国际合作背景下中俄区域经济合作新格局问题。深入研究了"一带一盟"对接合作的现状，以及"一带一盟"对接合作框架下中俄区域经济合作面临的新机遇和新挑战，同时，对"一带一盟"对接合作框架下上海合作组织与欧亚经济联盟的联动发展问题展开了深入探讨。

第六章为总结性评述和对策建议，是对本书分析和研究打造"一带一路"北向通道下中俄区域经济合作问题的总结和概括。在此基础上，提出构筑面向东北亚开放合作高地视阈下深化中俄区域经济合作的对策建议。

本书为国家社会科学基金重大项目"建设面向东北亚开放合作高地与推进新时代东北振兴研究"（批准号：20&ZD098）的阶段性成果，并获得大连市人民政府重点资助出版。值本书付梓之际，非常感谢责任编辑刘晓红女士卓有成效的工作。

本书在撰写过程中参考了大量国内外文献资料。在此，对这些文献资料的作者深表谢意。书中难免存在疏漏或不妥之处，敬请读者批评指正。

目 录

第一章 俄罗斯东部地区开发 ········· 1

第一节 俄罗斯东部地区资源状况 ········· 1
第二节 俄罗斯东部地区开发历史进程 ········· 17
第三节 俄罗斯东部地区开发现状 ········· 20
第四节 俄罗斯东部地区开发的有利因素 ········· 42
第五节 俄罗斯东部地区开发的障碍 ········· 47
第六节 本章小结 ········· 57

第二章 俄罗斯东部开发战略规划及其具体实施 ········· 60

第一节 叶利钦执政前后的东部发展规划 ········· 60
第二节 普京第一、第二任期的东部发展战略规划 ········· 63
第三节 "梅普组合"时期的东部发展规划与开发战略 ········· 67
第四节 普京第三任期以来东部开发新战略与新举措 ········· 76
第五节 俄罗斯东部开发战略的具体实施与新成效 ········· 86
第六节 本章小结 ········· 106

第三章 中俄两国区域经济合作分析 ········· 109

第一节 中俄两国区域经济合作的进展 ········· 109
第二节 中俄两国区域经济合作的特点 ········· 111
第三节 中俄两国区域经济合作的主要领域 ········· 115
第四节 中俄两国区域经济合作的利弊因素分析 ········· 140

第五节　本章小结……………………………………………… 147

第四章　新时期东北地区对俄远东地区开放合作高地建设……… 151

第一节　东北地区打造对外开放合作高地的深刻含义……… 151
第二节　构筑对俄远东地区开放合作新高地的有利条件…… 155
第三节　新时期东北地区新一轮振兴与俄远东地区开发
　　　　有效对接合作………………………………………… 160
第四节　新时期中俄区域经济合作面临的新挑战…………… 174
第五节　构筑"一带一路"北向通道下深化中俄区域经济
　　　　合作的新思考………………………………………… 177
第六节　本章小结……………………………………………… 199

第五章　"一带一路"背景下中俄区域经济合作新格局…………… 202

第一节　"一带一盟"对接合作：中俄区域经济合作的
　　　　新机遇………………………………………………… 202
第二节　"一带一盟"背景下上海合作组织与欧亚经济联盟的
　　　　对接合作……………………………………………… 208
第三节　"一带一路"背景下俄罗斯"向东看"战略与中俄
　　　　区域经济合作………………………………………… 221
第四节　本章小结……………………………………………… 225

第六章　总结性评述与对策建议…………………………………… 227

第一节　总结性评述…………………………………………… 227
第二节　对策建议……………………………………………… 230

参考文献……………………………………………………………… 234

第一章

俄罗斯东部地区开发

俄罗斯东部地区被称为"世界上唯一尚未得到很好开发利用的自然资源宝库"。长期以来,俄罗斯一直重视东部地区的开发与建设。作为俄罗斯资源宝库的东部地区,丰富的自然资源为俄罗斯的经济发展提供了良好的基础,形成了采矿业、原材料产业、能源等支柱产业。在俄罗斯东部开发进程中,自然资源一直是重点发展产业。尽管俄罗斯东部地区资源极其丰富,但由于基础设施落后、经济不发达,再加上人口匮乏,该地区的开发困难重重,今后的开发也依然任重道远。

第一节 俄罗斯东部地区资源状况

一 能源资源

俄罗斯是世界上的能源大国,石油、天然气、煤炭储量极大,能源资源大部分集中在东部的西伯利亚和远东地区,那里不仅是俄罗斯最重要的燃料动力生产基地,而且是世界上能源资源最丰富的地区。

(一) 石油资源

俄罗斯是世界上油气储量巨大、开发能力较强的国家,是世界主要的能源生产国和出口国,根据英国石油公司(BP)的数据,2018年世界石油储量达16696亿桶(269.8万亿升),其中俄罗斯的石油储量为1062亿桶,占世界的6.3%,居世界第六位。按现有的开采水平,探明储量可供开采 40—50 年。① 俄罗斯已探明和潜在（前景）油气总储量高达 900 亿吨，已探明的石油总储量估计为 75 亿—120 亿吨，最高估计为 187 亿吨，这一数字只包括了目前投产和建设的油田中已确认能够产油的油田产量；如加上已探明有望产油的油田，则将达到 310 亿吨，再加上预计但尚未探明的远景石油储量 454 亿吨，这一数值将会异常庞大。②

俄罗斯东部地区石油资源极为丰富，主要分布在西伯利亚、远东地区及北极大陆架。全俄 61% 的石油分布在西西伯利亚地区，15.1% 的石油分布在东西伯利亚和远东地区。据塔斯社报道，俄罗斯北极地区的石油储量高达 73 亿吨，凝析油储量达 27 亿吨。西伯利亚地区分布着以秋明油田为主的 150 多个储油区，形成了沙伊姆油区、苏尔古特油区、下瓦尔多夫斯克油区、中维柳伊气田、马斯塔赫气田和中鲍图奥宾斯克油气田等。东西伯利亚地区的油气储量主要集中于克拉斯诺亚尔斯克边疆区和伊尔库茨克州。

由于高加索、伏尔加、叶尼塞等老油区即将进入后发展期，西伯利亚及远东地区变成 21 世纪俄罗斯的主要油气产地。丰富的油气资源不仅能为西伯利亚及远东地区换回大量的资金，还能带动社会经济的发展，成为该地区的主要经济支柱。有关资料表明，西西伯利亚地区有开采价值的油气田总面积超过 170 万平方千米，而仅在秋明州就已发现 400 处石油蕴藏地，探明储量达 200 亿吨，占全俄石油储量的 65%。除了已采出的约 70 亿吨外，在该州尚储有 130 亿吨。大约 80 亿吨蕴藏在汉特—曼西自治区、45 亿吨在亚马尔—涅涅茨自治区、5 亿吨在秋明州南部。该地区石油开采主要集中在北纬 60°—62° 的鄂毕河两岸。不过，秋明州的石油开采高峰已过，现有储量中的 80 亿吨位于低产油田中，约 70 亿吨含水 16% 以上。③

---

① "Когда Закончится Нефть: Самые Крупные Разведанные Запасы Нефти в России и Мире", https://dividendoff.net/makroekonomika/zapasy-nefti.html.

② 成键等：《春眠不觉晓——困境中复苏的俄罗斯经济》，重庆出版社 2007 年版，第 160—161 页。

③ 赵立枝主编：《俄罗斯东部经济社会发展概要》，黑龙江教育出版社 2001 年版，第 126 页。

俄罗斯远东地区共有 116 个油气田（包括鄂霍茨克海和日本海在内），其中包括 11 个油田、23 处油气田、36 处凝析液田。远东地区石油主要分布在萨哈（雅库特）共和国和萨哈林州，储量分别为 6.732 亿吨和 4.26 亿吨，其中萨哈林州的石油主要分布于大陆架上，为 3.75 亿吨。萨哈（雅库特）共和国的勒拿—通古斯油气省和哈坦格—维柳伊油气省、萨哈林 1—5 号油气田、楚科奇自治区的阿纳德尔—纳瓦林油气省和哈德尔油气省、堪察加边疆区和萨哈林州的鄂霍茨克油气省和哈巴罗夫斯克边疆区的上布列因油气省是远东地区主要的油气田。目前，远东地区剩余可采石油储量为 11.09 亿吨，凝析液剩余可采储量为 2.53 亿吨。远东地区的油气潜力主要分布在太平洋和北冰洋的大陆架上，其中，鄂霍茨克海和白令海是最具有发展前景的地区，主要包括北萨哈林油气区、西勘察加油气区以及勒拿—维柳伊油气区。据全俄地质矿产研究所的统计，远东地区石油的远景资源储量预测高达 60 亿吨。①

（二）天然气资源

俄罗斯是世界上天然气资源最为丰富的国家，产量居世界首位。根据欧佩克 2015 年的估算，俄罗斯的天然气储量为 49.5 万亿立方米，是世界上天然气储量最大的国家，占世界的总储量的 24.5%。② 按现有的开采水平，其天然气证实储量可供开采 78 年。③ 俄罗斯天然气探明储量主要分布在西伯利亚地区，根据《西伯利亚发展战略》显示，西伯利亚地区的天然气探明储量约占全俄的 85%，仅西西伯利亚地区的探明储量就占全俄的 77.8%。俄罗斯西西伯利亚地区天然气主要集中在乌连戈伊、扬堡、秋明等地。根据《西伯利亚长期发展国家构想》，西西伯利亚石油天然气蕴藏区的天然气开采量 2020 年将增长到 6250 亿—6500 亿立方米，其中，汉特—曼西自治区增长到 160 亿—220 亿立方米、托木斯克州增长到 90 亿—100 亿立方米、亚马尔—涅涅茨自治区

---

① 周永恒等：《俄罗斯远东地区矿产资源开发现状与潜力》，《中国矿业》2017 年第 11 期。

② "Добыча Газа: Месторождения Газа в России и Мире", https://dividendoff.net/makroekonomika/mestorozhdeniya-gaza.html.

③ 安卓：《中俄能源合作新模式：合资公司控俄气田》，《第一财经日报》2009 年 10 月 13 日。

增长到6000亿—6250亿立方米。

值得一提的是，位于俄罗斯西西伯利亚平原西北部的亚马尔半岛，该地区总面积约为12.2万平方千米，拥有世界上最大的天然气储存量，被俄罗斯誉为"俄罗斯战略性天然气储备区"。近几年来，亚马尔半岛的天然气储备增加较快，据俄罗斯油气网2019年12月30日的报道，亚马尔半岛上的最大气田——克鲁津什捷姆斯科耶凝析气田的天然气储量从1.64万亿立方米增加到了2万亿立方米，增加了22%。该气田是亚马尔半岛上最大气田——博瓦年科夫斯科耶大气田的一部分，是开发亚马尔半岛主要天然气生产中心的基础。亚马尔半岛以东吉丹半岛的"北极液化天然气–2号"项目的探明储量为2350亿立方米。有资料表明，俄罗斯西伯利亚地区的油气田保证着全俄天然气出口量的90%和石油出口量的70%。

虽然俄罗斯的天然气主要产自西西伯利亚地区，但东西伯利亚和远东地区的天然气产量也将会逐步上升。目前，东西伯利亚地区已发现的油气田中，大多数尚处于勘探初期或中期。远东地区共有37个天然气田和23个油气田，主要分布在萨哈（雅库特）共和国和萨哈林州，分别为30310亿立方米和18720亿立方米。远东地区天然气储量巨大，剩余可采储量为50727亿立方米。远东地区天然气资源潜力巨大，远景资源储量预测为12万亿立方米。[①]

（三）水电资源

俄罗斯东部地区水力资源丰富，仅西伯利亚地区的水力资源占全俄罗斯的45%左右。这里湖泊众多，江河密布，水力资源是这一地区特殊的自然资源优势。

西伯利亚的水电资源占全俄的一半左右。鄂毕河、额尔齐斯河、叶尼塞河与安加拉河水力资源最为丰富，总发电能力约为4000亿千瓦小时，那里的河流不仅水量充沛（在全俄河流流量中约占30%的比重），而且水的落差较大，蕴藏着巨大的水力资源。

西伯利亚地区的水力资源在质和量两方面均在俄罗斯首屈一指。以

---

① 周永恒等：《俄罗斯远东地区矿产资源开发现状与潜力》，《中国矿业》2017年第11期。

克拉斯诺亚尔斯克边疆区为例，该边疆区河流流量较大，适于水力发电，那里分布着举世闻名的叶尼塞河及其支流安加拉河、下通古斯卡河、石泉河、汉泰卡河及库列伊卡河，西南有克季河及楚雷姆河，北部有泰梅尔河、哈坦加河及皮亚西纳河等。其中，潜在电能占东西伯利亚地区近一半的安加拉—叶尼塞河流域一带适于建设大功率的梯级电站，其潜在电能高达 4800 亿千瓦小时。近些年来，该地区一些举世瞩目的大型电站，如萨彦—舒申斯克水电站、克拉斯诺亚尔斯克水电站、乌斯季伊利姆斯克水电站已投产使用。

总之，水电站成为西伯利亚地区电力工业的支柱。自 20 世纪 50 年代以来，通过实施一系列区域经济综合开发计划，兴建了一系列巨大的水力发电站，为该地区经济发展提供了强有力的能源保证。著名的大型水力发电站有伊尔库茨克水电站、布拉茨克水电站（450 万千瓦）、乌斯季—伊利姆斯克水电站（360 万千瓦）和克拉斯诺亚尔斯克水电站（600 万千瓦）。[①]

（四）煤炭与核能资源

俄罗斯拥有世界上最大的潜在煤炭储量，煤炭资源占世界潜在煤炭储量的 30%，估计为 5.3 万亿吨。俄罗斯的煤炭资源种类齐全，炼焦煤、动力煤都有分布。煤炭探明储量为 2020 亿吨（占世界探明储量的 12%），居世界第三位，仅次于美国和中国，其中动力煤为 988 亿吨、焦煤为 386 亿吨、褐煤为 1033 亿吨。在俄罗斯已探明的煤炭储量中，大部分（75% 以上）集中在东部地区。

煤炭是西伯利亚地区主要的燃料动力资源，该地区煤炭的预测储量占全俄地质储量的 90%，占世界地质储量的 50% 左右。1998 年，该地区探明的煤炭储量为 1597.18 亿吨，占全俄罗斯的 79.8%。其中，西西伯利亚地区的煤炭储量相当丰富，约占苏联总地质储量的 1/10。该地区的煤矿主要集中在西伯利亚大铁路沿线，主要有库兹巴斯、坎斯克—阿钦斯克褐煤区、勒拿煤田、外贝加尔煤田、通古斯煤田及南雅库特煤田等。这里出产的煤炭不仅质地优良，而且煤层埋藏浅，适于露天开采。东西伯利亚地区约集中了全俄煤炭储量的 50% 左右，其储量高

---

① 赵立枝主编：《俄罗斯西伯利亚经济》，黑龙江教育出版社 2003 年版，第 39—40 页。

达3万亿吨。在已探明的矿藏中，东西伯利亚地区的煤炭绝大部分都集中在坎斯克—阿钦斯克煤田。北部地区由于受自然环境的影响，加之远离经济中心，尽管煤炭储量较高（占全地区的2/3左右），但开采难度较大，在近期内难以得到开发。南部的坎斯克—阿钦斯克煤田不仅储量丰富（高达6000亿吨），而且适合露天开采（煤层浅，约为80米）。该煤田集中了全俄适于露天开采的煤炭储量的80%。这里的煤炭灰分含量低（只有14%左右），含硫量小（为0.3%—0.5%），因而被视为未来理想的纯生态燃料资源的供应地。由于具有露天开采的特点，这里的煤炭开采成本是全俄最低的，这为东西伯利亚的火力发电提供了前提条件。

远东地区已探明的煤炭储量为200亿吨，其中约50%的煤炭储量可进行露天开采，远景煤炭资源储量预测高达3547亿吨，萨哈（雅库特）共和国、滨海边疆区、萨哈林州、哈巴罗夫斯克边疆区和阿穆尔州是主要产煤地区。远东地区已勘探的煤田约有100个，其中65%为褐煤，35%为石煤（其中46%为焦煤）。萨哈（雅库特）共和国是远东地区拥有大规模炼焦煤储量的唯一地区，该共和国的煤炭储量居远东地区首位，已探明的煤炭储量为93.91亿吨。该共和国的埃利吉石煤田和坎加拉瑟褐煤田拥有广阔的开采前景，已探明储量高达60亿吨。阿穆尔州的煤炭储量居远东地区第二位，已探明的煤炭储量为38.13亿吨，年开采能力为1000万—1200万吨。该州较大煤田有：赖奇欣斯克煤田、博古恰内煤田、叶尔科夫齐煤田、斯沃博德内煤田、谢尔盖耶夫卡褐煤田、奥戈贾煤田等。

远东地区滨海边疆区、萨哈林州、哈巴罗夫斯克边疆区、马加丹州、楚科奇自治区均有丰富的煤炭资源，这些地区的煤炭储量分别为26.21亿吨、18.45亿吨、18.45亿吨、5.73亿吨、2.12亿吨。滨海边疆区的煤炭开采能力为2500万—3000万吨，其中具有良好开采条件的煤田有：比金煤田、巴甫洛夫斯克褐煤田、拉兹多利诺耶产煤区、利波夫齐和伊里乔夫卡煤田，这些煤田的年开采能力分别为1200万—1400万吨、500万—600万吨、200万—240万吨、150万—200万吨。巴甫洛夫斯克煤田的西北矿脉及拉科夫卡煤田已被列入俄罗斯国家储备较大型煤田，该地区拥有8850万吨可供露天开采的煤炭。此外，滨海边疆区还有一些小煤田，投入不大，年开采总量为 250 万—300 万吨，开采期为 5—10 年。乌尔加尔煤田是哈巴罗夫斯克边疆区的主要产煤矿，该煤田可露天开采，开采成本较低，可露天开采 3.4 亿吨煤炭，地下可开采 10.6 亿吨煤炭。哈巴罗夫斯克边疆区的上布列亚煤田预测储量达 180 亿吨[①]，开采的煤炭主要用于发电。

从长远来看，远东地区的许多煤田地质条件复杂，开采技术要求较高，如阿穆尔河沿岸和鄂霍次克海沿岸的一些小型煤田，因规模和运输条件限制，只能供局部消费，马加丹州已探明的煤田中有些因开采难度较大且成本较高尚处于未开发状态。堪察加州没有大型煤田，州内开采的煤炭无法满足需求，其煤炭消费主要依靠区外运入。

据俄罗斯科学院西伯利亚分院的地理研究所、石油和天然气地质研究所、煤炭和煤炭化学研究所、经济与工业生产组织研究所的预测，到 2020 年，俄罗斯煤炭开采量应达到 3.6 亿—4.4 亿吨，其中，库兹巴斯应达到 1.5 亿—2 亿吨，克拉斯诺亚尔斯克边疆区和哈卡斯共和国达到 6000 万—8000 万吨，伊尔库茨克州、赤塔州、布里亚特共和国、特瓦共和国达到 6000 万—7000 万吨。闻名全俄的一些大型火力发电站，如伊尔库茨克热电站、纳扎罗沃热电站（功率为 1400 兆瓦）、诺里尔斯克热电站及赤塔热电站等都位于东西伯利亚地区。东西伯利亚地区的工业煤炭储量为 12.42 亿吨，其中伊尔库茨克州的煤炭价值估计可达 45 亿美元。

在核能方面，俄罗斯铀矿资源非常丰富，是世界铀矿储量最大的五个国家之一，俄罗斯的铀矿开采主要分布在外贝加尔斯克边疆区、布里亚特共和国、库尔干州和雅库特共和国。目前，俄罗斯是世界上浓缩铀的主要生产国之一，俄罗斯浓缩铀技术在世界上也首屈一指。俄罗斯已探明的铀储量达到 72.72 万吨，居世界第二位。俄罗斯的铀产量不仅能满足不断增长的国内需求，而且还可以供出口。俄联邦原子能署署长基里延科表示，在未来 10 年到 20 年，俄罗斯探明的铀储量将达 100 万吨以上，可以满足国内 60 年内开发核电的燃料需求。2015 年，俄罗斯的

---

① 刘慧丽：《俄罗斯远东地区的煤炭资源》，《俄罗斯中亚东欧市场》2006 年第 12 期。

铀开采量为 3055 吨，2016 年略有下降，为 3004 吨。①

二 矿物与森林资源

（一）矿物资源

俄罗斯东部地区的金属矿和非金属矿十分丰富，这里几乎拥有世界上已经发现的一切矿物资源。其中，铝、铜、铁、锡的储量尤为丰富。

西伯利亚地区的有色金属矿床中既有多金属矿，又有单金属矿。在多金属矿藏中，东西伯利亚地区的克拉斯诺亚尔斯克边疆区北部有全俄最大的诺里尔斯克铜镍基地，主要包括诺里尔斯克 1 号和 2 号产地、塔尔那赫斯克产地和十月产地，俄罗斯 65% 的钴、60% 的铜及 50% 的镍都分布在这里。在下安加拉河流域开发了大型的格尔斯克铅锌矿，布里亚特共和国也有著名的奥泽尔诺耶铅锌矿和霍洛德宁斯科耶铅锌矿，两者的锌储量占全俄的 48%，铅储量占全俄的 24%，其开采规模对全俄乃至世界铅锌价格都有影响。

西伯利亚的单金属矿中对本区经济有重要影响的是铝矿、铜矿、钛矿和黄金产地。赤塔州北部有全俄储量最丰富的乌多坎铜矿，该矿属于铜砂岩矿，矿石品位高，大部分可进行露天开采。克拉斯诺亚尔斯克边疆区的北部有三个铜矿正在进行开采。炼铝业所需的铝矾土主要分布在布里亚特共和国、伊尔库茨克州以及克拉斯诺亚尔斯克边疆区，其中位于阿钦斯克南部的基亚—沙尔特里矿生产的氧化铝主要被东西伯利亚炼铝企业所利用。钛主要分布在赤塔州的克鲁钦斯克产地和布里亚特共和国的阿尔谢奇耶夫斯克产地。

西伯利亚地区铂类矿可采储量占全俄的 99.3%、铜占 70.3%、钼占 82.0%、铅占 86.3%、锌占 76.6%、镍占 68.2%。仅东西伯利亚北部的诺里尔斯克集中的镍就占世界镍总储量的 35.8%、铂类矿占世界总储量的 40%、铜占世界储量的 9.7%、钴占世界储量的 14.5%。西伯利亚地区的白云石储量为 4.45 亿吨、石灰石为 21.27 亿吨、耐火黏土为 1334.99 亿吨。

西伯利亚地区拥有近 20% 的全球黄金和白银储量。西西伯利亚南部的阿尔泰山区蕴藏着许多珍贵的矿产资源，那里是黄金的主要产地。

---

① "Добыча Урана"，http://www.rosatom.ru/.

贝加尔湖周围的布里亚特共和国也有大量矿床,黄金占俄罗斯国家储备的5%,并计划增加到10%。① 东西伯利亚的克拉斯诺亚尔斯克边疆区的黄金储量占全俄的10%,奥林匹亚金矿是俄罗斯的第二大黄金产地,还有赤塔州的巴列伊产地和韦尔希诺—达拉逊斯产地、伊尔库茨克州的苏霍伊洛克产地(黄金储量超过1000吨)和勃达伊勃产地等。

西伯利亚地区的铁矿主要有位于西西伯利亚克麦罗沃州的戈里诺绍里亚铁矿。东西伯利亚地区的铁矿石储量超过40亿吨,主要有伊尔库茨克州的安加拉卡塔地区的铁矿。目前,东西伯利亚正在兴建大型的有色及黑色金属冶炼厂。

汞矿主要分布在阿尔泰边疆区、东西伯利亚的泰梅尔半岛、特瓦共和国。菱镁矿主要分布在东西伯利亚伊尔库茨克州的东萨彦岭等地区。伊尔库茨克州北部的涅帕—加任卡地区是全俄最大的钾矿储地。钼矿主要分布在东西伯利亚的布里亚特共和国。

伊尔库茨克州是全俄最重要的云母产区之一,已勘探的云母矿有16个,主要分布在玛姆斯科—丘伊斯基区和下乌金斯基区。菱镁矿也主要位于伊尔库茨克州境内,菱镁矿的预测总储量为21.55亿吨,占全俄已探明储量的45%。萨文斯科耶矿为世界最大的菱镁矿。

远东地区是俄罗斯矿产开发与利用程度最低的地区,也是资源潜力最大的地区。俄罗斯30%的矿物原料由远东地区供应,远东地区的金刚石、金、银、锡、钨、硼等矿产是优势矿产,储量位居全俄首位的有金、银、钨、铀、锑、汞、氦、萤石矿。在远东地区矿产资源中,储量或产量占全俄总储量或总产量90%以上的矿产有水镁石、硼矿石、锡,占40%—90%的有金刚石、锑、铀、金、银、钨,其他重要矿产还有萤石、铅、铜、铁矿石和锌。②

远东地区的金矿资源潜力非常大,其远景资源量为17632吨,占俄罗斯金矿预测总量的42.4%,2016年,远东地区的金矿有3636个,其中包括182个原生金矿床和3454个沙金矿床。截至2016年,远东地区

---

① "Природные Ресурсы на Территории России",https://natworld.info/raznoe - o - prirode/prirodnye - resursy - na - territorii - rossii.
② 《俄罗斯远东矿产开发潜力大,钨矿储量居俄首位》,https://www.sohu.com/a/355198236_ 100176237.

的黄金总储量为5792吨，主要集中在马加丹州（占40%）、萨哈（雅库特）共和国（占32.5%）和楚科奇自治州（占13.7%）。

远东地区共有银矿床172个，总储量达4.46万吨，主要分布在马加丹州的奥姆苏克昌区和滨海边疆区的远山区。远东地区银的远景预测资源量达17万吨，俄罗斯全部的银预测资源量几乎都集中在这里。

远东地区的钨储量为46.26万吨，占全俄钨总储量的31.45%，其中，滨海边疆区的储量占50%左右。远东地区钨的远景预测储量为112万吨，占全俄钨预测总储量的60%，主要分布在阿穆尔州和滨海边疆区。

俄罗斯几乎全部的锡矿都分布在远东地区，该地区共有锡矿103个。截至2016年底，远东联邦区的锡储量总计为197.98万吨。尽管远东联邦区的各个州均有锡矿，但主要集中分布在哈巴罗夫斯克边疆区和萨哈（雅库特）共和国内。

俄罗斯远东地区铜储量总计1004万吨，主要分布在环太平洋构造域以及蒙古—鄂霍茨克造山带。远东地区铜的远景预测储量高达3000多万吨，大约占全俄50%[①]，主要集中分布在堪察加边疆区、马加丹州和楚科奇自治区。其中，堪察加边疆区的基尔加尼克铜矿、马加丹州的乌普塔尔铜矿和楚科奇自治区的谢洛夫—乌比铜矿是最具远景的铜矿产地。

（二）森林资源

俄罗斯幅员辽阔，森林资源十分丰富。根据俄联邦林业署的数据，俄罗斯森林资源总面积为11.834亿公顷，其中林地面积为11.461亿公顷、居民点林地为0.014亿公顷、保护区林地为0.264亿公顷、其他类别林地为0.095亿公顷（见表1-1）。

俄罗斯森林面积约占国土面积的70%，不仅森林覆盖率高，而且木材总蓄积量大，为743.22亿立方米。就森林覆盖率而言，俄罗斯甚至超过有名的森林国家挪威、丹麦和芬兰。从俄罗斯各联邦区来看，俄罗斯的森林资源主要分布在远东联邦区和西伯利亚联邦区，约占全俄

---

① 周永恒等：《俄罗斯远东地区矿产资源开发现状与潜力》，《中国矿业》2017年第11期。

78%的森林资源。① 西伯利亚联邦区森林覆盖率最高，为53.9%，远东联邦区为48.0%。南联邦区是森林覆盖率最低的地区，仅为6.2%（见表1-2）。

表1-1　　　　　　　　俄罗斯森林资源状况　　　　　单位：亿公顷

森林资源种类	森林资源面积				有林地	其中包括被森林植被覆盖的林地
	总计	其中包括以下专用林面积				
		防护林	经营林	储备林		
林地	11.461	2.772	5.979	2.709	8.650	7.720
居民点林地	0.014	0.014	0	0	0.011	0.010
保护区林地	0.264	0.264	0	0	0.176	0.166
其他类别林地	0.095	0.037	0.048	0.01	0.081	0.071
总计	11.834	3.087	6.027	2.719	8.918	7.967

资料来源：ФБУ ВНИИЛМ, *Ежегодный Доклад о Состоянии и Использовании Лесов Российской Федерации за 2012 год*. С. 7, 2012。

表1-2　　　　俄罗斯各联邦区森林占地面积与森林分布情况

各联邦区	总林地面积（亿公顷）	森林覆盖率（%）	森林蓄积量（亿立方米）
西北联邦区	1.1820	52.5	104.25
中联邦区	0.2469	35.1	39.82
南联邦区	0.0343	6.2	4.97
北高加索联邦区	0.0233	10.9	2.82
伏尔加河沿岸联邦区	0.4118	36.4	57.46
乌拉尔联邦区	1.1500	38.5	81.12
西伯利亚联邦区	3.7285	53.9	334.60
远东联邦区	5.0572	48.0	206.02
俄联邦总计	11.834	46.6	831.06

资料来源：ФБУ ВНИИЛМ, *Ежегодный Доклад о Состоянии и Использовании Лесов Российской Федерации за 2012 год*. С. 12, 2012。

---

① "Природные Ресурсы на Территории России", https：//natworld. info/raznoe－o－prirode/prirodnye－resursy－na－territorii－rossii.

俄罗斯西伯利亚地区的森林资源十分丰富,有53.9%的土地被森林所覆盖,森林覆盖面积为2.86亿公顷(占全俄森林总面积的41.96%)。据《西伯利亚发展战略》提供的资料,就木材蓄积量而言,整个西伯利亚地区占全俄总蓄积量的41%,占世界的9%。西伯利亚各联邦主体的森林覆盖率存在着很大的差别,其中新西伯利亚州最低,只有13%,而伊尔库茨克州最高,达78%(见表1-3)。

表1-3　　　　　西伯利亚各联邦主体的森林覆盖率

地区	各主体面积 (万平方千米)	森林覆盖面积 (万平方千米)	森林覆盖率 (%)
新西伯利亚州	17.82	2.38	13
鄂木斯克州	13.97	2.53	18
阿尔泰边疆区	26.17	4.39	19
秋明州	143.52	41.77	29
特瓦共和国	17.05	7.76	45
克拉斯诺亚尔斯克边疆区	240.16	111.26	46
布里亚特共和国	35.13	16.98	48
克麦罗沃州	9.55	4.58	48
托木斯克	31.69	17.03	54
赤塔州	43.15	23.68	55
伊尔库茨克州	76.79	59.34	78
全西伯利亚	655.00	292.15	45
全俄罗斯	1707.54	768.15	45

资料来源:[俄]《经济与工业生产组织》1999年第8期。

在人均占有森林面积方面,西伯利亚地区在全世界名列前茅,达12公顷,而伊尔库茨克州高达22公顷,比全俄高出17公顷。在西伯利亚地区的森林资源中,约有1/4是最珍贵的针叶树种,其中松树是用途最广也是最珍贵的经济树种。最具生产效益的森林分布在安加拉河和叶尼塞河流域,在伊尔库茨克州境内生长着著名的安加拉松(樟子松)。在西伯利亚的森林中,几乎一半是成熟林和过熟林,因而及时采伐这些林木极为重要。根据该地区森林资源的分布与开发状况,可划分为以下五个森林经济区：西西伯利亚地区有鄂木斯克—新西伯利亚森林经济区、阿尔泰—克麦罗沃森林经济区和托木斯克—秋明森林经济区、东西伯利亚地区有后贝加尔森林经济区（包括布里亚特共和国及赤塔州）及克拉斯诺亚尔斯克—伊尔库茨克（包括特瓦共和国）森林经济区。

西西伯利亚森林覆盖面积为8500万公顷，木材蓄积量超过95.19亿立方米，可采伐的木材量达100亿立方米。东西伯利亚地区的森林资源最为丰富，该地区森林覆盖面积高达2.01亿公顷，约占全俄的54.8%；木材蓄积量超过280亿立方米，居全俄首位，占全俄的35.76%，占世界的4.29%。其中克拉斯诺亚尔斯克边疆区的木材蓄积量达113.04亿立方米，占东西伯利亚地区木材蓄积量的43.28%，伊尔库茨克州为93.2亿立方米，占东西伯利亚地区的35.69%。该地区的森林资源为其木材加工业和纸浆造纸业提供了坚实的基础。在东西伯利亚的森林中，经济价值较高的针叶树分布较广（所占比例为4/5）。兴安落叶松主要分布在永久冻土地带，松树主要集中在中西伯利亚高原的东部和中部地带以及后贝加尔地区，云杉和冷杉分布在中西伯利亚高原的西部和哈卡斯等地。

远东地区的森林资源主要分布在哈巴罗夫斯克边疆区、滨海边疆区、萨哈林州等地。哈巴罗夫斯克边疆区是远东地区森林资源最为丰富的行政区之一，森林覆盖率为64.5%，以落叶松和云杉为主，主要分布在南部森林带和鄂霍次克海沿岸森林带，具有品种多和质量好的特点。[①]

三 旅游与动植物资源

（一）旅游资源

俄罗斯东部地区的旅游资源丰富。位于伊尔库茨克州的贝加尔湖是西伯利亚地区巨大的旅游胜地，拥有世界上独一无二的旅游资源，被称为"西伯利亚的明眸"，吸引着世界各地的旅游者前来游览观光。那里阳光充足，冬暖夏凉，有300多处矿泉，是俄罗斯东部地区

[①] 张巍：《俄国阿穆尔州和哈巴罗夫斯克区森林储备综述》，《边疆经济与文化》2008年第12期。

最大的疗养中心，建有多处旅游基地。有资料显示，每年来这里的外国游客多达 3 万人。旅游者中以日本人居多，占外国游客的 30% 左右，其次是德国人，约占 20%，再次是美国人，约占 11%。这里既有冬季贝加尔斯克的狩猎及滑雪等项目，也有夏季的漂流、登山、捕鱼、狩猎及山地野营等项目。为了吸引更多的游客前来旅游，伊尔库茨克州设计了与山水湖泊相关的各种旅游项目，如沿贝加尔湖民族公园、维季姆保护区、陶发拉尔禁渔猎采伐区、贝加尔—勒拿自然保护区及其他几十条旅游线路。目前，该地区的疗养院等机构达 400 多个，拥有的床位达 5 万余个。

新西伯利亚市是西伯利亚地区的另一著名旅游景点，无论是坐火车、轮船还是乘飞机到来的旅游者，首先看到的是宏伟的"新西伯利亚"火车站大楼、"托尔马切沃"和"新西伯利亚"航空大厦、河港及宽阔的鄂毕河。为游览该市那些有历史意义和建筑方面有特色的地方，当地旅行社为游客提供步行或车船旅游服务。游客除了可乘船旅行外，还可以参观到新西伯利亚郊区许多风景如画的地方。此外，赤塔州的矿泉资源极为丰富，许多湖泊中的泥和水中均富含医疗保健的矿物质，目前该地区已发现的矿泉多达 400 余处，其中以库罗尔特—达拉孙疗养院及亚马罗夫卡矿泉疗养院最为著名。前者位于达拉孙镇以南的 65 千米处，采用呼吸当地新鲜空气、饮矿泉水及洗温泉澡等方法治疗呼吸、消化及血液循环等方面的疾病。后者主要治疗呼吸、消化及神经系统等方面的疾病。此外，希完达、奥连图伊、亚姆孔、库卡、乌格丹、莫洛科夫卡等地也有矿泉疗养所。阿尔泰共和国的自然景观美丽如画，被媒体喻为"瑞典第二"和"亚洲心脏"，适合发展多种形式的旅游业。但由于该共和国旅游业起步较晚，目前基本限于国内旅游，且规模也不大，但将来可望得到较快发展，并有望成为该共和国的一个新的经济增长点。①

远东地区"明珠"符拉迪沃斯托克是俄罗斯滨海边疆区的首府，也是俄罗斯远东地区的第二大城市，城市建筑融欧式和现代建筑风格为一体。该市风光秀丽，被美国《国家地理》杂志评为"全球十大最美

---

① 赵立枝主编：《俄罗斯西伯利亚经济》，黑龙江教育出版社 2003 年版，第 43 页。

海滨城市"之一，被誉为俄罗斯的"旧金山"。符拉迪沃斯托克是太平洋岸畔的世界名城，海景绝美，景色宜人，有著名的金角湾和埃格谢尔德灯塔。这里是被称为世界十二大奇迹之一的全长9288千米的西伯利亚大铁路的终点，还有世界上唯一一座火车站和港口在一起的陆港火车站，以及在火车站对面的列宁纪念碑，这是目前全俄罗斯仅保留下来的两座列宁纪念碑之一（另一座在圣彼得堡）。而为迎接亚太经合组织符拉迪沃斯托克峰会建于2012年的俄罗斯岛大桥，其高度仅次于法国米洛高架桥，为世界第二高大桥，成为符拉迪沃斯托克的象征。

哈巴罗夫斯克是俄罗斯远东地区重要的中心城市，是俄罗斯第四大城市和远东地区第一大城市。该市有许多沙俄时代的教堂和苏联时期的建筑，市区有大教堂广场（共青团广场）、光荣广场等，市郊有曾关押过中国末代皇帝溥仪的红河子度假村和阿穆尔石碑、哈巴罗夫斯克悬崖等。冬季这里可以体验滑雪探险。

堪察加半岛旅游资源非常丰富，这里聚集了海洋、深林、冰雪世界三大旅游资源，以及火山和温泉等特有资源，是全世界观赏火山的胜地。小谢米亚奇克火山和其山顶上的松绿石色的不结冰的火山口湖被认为是俄罗斯最难抵达也最美的风景之一。堪察加彼得罗巴甫洛夫斯克是堪察加边疆区首府，也是堪察加半岛最大的城市，位于太平洋阿瓦查湾海岸，城市建于山丘之上，四周被火山包围。该市是到访堪察加半岛旅客的基地，当地有多旅游公司提供由猎熊到滑翔伞的旅游产品。

（二）动植物资源

在俄罗斯东部地区的茫茫林海中，盛产蘑菇、猴头菇、山野菜、野生浆果和药材等丰富的山林资源。西伯利亚境内生存着大量的野生动物。茂密的森林和崇山峻岭是野生动物生息的好地方。在原始森林地区有北极鹿、狐狸、狼、紫貂、西伯利亚鼬、驼鹿、松鸡、狍子、熊、猞猁、旱獭、兔子等多种动物及各种禽鸟，拥有阿穆尔虎、远东豹、野猪、灰狼、棕熊和北极熊等一些特有动物。该地区的珍贵毛皮动物近40种，鸟类有几百种。据不完全统计，在阿尔泰共和国有60多种哺乳动物、十余种爬行动物、220多种禽鸟及两栖动物。其中，具有狩猎价值的动物和禽鸟就有50多种，因而该共和国的山区成为西伯利亚地区最佳的天然狩猎场之一。在克拉斯诺亚尔斯克边疆区已发现的鸟类多达

342 种，哺乳动物近 90 种，其中仅北极鹿的数量就高达 60 万只，是数量最多的哺乳动物。此外，还有近 5 万只的貂和约 1.5 万只的白狐。目前，新西伯利亚州已发现的水鸟多达 320 种，主要有天鹅、灰鹭、金雕、潜鸟、野鸭等。该州的河湖中有 30 多种鱼。最常见的鱼有鲫鱼、欧鳊、鲤鱼等。鄂毕河中最大的鱼是西伯利亚鲟鱼，体长可达 2 米。此外，该地区的鹈鹕、海鹰及金雕等 22 种鸟类属于珍稀保护品种。目前，恰内湖已成为闻名于世的水鸟栖息地。然而，与世界上许多国家一样，在俄罗斯也面临着某些物种濒临灭绝的威胁，其中包括阿穆尔虎、西伯利亚麝香鹿、阿穆尔豹、野牛、山狼等。

西伯利亚和远东地区海岸线漫长，拥有丰富的海洋资源，海洋中有许多有价值的动物。北冰洋的海洋动物种类繁多，有 150 多种动物，其中最稀有的有北极熊、海象、独角鲸、白鲸等。北极地区蕴藏着丰富的生物资源，这些资源可以媲美石油和天然气的价值。西伯利亚的江河湖泊中有各种鱼类。西西伯利亚是苏联最大的淡水鱼产区，淡水鱼产量占苏联总产量的 1/4 以上。阿尔泰共和国的鱼就达 20 多个品种，仅捷列茨科耶湖中的鱼就有 13 种之多，其中捷列茨科耶白鲑在全俄是绝无仅有的。东西伯利亚地区南部的贝加尔湖和叶尼塞河、勒拿河流域，也是重要的淡水鱼产区。贝加尔湖是俄罗斯最大的湖泊，它是世界上最深的淡水湖，平均水深 730 米，最深处达 1620 米。该湖南北长 600 多千米，东西宽 25—80 千米，面积约为 3.15 万平方千米，蓄水量为 2.30 万立方米，约占世界地表淡水总量的 20%，占俄罗斯淡水储量的 90%。① 共有 336 条河流注入该湖，却只由一条安加拉河从该湖流出。湖中储积了全世界可饮用净水的一半左右，在经济上具有特殊的作用。湖中有 1800 多种水生生物，其中 1200 多种为特有品种，如凹目白鲑、奥木尔鱼等。湖畔的林中生活着黑貂、马鹿、熊、水獭等动物。

由于西伯利亚地形复杂，那里形成了一个种类丰富的植物群。从北极沙漠和冻原到草原和沙漠各种自然区穿越俄罗斯领土，多种气候条件为许多特有的植物提供了生长环境。西伯利亚地区有 140 多种食用植

---

① "Природные Ресурсы на Территории России", https：//natworld.info/raznoe－o－prirode/prirodnye－resursy－na－territorii－rossii.

物，生物资源总量有上千万种之多，价值较高的药用植物比比皆是，约有1000种。新西伯利亚州有1200多种野生植物，最常见的树种是白桦、松树、花楸、山杨。此外，还有冷杉、云杉、山楂等树木。在中欧森林中常见的树木如橡树、榆树、椴树、白蜡树在该州也可见到，但都是人工栽种的。阿尔泰共和国生长着多达2000余种的各种植物，其中各种浆果就有40多种。据估计，阿尔泰共和国药用植物量高达50多万吨，目前已有100多种植物的根、茎、叶、花及果实用于医药生产。此外，该地区的一些植物含有美容养颜成分，可用于化妆品的生产。但由于该地区的植物资源的普查工作较为落后，野生植物的使用受到一定的限制，尤其是加工工艺仍较为落后，因而今后野生植物资源的开发和利用工作还有待于进一步加强。如今，由于全球气候变暖，人口增长和土壤退化，对该地区的植物群和生物资源影响较大。

第二节　俄罗斯东部地区开发历史进程

俄罗斯各地区开发水平差距十分明显。西部地区由于自然条件较好、工业比较发达、人口集中，成为俄罗斯的重点发展区域，形成了圣彼得堡、莫斯科、乌拉尔等著名工业区，而且云集着全国3/4的人口，资源消费量较大且较快。相对而言，尽管全国大部分自然资源集中在西伯利亚和远东地区，但那里的工业基础却较为薄弱。1917年十月革命前，作为俄国发源地的欧洲部分便有了1000多年的发展史，且拥有白海、波罗的海和黑海等出海口优势。而对西伯利亚地区的开发，则始于16世纪中叶哥萨克叶尔马克带兵远征西伯利亚汗国。此后，在征服西伯利亚的过程中，俄国开始了对该地区的开发进程。

16世纪末至18世纪初是俄国对西伯利亚的征服与兼并时期。在俄国通往西伯利亚的大门打开之后，大量的俄罗斯人涌入了西伯利亚地区，其中包括军役人员、强制移民、流放犯和自由移民。在17世纪中叶之前，该地区的农业和手工业处在发端阶段，渔猎业是最主要的产业。随着移民的增加，移民对西伯利亚的社会经济发展产生了重大影响，推动了该地区农业的初步发展。经过人们不断地垦殖，到17世纪末，西伯利亚的农业初具规模，总耕地面积达到12万—13万俄亩，每年播种面积约 4.4 俄亩。① 17 世纪末至 18 世纪初,西伯利亚每年平均产粮 3919320 普特。自 1685 年起,该地区的粮食已经自给自足,无须再从西部向东部调运粮食。农业成为西伯利亚经济中的主导部分,这为其他经济部门的发展创造了先决条件,加速了西伯利亚的经济开发。

此后,随着 1861 年农奴制的废除及 1900 年流放制的取消,尤其是在 1904 年日俄战争失败后,俄国认识到了西伯利亚和远东地区在国家战略中的重要地位,开始逐步加快对该地区的开发。其中,最重要的开发项目是修建了闻名于世的西伯利亚大铁路,为俄国人口和工业的东移奠定了基础。西伯利亚大铁路是一项举世瞩目的宏伟建筑工程,于 1891 年动工,1905 年建成,工期长达 15 年,耗资近 10 亿卢布,这在当时是一笔巨资。该铁路横贯西伯利亚,西起莫斯科,东至太平洋沿岸的符拉迪沃斯托克,全长 9288 千米。它的修建是西伯利亚开发史上具有划时代意义的重大事件,对西伯利亚经济社会的发展起到了重大推动作用,使西伯利亚和远东地区的开发上了一个新台阶。

1917 年十月革命胜利后,苏维埃政府十分重视西伯利亚和远东地区的发展。为了使全国的生产力布局日趋合理,列宁提出生产力区域配置总方向东移的思想,这首先需要通过大规模开发利用西伯利亚和远东的自然资源来实现。此后,苏联历届领导都把开发西伯利亚与远东地区的自然资源,加速东部地区经济发展作为全国生产力布局的战略方针之一,并将此作为各五年计划的一项重要任务。1918 年,列宁提出要制订综合计划,把乌拉尔的铁矿与库兹巴斯的煤田结合起来,并要求注意研究西伯利亚的水力和动力,要使工业接近原料产地。但在实行"战时共产主义"政策时期,苏维埃俄国无暇顾及该地区的发展计划,而在新经济政策时期,也未来得及系统研究和制定该地区的发展战略。

自 20 世纪 30 年代起,苏联开始逐步重视西伯利亚和远东地区的发展。当时,苏联的国民经济处于恢复时期,社会主义改造取得了明显进展。斯大林多次提出利用该地区的丰富资源建设新的钢铁基地、纺织工

---

① 徐景学主编:《苏联东部地区开发的回顾与展望》,东北师范大学出版社 1987 年版,第 17 页。

业基地和新的采掘业等。苏联采取了从西向东以组建区域生产综合体的方式进行大规模的经济开发。从第二个五年计划（1933—1937 年）起，20 世纪 30 年代组建的乌拉尔—库兹巴斯煤炭钢铁基地是工业东移的重要标志，是苏联的第一个区域生产综合体，被称为西伯利亚开发的第一个里程碑。20 世纪 50 年代实施第二个区域开发计划，组建了安加拉—叶尼塞地区的区域性生产综合体。

20 世纪 60 年代，苏联政府提高了东部地区的战略地位，明确而系统地提出开发该地区的方针政策，将其发展列为整个国家发展战略的组成部分。此后，苏联东部地区的经济发展较为迅速，该地区的经济开发步入了一个全新的阶段，即国家有计划、大规模开发的阶段。相继兴建了许多大型的工程项目，实施了第三个区域生产综合体开发计划，组建西伯利亚石油和天然气区域性生产综合体。

到 20 世纪 70 年代，为了开发西伯利亚和远东地区的资源，支援国家的经济建设，扩大出口，缓解西伯利亚大铁路的压力，进而开发尚待开发的近北地区，苏联实施了第四个区域开发计划，即建设贝阿铁路干线。1974 年 8 月《真理报》的社论《全民的建设工程——贝阿铁路》一文中曾做出如下阐述："过去都说西伯利亚的地下资源被重重封锁着。在人迹罕见的'泰加'地带、未开垦的冻土带以及山岭地带，如果没有四通八达的交通网及相应的交通运输机构，就不可能打开这个富饶的宝库。优先发展西伯利亚及远东地区的生产力，在那里建设钢铁、石油、天然气、有色金属加工、能源工业、化学工业及其他工业，需要加快铁路建设的速度，建设新的大规模的铁路线。"[1] 苏联于 1974—1984 年修建了贝阿铁路干线，这便是闻名于世的第二条西伯利亚大铁路。该项目被称为"世纪干线""全民工程"。该干线由于采用了先进的技术和工艺，许多自动闭塞信号装置和列车集中控制均引进了电子计算机，因而被公认为现代化的工程。随着贝阿干线的开通，其沿线的自然资源逐渐得到了综合开发和利用，从而促进了该地区的经济社会发展。

总之，自 1917 年十月社会主义革命胜利以后，西伯利亚与远东地

---

[1] 赵立枝主编：《俄罗斯西伯利亚经济》，黑龙江教育出版社 2003 年版，第 200 页。

区经历了 70 多年的有计划开发建设。由于苏联政府对西伯利亚和远东地区不惜一切代价，投入了大量的人力、物力和财力，使该地区的资源得到了长期的、大规模的开发，并发展成为全国最大的燃料动力基地、能耗大的商品生产基地和出口商品生产基地。从地域方面看，西伯利亚和远东的南部地区得到了比较充分的开发，西伯利亚大铁路沿线基本上形成了一条广阔的工农业生产地区，中部地区也得到了不同程度的开发。在西伯利亚和远东地区形成了独特的经济结构，该地区的自然资源开采与加工部门十分发达，形成了以突出能源、燃料和工业原料生产为特色的经济区，而农业、轻工业、食品工业则较为薄弱。在工业部门中，不仅采掘业所占比重最大，而且与采掘业相关的部门发展也较快。燃料动力工业、冶金业、木材加工业、制浆造纸工业、化学工业等部门都具有全国意义。目前，西伯利亚和远东地区的原材料资源在俄罗斯经济与对外经贸中具有举足轻重的地位。

第三节 俄罗斯东部地区开发现状

一 燃料动力工业

俄罗斯的燃料动力资源大部分集中在西伯利亚和远东地区，燃料、动力工业是俄罗斯东部地区发展最为迅速的国民经济部门，该地区已成为全俄最大的燃料动力生产基地。西西伯利亚油气综合体既是西伯利亚与远东燃料动力基地的核心，也是俄罗斯燃料动力综合体的核心。

（一）石油天然气工业

20 世纪 80 年代中期，苏联的石油生产达到了顶峰，出口量在国际市场上的比重达到 12%。1987 年，苏联石油产量达到峰值，为 5.695 亿吨。[①] 苏联解体后，俄罗斯原油产量曾出现持续下滑的态势，一直在 3 亿—3.9 亿吨波动。1990 年，俄罗斯原油产量为 5.16 亿吨，1994 年降为 3.18 亿吨，1996 年降到谷底，为 3.01 亿吨，此后逐渐回升。

进入 21 世纪以来，俄罗斯的经济发展速度明显加快，加上国际原

---

① Рогинский С. В., *Государство и Нефтегазовый Комплекс: Опыт Норвегии и России*, ИМЭО РАН, 2002, С. 151.

油价格持续上涨等多种因素的影响，原油产量、原油加工量和出口量也呈现出较快的增长态势。2002 年，俄罗斯的石油产量达到 3.80 亿吨，占世界石油总产量的 10.7%，仅次于沙特阿拉伯，居世界第二位。2003 年，俄罗斯石油产量达到 4.21 亿吨，比上年增加 0.41 亿吨，日产原油 844 万桶，同比增长 11%，创 12 年来新高。从 2003 年夏季开始，俄罗斯的原油日产量超过沙特阿拉伯，成为世界第一大产油国。2004 年，俄罗斯原油产量达 4.58 亿吨，同比增长了 8.9%。据俄罗斯工业与能源部新闻处的资料显示，2006 年俄罗斯的石油开采量比 2005 年增加了 2.1%，达到 4.8 亿吨。根据俄罗斯最高统计机构俄罗斯国家统计署公布的资料，2007 年俄罗斯的石油产量达到 4.9 亿吨（985 万桶/日）。[1] 此后，俄罗斯石油产量逐渐增加，2016 年达到了 5.475 亿吨（1096 万桶/日），同比增长 2.5%。2017 年，俄罗斯石油产量为 5.468 亿吨，同比下降 0.1%。[2] 2018 年，俄罗斯石油产量达 5.56 亿吨。2021—2025 年，俄罗斯的石油产量将会达到顶峰，到 2030 年将略有下降。[3]

西伯利亚地区石油产量增加较快，20 世纪 70 年代初，西伯利亚地区提供的石油仅占苏联全国总产量的 20% 左右。到 20 世纪 80 年代初，已占 50% 左右。西西伯利亚地区的石油工业发展尤为迅速，1965—1975 年，该地区石油年产量从 9500 万吨迅速提高到 1.48 亿吨；1976—1980 年，西西伯利亚的石油产量增长了 1.636 亿吨。1988 年，西西伯利亚石油达到最高开采量，为 4.15 亿吨（包括凝析油）。

在西伯利亚地区，建有西西伯利亚石油天然气综合体、坎斯克—阿钦斯克燃料动力综合体；建有秋明油田、乌连戈伊天然气田等大型的能源产地，还有许多大型开采企业，如卢克石油公司、乌连戈伊天然气工业股份公司；有大型石油加工企业，如鄂木斯克石油加工厂、阿钦斯克

---

[1] Яновский А. Б., Бушуев В. В., Воронин В. П. и др., "Перспективная Энергетическая Государственная Стратегия и Политика России", Энергетическая Политика, №5, 2003.

[2] "Добыча Нефти в России в 2017 г Снизилась на 0,1%, а вот Добыча Газа Выросла Почти на 8%", https://neftegaz.ru, 2018-01-09.

[3] "Нефтяные Ресурсы России", https://otherreferats.allbest.ru/geology/00334154_0.html.

石油加工厂等。拉普捷夫海和东西伯利亚海大陆架也陆续发现了大型油气资源蕴藏地，东西伯利亚地区的伊尔库茨克州和克拉斯诺亚尔斯克边疆区具有巨大的石油天然气开采前景。

随着国内投资环境的逐步改善，俄罗斯油气工业出现了好转的局面。在天然气生产方面，1992 年俄罗斯的天然气产量为 5974 亿立方米，1994 年降为 5664 亿立方米，1996 年上升为 6034 亿立方米，1998 年降为 5910 亿立方米。根据俄罗斯经济发展和贸易部的资料，2008 年俄罗斯天然气产量达到 6830 亿立方米，2009 年达到 7050 亿立方米，2010 年升至 7220 亿立方米。此后有所下降，到 2015 年俄罗斯天然气产量下降为 5353 亿立方米，比 2014 年下降了 1.0%。2016 年，俄罗斯天然气产量增加为 6400 亿立方米，比 2015 年增长了 19.6%。2017 年，俄罗斯天然气产量为 6905 亿立方米，比上年增长了 7.9%。① 2018 年，俄罗斯天然气产量为 7250 亿立方米。2019 年，俄罗斯天然气产量为 7380 亿立方米，比上年增长了 1.7%。

俄罗斯天然气工业股份公司是国家所有的天然气垄断组织，是由政府控股的世界上最大的天然气生产企业。该公司统管俄罗斯的天然气工业，不仅负责陆上和海域的天然气勘探开发、加工处理、储运及销售，而且负责落实俄罗斯与外国在天然气领域中的合作项目。俄罗斯天然气工业股份公司控制着全俄 70% 的天然气储量和全球 18% 的天然气储量，该公司开采的天然气占世界天然气开采总量的 15%，占俄罗斯全部开采量的 78%。该公司通过统一供气系统和天然气管道向 654 个城市、13000 多个城镇和村庄及 1150 个工业企业提供天然气。该公司正在积极推动亚马尔半岛、北极大陆架、东西伯利亚和远东地区的大型项目建设，以及承揽国外的油气勘探和生产项目。该公司拥有世界上最大的天然气管道输送网——俄罗斯天然气统一供应系统，天然气输送管道总长超过 16.1 万千米，向世界上 30 多个国家出口天然气。俄罗斯天然气工业股份公司是俄唯一一个生产和出口液化天然气的出口商，其提供的液化天然气约占全球的 5%。该公司掌握着世界上最多的天然气出口合

---

① "Добыча Нефти в России в 2017 г Снизилась на 0,1%，а вот Добыча Газа Выросла Почти на 8%"，https：//neftegaz.ru，2018 - 01 - 09.

同，数量超过 2.2 万亿立方米；掌握着 29.9 万亿立方米的天然气开采许可证；生产着俄罗斯 8% 的工业产值，保证了 25% 的国家预算。[①] 2005 年，该公司开采的天然气为 5550 亿立方米，占俄罗斯天然气开采总量的 85% 以上。2006 年的开采量为 5560 亿立方米，达到开采最高值。2009 年，俄罗斯天然气工业股份公司生产的天然气下降到 4615 亿立方米，比 2008 年减少了 882 亿立方米。2010 年，该公司的天然气产量为 5086 亿立方米，比 2009 年增加 10.2%，开采量占俄罗斯天然气开采总量的 78%，占世界开采量的 15%。2011 年该公司的开采量增加到 5130 亿立方米。有数据表明，到 2020 年俄罗斯天然气工业股份公司的产量将达到 6600 亿立方米。

尽管天然气工业是俄罗斯燃料工业中发展最快的部门，但如今西西伯利亚地区的一些大的气田已经进入开采下降期或停顿期，需要开发新的气田以改变产量下降的趋势。西西伯利亚地区已探明但尚未开采的产地包括储量最大的亚马尔和极地地区，以及储量较大的纳德姆—普尔产区的深层凝析气田。巴伦支海、鄂霍茨克海和喀拉海大陆架上的大型油气产地也已经或将要投入开采。此外，俄罗斯已经认识到开发远东地区油气资源的重要性。远东的石油天然气储量比较丰富，但尚未进行大规模开采，目前只在萨哈林州和萨哈（雅库特）共和国进行石油天然气的开采。萨哈林州大陆架共发现了 8 个油田，其中 7 个在该州东北部海域，已列入俄罗斯政府开发计划的 6 个萨哈林大陆架石油天然气工程就位于该地区。它们分别以萨哈林 1—6 号排序，已签订"产品分割协议"的有萨哈林 1 号和萨哈林 2 号，已正式开采出油的是萨哈林 2 号，这是俄联邦远东地区最有发展潜力的油气计划。萨哈林 3 号、4 号和 5 号正在寻求合适的投资方，萨哈林 6 号的进展则更慢一些。

近些年来，俄罗斯政府积极致力于对东部地区油气资源的开发，计划在该地区组建天然气销售市场，同时开发与俄罗斯经济发展联系密切的亚太地区国家的需求市场，并为此推出一系列国际合作方案。

俄罗斯东部地区是俄罗斯未来最重要的油气勘探开发基地。有资料表明，俄罗斯东部地区已探明的石油储量仅占总储量的 12%；已探明

---

① 立木：《俄罗斯天然气工业公司十年》，《俄罗斯中亚东欧市场》2003 年第 4 期。

的天然气储量仅占总储量的8%。① 俄罗斯东部大开发新战略的提出和实施，极大地促进了东部地区油气资源的勘探开发和油气原料基地建设。2008—2009年，克拉斯诺亚尔斯克的万科尔油田、伊尔库茨克州的上乔纳油气田、萨哈（雅库特）共和国的塔拉坎和阿林尤等大型油气田相继开始工业开采。到2012年，克拉斯诺亚尔斯克石油开采量同比增加330万吨，伊尔库茨克州石油开采量同比增加350万吨，其增速位列全俄第一。2009—2012年，东西伯利亚和远东地区油气田开采量连续3年保持快速增长。萨哈（雅库特）共和国2011年石油开采量增长60%，增速列全俄第一位；2012年石油开采量净增160万吨。这些数据表明，俄罗斯东部地区油气开采速度在不断加快，对全俄油气产量增长的贡献度不断增大。② 2010—2012年俄罗斯东西伯利亚和远东地区油气开采情况详见表1-4。

表1-4　　　　2010—2012年俄罗斯东部地区油气开采增长
情况及2012年产量

年份		2010（同比增长,%）	2011（同比增长,%）	2012（同比增长,%）	2012（产量）
克拉斯诺亚尔斯克边疆区	石油（万吨）	—	117.5	121.6	1850
	天然气（亿立方米）	—	—	—	—
伊尔库茨克州	石油（万吨）	—	—	152.9	1010
	天然气（亿立方米）	—	—	—	—
萨哈（雅库特）共和国	石油（万吨）	180.3	159.3	121.5	680
	天然气（亿立方米）	111.2	109.0	107.9	26
萨哈林州	石油（万吨）	95.7	103.2	92.4	1410
	天然气（亿立方米）	130.0	105.0	105.5	168

资料来源：Нефтегазодобывающая и Нефтеперерабатывающая Промышленность: Тенденции и Прогнозы, Итоги 2010 - 2013 гг. , Москва: ИРАНОВЛСТИ, 2011, №1; 2012, №5; 2013, №9。

---

① Коржубаев А. Г. и др. , "Современная Концепция Комплексного Освоения Ресурсов Нефти и Газа Востока России", *Бурение и нефть*, №11, 2011г.
② 王四海、闵游:《"页岩气革命"与俄罗斯油气战略重心东移》,《俄罗斯中亚东欧市场》2013年第6期。

目前，远东地区共有 10 个已开发的大型油气田，2015 年开采的石油为 2380 万吨，其中萨哈林州开采的石油为 1440 万吨，主要开采的油田包括奥多普图海油田、恰伊沃油气田、比利敦—阿斯托赫油田；萨哈（雅库特）共和国开采的石油为 940 万吨，主要开采的油田为塔尔坎油田。2015 年，远东地区开采天然气为 285 亿立方米，主要产自萨哈林岛大陆架上的恰伊沃油气田和伦斯克油气田。目前，远东地区有 3 个正在勘探的大型油气田，有 4 个正准备开发的大型油气田。有数据显示，2009—2030 年，由于俄罗斯东西伯利亚和远东地区大型油气开发项目的实施，石油和天然气的累计产量可达到如下目标：石油产量：克拉斯诺亚尔斯克边疆区 8.75 亿吨，远东 5.97 亿吨，伊尔库茨克州 2.5 亿吨；天然气产量：远东大陆架和陆地 10280 亿立方米，伊尔库茨克州 6370 亿立方米，克拉斯诺亚尔斯克边疆区 4510 亿立方米。[1] 另据有关资料显示，随着东西伯利亚—太平洋石油管道运输能力的不断提高，未来俄罗斯东部地区油气开发的速度会不断加快。表 1-5 反映了东西伯利亚和远东地区的油气预测开采量。

表 1-5　　2013—2030 年东西伯利亚和远东地区油气开采量预测

年份		2013	2014	2015	2020	2025	2030
东西伯利亚地区	石油（亿吨）	0.394	0.480	0.577	0.916	1.061	1.202
	天然气（亿立方米）	142	158	178	934	1205	1282
远东地区	石油（万吨）	1620	1680	1800	2470	3050	3210
	天然气（亿立方米）	276	288	305	526	742	829

资料来源：Коржубаев А. Г. и др., "Современная Концепция Комплексного Освоения Ресурсов Нефти и Газа Востока России", *Бурение и Нефть*, №11, 2011г.

（二）煤炭工业

苏联解体后，俄罗斯的煤炭工业与其他大多数采掘业一样，经历了一场深刻的危机。煤炭产量从 1991 年的 3.45 亿吨下降到 1997 年的 2.27 亿吨。此后产量逐年回升，由 2001 年的 2.69 亿吨上升到 2010 年

---

[1] 庞昌伟：《俄罗斯油气资源及中俄油气合作》，《俄罗斯学刊》2013 年第 4 期。

的3.2亿吨。其间，远东地区的煤炭企业由于无法得到国家的支持，大多数煤田被迫关闭，导致煤炭行业陷入了长期的萧条中。1998年，远东地区的煤炭产量为5550万吨，2000年，远东地区的煤炭产量为2580万吨，2002年为3000万吨，比2000年增长了16%，但只是恢复到了1998年的54%。① 此后，随着全俄经济的好转，俄罗斯的煤炭产业开始逐渐恢复。2016年，俄罗斯煤炭产量为3.87亿吨。2017年，俄罗斯的煤炭产量为4.09亿吨，比上年增长5.7%，在全球煤炭产量中排名第六，占全球产量的5.3%。② 2017年，俄罗斯的煤炭出口量为1.87亿吨，同比增长15.2%。③ 2018年，俄罗斯的煤炭产量达4.31亿吨。到2020年，俄罗斯煤炭产量将达到4.7亿吨，2025年将达到5.25亿吨。④ 2000—2020年，俄罗斯煤炭领域的投资需求约为200亿美元，年均约10亿美元，比1998—2001年的年均投资增加1倍。从勘探储量、煤的质量和矿层条件看，位于西西伯利亚的库兹巴斯具有较大优势。这一地区煤炭总储量的30%是黑色冶金工业所需的炼焦煤，具有极高的开采价值，且炼焦煤的开采成本也是全俄最低的。

在经济转轨进程中，俄罗斯对煤炭工业进行了改组并实行了私有化。煤炭企业在政府支持下引入新的采煤和煤液化工艺，以减少对生态环境的破坏。俄罗斯煤炭工业矿物原料基地开发的方向是：对现有企业和露天矿场原料基地的开发进行重新评估；扩大地质条件好的产地的开采量，并降低煤炭开采对周围环境的影响；改变对地下资源利用征税的做法，以鼓励产地的合理开采，协调开采速度，保证内外部市场的原料需求；以公平竞争为基础，消除燃料能源平衡中的比例失调；采取必要措施提高电力能源领域的煤炭利用水平，在热电站中直接以煤炭替代天然气，同时在以煤炭为燃料的基础上提高电能的发电功率，优化热电站

---

① 刘慧丽：《俄罗斯远东地区的煤炭资源》，《俄罗斯中亚东欧市场》2006年第12期。

② "Добыча Угля в России в 2017 Году Выросла на 5，7% – до 408，9 млн Тонн"，https://rns.online/，2018 – 02 – 13.

③ "В 2017 Году Добыча Угля в России Увеличится на 4%"，https://ru.investing.com/news/article – 505934，2017 – 08 – 18.

④ Татаркин А.，Толченкин Ю.，"Российская Угольная Промышленность：К Методологии Прогнозирования Социально – экономических Результатов Технологического Обновления"，Российский экономический журнал，№4，2006 г.，С. 86.

的工作负荷，以煤炭为主要燃料建设新的电站，在煤炭利用中采用高效的净化技术。为实现煤炭资源的出口，俄罗斯力争把东西伯利亚的煤炭深加工成人造液体燃料，以管道运输的形式运到远东的港口，然后出口到日本、韩国及其他亚太国家。俄罗斯通过对不同能源远途运输效益的比较，认为在亚太国家市场上，由廉价的东西伯利亚煤炭加工成的人造液体燃料要比西西伯利亚的天然气更具竞争力。

（三）电力工业

苏联解体后，俄罗斯的电力生产急剧下降。为了扭转这种局面，俄罗斯把实现电力能源项目结构和配置合理化；提高本地区需求者电力和热能供应的可靠性，消除图瓦共和国、布里亚特共和国和赤塔州能源和生产不足的现象；在伊尔库茨克州和克拉斯诺亚尔斯克边疆区碳氢化合物资源基础上，组建跨地区的新的石油天然气基地；发展库兹巴斯煤区的采煤业；组建坎斯克—阿钦斯克燃料能源综合体；优化伊尔库茨克州煤炭的开采和利用；促进能源储备，提高电能和热能的利用效益；降低燃料能源综合体项目对环境的污染度；扩大对非传统可再生能源的使用等列为俄罗斯东部地区燃料动力综合体的发展方向。①

俄罗斯西伯利亚地区的电力工业发达，发电量位居全俄第一。该地区丰富的煤炭资源、天然气资源及水力资源为电力工业的发展提供了先决条件。水电站是该地区电力工业的支柱。早在苏联时期，通过实施一系列区域经济综合开发计划，在安加拉—叶尼塞河流域、勒拿河流域兴建了一系列大型水电站，如建在安加拉河上的伊尔库茨克水电站、布拉茨克水电站（450万千瓦）、乌斯季—伊利姆斯克水电站（360万千瓦）和建在叶尼塞河中游的克拉斯诺亚尔斯克水电站（600万千瓦）。这些水电站为西伯利亚地区的资源开发和工业发展提供了强有力的动力保证。此外，该地区丰富的煤炭和天然气资源为火电站的发展提供了条件，有7个100万千瓦以上的火电厂，如伊尔库茨克热电站、纳扎罗沃热电站（功率为1400兆瓦）、诺里尔斯克热电站及赤塔热电站等。这些大型火力发电站和水电站共同组成了本地区强大的电力系统，为发展耗能高的生产和对外输电提供了保障。仅伊尔库茨克火电站每年所产的

---

① 赵立枝主编：《俄罗斯西伯利亚经济》，黑龙江教育出版社2003年版，第105页。

富余电力就达200亿度。2005—2010年，该州剩余电能达160亿—180亿度，而克拉斯诺亚尔斯克边疆区的多余电能达100亿—150亿度，这为俄罗斯开辟亚太地区能源市场提供了可能。

在俄罗斯开发利用的水电资源中，欧洲部分约占40%、西伯利亚约占23%、远东地区则低于6%。根据俄罗斯的水电开发与发展规划，到2030年前，要建设包括水电站和抽水蓄能电站在内的80多个水电工程项目。2010年前，新增的水电装机容量包括在北高加索正在修建的三座水电站：苏维埃（卡什哈塔屋）、兹拉马格、奇勒尤勒特－3水电站，以及三座准备修建的水电站：克拉斯诺波凉斯克－2、上克拉斯诺哥尔斯克和小切列克斯克水电站，总装机容量为2000兆瓦。2011—2020年计划增加水电站装机容量的数量更大：在这一时期的头五年（2011—2015年），计划增加水电站装机容量4150兆瓦，包古查水电站水电机组预计会投入运行（装机容量为1000兆瓦）。而通过将水电站的挡水位提高到设计高程68米，则可增加切包克萨勒水电站装机容量590兆瓦。2021—2025年，俄罗斯开发水电的计划更为宏大，主要开发建设项目包括：埃维工斯克水电站（装机容量为6000兆瓦）、叶尼塞河上的图维斯克水电站（装机容量为1500兆瓦）、维吉木河上的莫克斯克水电站（装机容量为900兆瓦）、吉木普顿河支流阿达河上的尹耶斯克水电站（装机容量为760兆瓦）。此外，还包括开始开发南阿尔泰的水电资源（水电资源储量约为5000兆瓦）。2026—2030年，计划开发水电站装机容量7300兆瓦，包括中伍丘勒斯克水电站（装机容量为3330兆瓦）、维吉木河上的包塔毕水电站（装机容量为640兆瓦）、什勒科河上的什勒科水电站（装机容量为700兆瓦），以及远东地区的几座水电站：大乌苏勒克上的塔勒涅列切水电站（装机容量为370兆瓦）、谢列木德什河上卢西诺夫水电站（装机容量为470兆瓦）、谢列木德什水电站（装机容量为300兆瓦）。上述水电发展规划中的所有水电站总装机容量将达8400万千瓦，将比目前增加2倍多（俄罗斯多年平均发电量约为3000亿瓦小时）。届时俄罗斯水电资源储量的35%将会得到开发利用。

总体上看，目前俄罗斯西伯利亚地区属于电力过剩地区，但西伯利亚各地区电力供应极不均衡。秋明州、伊尔库茨克州、克拉斯诺亚尔斯克边疆区和哈卡斯共和国电力生产供大于求，其余的联邦主体则需从外地输入电力。随着市场经济的发展，俄罗斯电力系统发生了结构性转变，成立了大型股份公司——统一电力集团，主要进行电能生产、输送和出口。目前，已把东西伯利亚多余的电力通过能源桥输送到了中国。

二 采矿冶金业

俄罗斯西伯利亚和远东地区盛产多种有色金属，铝矿、铜矿、钛矿和黄金对本地区经济具有重要影响，再加上该地区具有丰富而又廉价的电能，经过多年的系统开发，该地区已成为俄罗斯重要的有色冶金基地。

克拉斯诺亚尔斯克边疆区是俄联邦的主要矿藏产地，那里有全俄最大的诺里尔斯克铜镍基地。该边疆区的有色冶金业较为发达，其产值占边疆区工业产值的50%以上。西伯利亚生产的铜、镍和钴几乎全部由该边疆区的诺里尔斯克采矿冶金联合企业生产。俄罗斯联邦65%的钴、60%的铜及50%的镍都集中在该边疆区，这里还分布着钛、镁、白云石、石墨、滑石粉等矿，而且金刚石、银、锰、铅、锌及白金的产量也很大。目前，克拉斯诺亚尔斯克边疆区是俄罗斯最大的有色金属出口基地，粗铝产量和出口量均列全俄之首。从生产经营状况来看，俄罗斯铝业股份公司是西伯利亚地区冶金企业的排头兵，该股份公司包括克拉斯诺亚尔斯克铝厂、布拉茨克铝厂和萨彦铝厂等多家企业，铝已成为东西伯利亚地区重要的出口产品。由于贝阿铁路干线西伯利亚部分蕴藏着大量有开发价值的金属矿藏，俄罗斯计划在贝阿干线沿线地区修建几处大型采矿中心。

在阿尔泰共和国，铋、钽、锂、铷和铯等金属的储量在全俄居首位，该共和国的水银储量也很大，阿克塔什冶金企业是全俄唯一专门生产汞的大型企业。目前，该企业由于资金短缺无力进行技术更新，其生产能力远不能满足水银矿发展的需求。

钨矿主要分布在布里亚特共和国，该共和国境内钨的储量占全俄总储量的27%，开采量占全俄总开采量的15%，较著名的是英库尔斯科耶矿和霍尔多索斯科耶矿。布里亚特共和国境内最大的冶金企业是吉达钨钼联合加工厂，钨精矿的生产能力较高。钼矿也主要分布在布里亚特共和国，其储量占全俄总储量的30%，特点是矿石的品位高，约20%钼矿石的含钼量在0.1%以上，已进行勘探的奥列基特坎斯科耶钼矿和赤辛斯科耶钼矿的钼含量就高于这一数字。此外，哈卡斯共和国境内的索尔斯克和阿加斯克尔斯克钼矿的储量较大，是俄罗斯的精选钼矿之一，索尔斯克选矿联合企业的年产量为950万吨。

赤塔州北部有全俄储量最丰富的乌多坎铜矿，该矿属于铜砂岩矿，矿石品位高，大部分可进行露天开采。炼铝业所需的铝矾土主要分布在布里亚特共和国、伊尔库茨克州以及克拉斯诺亚尔斯克边疆区，其中位于阿钦斯克南部的基亚—沙尔特里矿生产的氧化铝，主要被东西伯利亚炼铝企业所利用。钛主要分布在赤塔州的克鲁钦斯克产地和布里亚特共和国的阿尔谢奇耶夫斯克产地。在下安加拉河流域开发了大型的格尔斯克铅锌矿，布里亚特共和国也有著名的奥泽尔诺耶铅锌矿和霍洛德宁斯科耶铅锌矿，两者的锌储量占全俄的48%，铅储量占全俄的24%，其开采规模对全俄乃至世界铅锌价格都有影响。

黄金产地主要集中在东西伯利亚的南部地区，克拉斯诺亚尔斯克边疆区的黄金储量占全俄的10%，奥林匹亚金矿是俄罗斯的第二大黄金产地（黄金储量为600吨以上），还有赤塔州的巴列伊产地和韦尔希诺—达拉逊斯产地、伊尔库茨克州的苏霍伊洛克产地（黄金储量超过1000吨）和勃达伊勃产地等。黄金开采与加工主要集中在北安加拉采矿冶金联合企业、北叶尼塞采矿选矿联合企业和阿尔乔莫夫采矿厂等地。新西伯利亚市有闻名全国的中央炼金厂。

从总体上看，西伯利亚地区采矿冶金业主要是为俄罗斯的黑色和有色冶金企业提供稳定的原料资源，维护和增强俄罗斯战略原料及其加工产品在国际市场的地位。为了提高俄罗斯的国际竞争力，东西伯利亚将把加速开发下安加拉河流域的铅、锌、金等有色金属矿以及对现有的主要冶金企业的现代化技术改造作为自身经济发展的优先方向。在《中国东北地区与俄罗斯远东及东西伯利亚地区合作规划纲要（2009—2018年）》中，俄罗斯承接的金属项目有：外贝加尔边疆区开采诺永达拉果多金属矿、东南部多金属矿和北部金属矿，建立外贝尔加尔斯克采矿冶金综合体，开采别列佐夫斯基铁矿；伊尔库茨克州在西伯利亚乌索利耶市建设多晶体硅生产工厂，在切涅姆霍夫斯克区开采萨维诺夫斯基菱镁矿区，在下乌金斯克区开采金—银—多金属矿；犹太自治州开发基坎诺姆—苏塔尔铁矿并建设远东采矿冶金联合工厂；哈巴罗夫斯克边疆区开发索伯林锡矿，在图古罗—楚米坎区库滕金矿矿区建立复合型选矿综合体。其中，外贝加尔边疆区承接的多金属矿主要包括布格达因斯基钼矿区、贝斯特林斯基金—铜矿区、库尔图明斯基金—铜矿区、索洛涅琴斯基锑矿区、新什罗金斯基金—多金属矿区。但这些行政区承接的金属项目并不是行政区内储量最大的金属矿，而是储量次之的金属种类。这说明，远东地区的大储量金属矿已经得到了较好的开发。在金属资源不可再生和储量不断下降的情况下，远东地区的金属采掘业更加注重金属产品多元化战略，凭借在储量大的金属开采中积累的采掘经验和技术，正在开发一些储量次之的金属矿产。

苏联解体后，1991—2008年，俄罗斯远东联邦区的黄金产量不断增加。目前，在远东地区的3636个金矿中，拥有开采许可证的有1446个矿床（占金总储量的83.1%）。2015年，远东地区黄金开采量为145.3吨，其中开采量大于20吨的地区有马加丹州、萨哈（雅库特）共和国、阿穆尔州、楚科奇自治州和哈巴罗夫斯克边疆区。

远东地区最重要的金银矿床类型是低温热液型金银矿床，目前该地区开采的大部分金银矿床如哈坎贾矿床、杜卡特矿床、比尔卡恰矿床、瓦鲁尼斯特矿床、多峰矿床、月亮矿床、波克洛夫卡矿床、库泊尔矿床、吉吉特矿床、噶里措夫矿床等都属于这一类型。2002年以前，远东地区银的主产区马加丹州曾长期处于停产状态。2002年之后，该州的杜卡特矿床开始恢复开采，此后月亮矿床又相继投产，使银的产量在2006年达到了993吨。2007年之后，马加丹州的阿雷拉赫矿床投产，此后楚科奇自治区的库泊尔矿和哈巴罗夫斯克边疆区的哈坎金斯克矿也相继投产。由于这些矿床的相继投产，使远东地区的白银产量出现了持续增长的态势。2015年，远东地区开采的白银为1482.1吨，是近年来的最高峰。

在现有的市场条件下，远东地区很多大型锡矿都不具备经济开采价值。近年来，远东地区的锡矿开采呈现出不断萎缩的趋势，2013年达到历史最低谷，年产量仅为382吨。此后，随着市场行情的好转，远东地区的锡矿开采略有回升。2015年，远东地区开采的锡产量为1633吨。当前，远东地区锡矿开采的产地主要有：哈巴罗夫斯克边疆区的右乌尔米锡矿和滨海边疆区的尤日锡多金属锡矿。此外，远东地区有以下

31

两个正在准备开发的大型锡矿床：贝尔卡卡伊锡矿和捷普达特锡矿。

滨海边疆区的东方二号钨矿和莱蒙诺夫钨矿是俄罗斯远东地区的两个主要钨矿开采地。2015年，远东地区共开采2600吨三氧化钨，占全俄钨开采量的64.2%。目前，远东地区正准备开发斯科雷钨矿床。

远东地区的铜矿基本处于未开采的状态。2015年，远东地区的铜开采量仅为1600吨。目前，楚科奇自治区的别斯强卡铜矿床已勘探铜储量为373万吨。[①] 此外，处于勘探之中的阿穆尔州伊坎斯克斑岩型铜矿初步预计是一个大型铜矿床。

三 农业

俄罗斯西伯利亚与远东地区地域辽阔，土地资源丰富，有大面积的土地尚未开垦，土地资源潜力巨大。据估计，西伯利亚和远东地区有适合于农业用土地1200万公顷尚未开发，主要分布在哈巴罗夫斯克边疆区、克拉斯诺亚尔斯克边疆区、鄂木斯克州、托木斯克州、伊尔库茨克州和阿穆尔州境内。

虽然西伯利亚与远东土地资源丰富，但是农业的分布与发展极不平衡，农业区主要集中在西伯利亚和远东的南部、贝阿铁路沿线地区，西伯利亚的北部基本没有农业。西西伯利亚的主要农业区有阿尔泰边疆区、新西伯利亚州和鄂木斯克州，主要农作物有马铃薯、亚麻、豌豆、春小麦、燕麦、秋小麦、荞麦、黑麦、黍、向日葵等。阿尔泰共和国的果树栽培较发达，水果主要包括苹果、马林果、西瓜、沙棘果及穗醋栗等。该共和国养蜂业历史悠久，蜂蜜产量每年高达数千吨。汉特—曼西自治区适于种植蔬菜和饲料。东西伯利亚农业用地较少，但畜牧业较发达。该地区的种植业主要集中在南部的米努辛斯克盆地、布里亚特共和国的南部地区以及伊尔库茨克州的南部地区，种植的作物以生长期较短的春小麦、大麦、甜菜、燕麦和亚麻等为主。南部城郊主要种植那些可满足城镇居民需求的蔬菜和马铃薯等作物。在北部苔原冻土带，当地少数民族长期放牧着庞大的北方鹿群，为俄罗斯提供大量鹿皮和鹿肉。东西伯利亚南部的养羊业发达，盛产羊毛。

---

① 周永恒等：《俄罗斯远东地区矿产资源开发现状与潜力》，《中国矿业》2017年第11期。

远东地区的耕地集中在沿海和阿穆尔河沿岸流域，主要分布在滨海边疆区、哈巴罗夫斯克边疆区和阿穆尔州，主要作物有小麦、玉米、大豆、水稻和谷类作物。

自苏联解体以来，旷日持久的经济危机影响了西伯利亚和远东地区的农业发展。尽管俄罗斯实行了农业私有化改革，对集体农庄和国营农场进行了改组，允许私人拥有土地，大力支持建立家庭农场，但这些措施并未达到迅速提高农民积极性的目的。该地区以提高土壤肥力和部门技术改造等科技进步手段带动种植业和畜牧业的发展，政府对农业企业欠各级财政、国家预算外基金以及燃料动力等资源供应者的债务进行重组；建立联邦谷物储备基金；根据市场经济条件恢复农业保险机制；改进食品进口调节体制。由于农业劳动力缺口很大，农业发展落后，近年来俄罗斯远东地区积极吸引中国劳动力开展农业合作开发，种植和加工大豆及其他农作物。

四 林业

俄罗斯东部地区林业资源极为丰富，根据西伯利亚地区森林资源的分布与开发状况，可划分为以下五个森林经济区：西西伯利亚地区有鄂木斯克—新西伯利亚森林经济区、阿尔泰—克麦罗沃森林经济区、托木斯克—秋明森林经济区；东西伯利亚地区有后贝加尔森林经济区（包括布里亚特共和国及赤塔州）、克拉斯诺亚尔斯克—伊尔库茨克（包括特瓦共和国）森林经济区。西伯利亚地区森林资源开采程度低、效益差，西伯利亚森林中几乎一半是成熟林和过熟林，由于木加工行业劳动力缺乏，采伐量和蓄积量不成比例，许多木材没有及时采伐而烂在山里，造成了森林资源的大量浪费。因此，及时采伐这些林木极为重要。

林业是东西伯利亚地区的传统工业部门，包括森林采伐和木材加工业，生产原木、锯材、人造板材及纸浆等多种产品。东西伯利亚的成熟林和过熟林的比重高达80%，这为该地区的林业发展提供了保障，使森林工业成为该地区的支柱产业之一。东西伯利亚地区建有许多大型木材深加工的森林工业综合体，其中乌斯季伊利姆斯克木材综合体是由苏联时期的经互会成员国共同建设的，包括木材原料厂、木材综合加工厂、木材水解厂及刨花板厂等多家企业，是东西伯利亚地区规模最大的森林工业综合体。该综合体不断改进木材加工工艺，提高森林资源的加工深度，实现纸浆造纸的现代化改造，发展造纸专业化企业。

自经济转轨以来，西伯利亚地区木材生产受经济危机的影响较大，木材采伐量急剧下降。该地区木材的年计算采伐量为2.3亿立方米，约占木材蓄积量的0.6%。但西伯利亚的实际采伐量却从未达到年计算采伐量的一半。20世纪80年代，仅伊尔库茨克州的木材采伐量就比目前全西伯利亚的采伐量多一半。在木材加工方面，初加工产品的产量在林业综合体林产品生产总量中的占比高达85%以上。尽管西伯利亚地区建有许多从事木材加工的大型森林工业综合体，但加工程度却相对较低。西伯利亚地区的5个大型纸浆厂全部位于东西伯利亚地区，造纸工业规模却较小，所产大部分纸浆仍需运往外地再加工。森林化工是东西伯利亚经济区的新兴产业，由于该地区有丰富的原料和廉价的电力资源，化学工业成为一种有着广阔发展前景的行业。克拉斯诺亚尔斯克边疆区的森林化工企业对木材进行化学深加工，生产人造纤维及合成橡胶等产品。

俄罗斯东部地区因木材机械加工能力相对不足，因而许多木材以原木的形式外运。为扭转该地区对原材料出口的依赖性，俄联邦政府鼓励发展加工制造业。近些年，俄联邦政府不断上调原木出口关税，同时也相应地采取了改善林业基础设施、向外商投资者开放木材加工市场、降低木材制成品出口关税等措施，以促进木材深加工产业的发展。

随着林业经济的发展，哈巴罗夫斯克边疆区孕育出了远东地区最大的森林工业联合企业——远东森林工业生产联合公司。哈巴罗夫斯克边疆区位于沿海地区，交通便利，吸引了美国、日本、挪威、马来西亚、中国等国家的资本流入该区的林业部门。为了吸引更多的外资流入木材加工领域，哈巴罗夫斯克边疆区实施了延长林区租赁期、降低木材加工品的出口关税、向俄联邦政府申请贷款、改善与林业相关的基础设施等措施。但哈巴罗夫斯克边疆区已出现森林资源枯竭现象，倘若继续以原木采伐为主，森林资源必将超过警戒线。因此，哈巴罗夫斯克边疆区面临着林业产业转型的抉择，需要延长林业产业链条，提高木材制成品的附加值。

滨海边疆区的自然条件适合动植物生长，森林覆盖率高达67%，森林资源主要分布在北部和东北部，分别是波扎尔斯科耶区、红军城区和捷尔涅伊区。滨海边疆区是远东地区木材出口的第二大行政区。2009年，木材及制成品占滨海边疆区出口总额的20%，主要以原木和锯材为主，这成为当地的经济支柱之一。虽然滨海边疆区的木材加工业在远东地区是比较发达的，但也面临着产业转型的困境。为了提升产业竞争力，滨海边疆区加大了对木材加工的投入，提升了木材生产线的生产能力，创办大型生产联合体。2006年，滨海边疆区明确提出了要减少原木的出口量，逐步提高硬纸板、家具、锯材、镶木板的出口比重，通过木材深加工提升林业竞争力。由于滨海边疆区位于俄罗斯的最东南，东临日本海，南接中国与朝鲜，地理位置优势较为突出，加之还有森林资源优势，中日韩成为其主要贸易伙伴。早在2007年，滨海边疆区就建立了中俄木材加工储运批发基地。

犹太自治州的森林覆盖率为39%，主要为松杉、云杉、冷杉和落叶松。为了促进木材加工业的发展，犹太自治州实施了对外承包森林、提供基础设施等优惠政策。比罗比詹是犹太自治州的经济、文化和政治中心，木材加工是其经济支柱之一，通过发展木材加工业，可以缓解当地严峻的就业形势。而下列宁斯科耶和巴什科沃是俄罗斯的边境口岸，分别与黑龙江的同江口岸和嘉荫口岸相对应，积极发展原木深加工，不仅提高了原木加工的产业链条，还可以积极开展对华木材贸易。

五 交通运输业

俄罗斯东部地区幅员辽阔，资源丰富，交通运输起着异常重要的作用。该地区形成了以河运、铁路、公路、航空、海运及管道运输相结合的综合运输网络，承担着煤炭、石油、天然气、木材、矿石、金属、建筑材料及粮食产品等大宗货物的运输任务。随着经济的发展和各地区之间的相互往来，地区间人流和物流的规模日益扩大，各种运输方式已不能适应发展的需要，因而亟须快速发展该地区的铁路、公路、河运及空运体系，消除运输系统硬件设施和软环境方面存在的障碍。

铁路运输一直是西伯利亚和远东地区主要的交通运输方式。西伯利亚大铁路与贝阿铁路横贯东西，是俄罗斯东部地区的运输大动脉。在铁路运输中，俄罗斯广泛采用并发展集装箱运输和打包运输。目前，横跨西伯利亚的集装箱运输已得到国际承认，并已建立起自动化管理系统。西伯利亚大铁路已成为俄罗斯乃至世界运输业务最繁重的铁路线路之一。该铁路全长9288千米，经过多年的技术改造，西伯利亚大铁路已全线实现了电气化。贝阿铁路干线建设的竣工使东西伯利亚运输网得到改善，不但过境运输能力增强，还促进了东西伯利亚和远东地区的矿物和森林资源的开发。贝阿铁路干线年货运能力可达7000万—7500万吨。贝阿干线北段与西伯利亚大铁路相连接，增强了该地区的运输能力。目前，俄罗斯重视国际运输基础设施的建设，计划建立日本北海道至俄罗斯萨哈林的海底隧道及萨哈林至大陆的隧道，改造西伯利亚大铁路和贝阿干线。

管道运输是一种专业化的运输方式，主要为输送石油和石油产品以及天然气而修建，俄罗斯一半以上的石油和石油产品都是通过管道进行运输的。在西伯利亚整个交通运输业中，管道运输的地位和作用仅次于铁路，是俄罗斯主要的国际运输形式之一。在西伯利亚地区，管道运输承担着很大一部分货物的运输量。秋明州的管道运输网高度发达，管道网主要通向乌拉尔、伏尔加河流域、俄罗斯欧洲部分其他地区、欧洲国家，以及哈萨克斯坦和乌兹别克斯坦的西部和南部。20世纪80年代初，苏联开始修建从别洛沃煤矿到新西伯利亚的水力输煤管道，每年可运送430万吨煤炭。目前，诺里尔斯克采矿冶金联合企业已经采用水力运输矿石的管道系统，收到了较好的经济效益。

公路运输是俄罗斯统一运输系统中的重要环节。俄罗斯公路运输虽然发展比较迅速，但同西方国家差距较大，主要表现为道路质量差、实载率低、分布不平衡。在西伯利亚和远东有待开发的地区，公路相对较少。公路多集中于南部地区，特别是沿西伯利亚大铁路、贝阿干线附近地区的大、中城市周围，有许多路面质量较好、设备完善且一年四季均可通车的公路。这些公路与两条铁路干线相连，形成了小区域范围内的运输网络。北方地区的公路极少，那里属于公路网最稀疏的地区。长期以来，季节性公路作为一种适应当地自然条件的运输手段发挥着一定的作用。在那些人口稀少的地区，分布着一些简易的冬季公路，年通车时间只有200天左右。这些冬季公路有的是在封冻的江河湖泊的冰面上开辟而成的，有的是在地面上浇筑而成的。这些简单的公路造价较低，承担着北部地区内部和北部地区与外地之间的运输任务，对江河运输起到了补充作用。

尽管如此，但俄罗斯东部地区在铁路、公路、港口、空港等方面还存在诸多问题。目前，俄罗斯东部地区还没有强大的交通网络，陆海空运输的衔接和相互配合仍需进一步加强。俄罗斯东部地区的交通基础设施普遍比较落后，成为制约经济发展的"瓶颈"，阻碍了地区经济的发展。在铁路方面，虽然俄罗斯东部地区分布着著名的西伯利亚大铁路和贝阿铁路，但主要分布在南部地区，而勘察加州、楚科奇自治区等北方地区至今仍没有铁路。在公路方面，西伯利亚的公路不仅等级比较低，且破损率比较高，该地区的硬面公路仅占84%，低于全俄水平，一等公路的比重尚不及全俄水平的1/3，二等公路比重仅及全俄平均水平的3/4。① 而远东地区的公路则是俄罗斯密度最低的，主要分布在犹太自治州、阿穆尔州、滨海边疆区、萨哈（雅库特）共和国等行政区，形成了哈巴罗夫斯克—符拉迪沃斯托克的乌苏里公路、哈巴罗夫斯克—纳霍德卡的东方公路及由赤塔经阿穆尔公路大桥至哈巴罗夫斯克的阿穆尔公路，现有的公路还存在着路况差、水平低等问题，至今还没有一条高速公路。

在港口方面，东部地区的港口主要分布在西伯利亚地区的北冰洋航线和远东地区的沿海地区，形成了杜金卡港、伊加尔卡港、迪克森港、哈坦加港、东方港、符拉迪沃斯托克港、霍尔姆斯克港、科尔萨克夫港、马哈奇卡拉港、摩尔曼斯克港、纳霍德卡港、诺沃罗西斯克港、苏维埃港、索契港和瓦尼诺港等港口，但由于多数港口配套基施落后、年久失修，大大降低了工作效率，难以同世界知名港口相竞争。

在航空方面，东部地区的机场主要有伊尔库茨克机场、符拉迪沃斯托克机场、哈巴罗夫斯克机场、布拉戈维申斯克机场、彼得罗巴甫洛夫斯克机场、雅库茨克机场、南萨哈林斯克机场、马加丹机场等。其中，伊尔库茨克机场是东部地区的国际机场，哈巴罗夫斯克机场已发展成为远东地区最大的航空枢纽。由于俄罗斯东部地区的北部冬季漫长而寒冷，飞机成为对外联系的唯一交通工具，但存在航空线路少、机票价格高等问题。

总之，俄罗斯东部地区落后的交通基础设施大大提高了运输成本，

---

① 范明明、赵海燕：《西伯利亚的交通运输业》，《西伯利亚研究》2001年第2期。

特别是远东地区，运输成本在生产的商品价值中占 25%，远远高于俄罗斯运输成本占商品价值的比重，大大降低了商品的竞争力，迫使远东地区的诸多企业放弃了俄罗斯欧洲部分的市场。

随着经济的发展，各地区之间的相互往来日益密切，地区间人流和物流的规模不断扩大，为了适应时代的发展，俄罗斯需要加快发展国内的交通运输体系，不断发展铁路、公路、河运及空运体系，消除运输系统硬件设施和软环境方面存在的各种障碍。为此，俄罗斯一直重视相关政策的制定，不断改善交通运输条件，力争加大对交通运输业的资金投入，不断完善公路、铁路网的建设，尤其重视对西伯利亚大铁路进行技术改造，大力发展航运，对承接交通基础设施建设的企业给予优惠支持，以构筑内通外畅的交通运输网络。

六 科学事业

俄罗斯是科技大国，其科技水平闻名于世，不仅基础科学研究在世界上占有重要地位，应用科学研究在世界上也具有举足轻重的作用，尤其是军工、宇航等领域可与美国相媲美。俄罗斯科学院是俄最高科研机构，在西伯利亚和远东地区设有分院。这两个分院在生物科学、地球科学、物理科学、地质科学等方面取得了诸多成果。总体而言，俄罗斯东部地区科技实力较强，具有发展高科技产业的绝对优势。促进东部地区高科技发展是俄罗斯高科技发展战略的重要组成部分，俄罗斯东部地区高科技领域对外合作是在俄罗斯总体科技政策框架内展开的。

1917 年十月革命后，苏联一直采取措施发展落后地区的科学事业。但直到 20 世纪 50 年代，科研院所和大多数科技骨干都还集中在莫斯科和列宁格勒等大城市，远离生产建设中心。为改进科学院所属科研机构的地理布局，苏联一直探索按地区建立科研机构网络的有效途径。1956 年召开的苏共二十大确定了"加快发展苏联东部地区，利用这里的自然资源发展苏联工业"的方针。然而，东部地区科学事业发展的状况远远不能适应开发当地自然资源的需要。如果不改变这种状况，便会阻碍苏联东部地区的开发速度。1956 年初，苏联报刊就此展开了讨论。一些德高望重、具有远见卓识的学者纷纷撰文，大声疾呼应改变当前这种科学院所属科研机构地理布局不合理的局面。莫斯科、列宁格勒等地的一些知名学者纷纷表达了到西伯利亚工作的愿望和为发展该地区科学事业而献身的决心。

科学家的积极建议和献身祖国的热忱得到了苏共中央和苏联政府的高度重视和充分肯定。1957年，苏联政府决定在新西伯利亚市郊建立苏联科学院西伯利亚分院（"科学城"），国家为此进行了大量投资，1963年初第一期工程完工。苏联科学院西伯利亚分院成立以后，苏联政府又先后批准建立了全苏列宁农业科学院西伯利亚分院和远东分院，以及苏联科学院远东分院。

如今，新西伯利亚市是全俄乃至全世界著名的科学城，该科学城科研实力十分雄厚，是集科研所、工艺设计研究所、图书馆、实验室及生产基地于一体的大型区域性科研综合体。除了有闻名于世的俄罗斯科学院西伯利亚分院、俄罗斯农业科学院西伯利亚分院及俄罗斯医学科学院西伯利亚分院等众多研究所和设计院之外，还有很多高等院校，主要包括新西伯利亚大学、电工学院、铁道交通工程学院、经济学院、教育学院、医学院、商学院、莫斯科轻工学院分院等。高等学院在校学生人数达8万多人。该市共有科技人员4万多名，其中有60名科学院院士和70名通讯院士、800多名博士和5700名副博士。克拉斯诺亚尔斯克市有包括俄罗斯科学院支院在内的20多个科研、设计机构及9所高等院校。伊尔库茨克市既是东西伯利亚地区的科学、教育和文化中心，也是西伯利亚地区第二大科研中心，这里分布着西伯利亚分院的8个大型专业研究所及伊尔库茨克大学等8所高等院校。

早在20世纪80年代中期，俄罗斯科学院西伯利亚分院的所在地——科学城就已经发展成为与美国硅谷和日本筑波齐名的世界科学城。西伯利亚分院的材料学物理研究所国家科学中心在新材料工艺学方面、激光物理学研究所在光电子与激光工艺方面、生物化学研究所在生物工艺方面、催化研究所国家科学中心在化学工艺与催化工艺方面的技术研究，在世界同类学科中均占有重要的地位。[①] 西伯利亚的优势高科技主要有：航天技术（运载火箭、通信卫星、导航卫星和其他卫星设

[①] ［俄］B. 苏斯洛夫：《俄罗斯科学院西伯利亚分院科技与创新潜力的作用评估》，《"第四届中俄区域合作与发展国际论坛"论文集》2006年，第55页。

备技术）、民用与军用飞机技术（包括飞机发动机与航空设备技术）、系列核动力、电子技术（包括硅生产技术）、激光技术（包括制造和使用高能激光处理等各种技术）、硅技术、建立在应用新一代催化剂基础上的催化技术、生物化学技术（基因工程技术）、煤炭深加工及煤炭化学技术、信息技术及多门类仪表制造技术。

俄罗斯科学院西伯利亚分院是俄罗斯科学院的最大分院，拥有59个科研中心和技术设计研究所，这些研究所组成了以科学城为中心的覆盖西伯利亚大部分地区的科研机构网络，主要分布在新西伯利亚、克麦罗沃、托木斯克、克拉斯诺亚尔斯克。新西伯利亚市的科研技术潜力在全俄仅次于莫斯科，居全俄第二位。

目前，设在新西伯利亚的俄罗斯科学院西伯利亚分院已成为俄罗斯最重要的科研中心之一。自俄罗斯科学院西伯利亚分院成立以来，已形成遍布西伯利亚地区的较完整的综合科学体系，各科学研究机构之间及其与企业之间相互配合，完成了许多综合性的重大科研课题，对西伯利亚与远东地区的经济和社会发展做出了巨大贡献，解决了许多经济、社会、生态方面的问题。此外，政府各部和部门科学系统多数从事工艺、技术等部门专业性质的应用科学研究，社会科学研究机构所占比重不大。

俄罗斯科学院乌拉尔分院和远东分院是在原科学中心的基础上于1987年成立的。各分院有许多科学中心，如彼尔姆科学中心、车里雅宾斯克科学中心等。俄罗斯远东地区的科研院所众多，科研实力较为雄厚，该地区形成了以俄罗斯科学院远东分院、国民经济各部门所属研究机构和高等院校为主体的三大科研系统。其中，俄罗斯科学院远东分院在地球科学和海洋科学研究领域处于领先地位。俄罗斯科学院远东分院还设立了创新项目基金，积极参与国家的科技成果转化计划，并与国防部、原子能部等有关部委开展科技创新合作。

早在1917年俄罗斯远东地区的滨海边疆区就出现了植物研究室，这是该地区的第一个科研机构。从1920年起，远东地区陆续建立了一批大专院校。1970年，苏联科学院主席团决定在远东地区成立苏联科学院远东科学中心，该中心设在滨海边疆区的符拉迪沃斯托克市。此后，随着远东科学中心不断发展与壮大，1987年升级为苏联科学院远东分院。此外，远东地区还有俄罗斯远东国立大学、俄罗斯远东理工大学、伊尔库茨克国立大学、俄罗斯太平洋国立大学等知名高等院校。2008年开始，俄罗斯在远东地区修建了大学城。

苏联解体后，在由计划经济体制向市场经济体制过渡的进程中，经济困难给俄罗斯东部地区的科技发展带来了消极影响。许多科研机构都陷入了经费严重短缺的局面，难以为科技成果的转化投入必要的资金。因而科技事业陷入了举步维艰的困境，许多先进的科技成果和科研项目被搁置，无法进行中试、实现大规模的开发和产业化。在科技人才方面，远东地区面临着人才流失的问题。移居国外的俄罗斯科学家60%是40岁以下的有才华的年轻人，12%具有博士学位，其中美国的数学家有一半来自俄罗斯。由于在俄罗斯的外资企业福利条件和工作环境较好，部分科研人员供职于外资企业的科研机构，出现了人才的本地流失。此外，远东地区科研人员的平均年龄为60岁，远远超过了出成果的最佳年龄。①

在科技成果转化方面，尽管俄罗斯东部地区科技实力雄厚，但科技市场薄弱，科研成果转化率低。不仅科研机构和企业信息交流不畅，技术研发和市场需求存在差距，而且还缺乏专业的销售人员。如西伯利亚科研人员研发了高能粒子激光器、超震荡脉冲晶体激光器、遥感装置、重力仪等许多世界上先进的高科技产品，但却无法实现产业化和规模化生产。较低的科技成果转化率难以实现经济效益，无法缓解科研资金压力。

尽管长期持续的经济危机及政治危机使该地区的科技实力大大削弱，但西伯利亚地区的科技潜力仍然雄厚。总体来看，俄罗斯东部地区的科技事业在走过一段低谷后出现复苏，取得了很多新成果，其中一些成果仍保持着世界领先地位。俄罗斯政府认为，开展国际科技合作是俄罗斯在市场经济条件下开发西伯利亚和远东地区、提升这一地区科技创新发展潜力的重要途径。

---

① 葛新蓉：《俄罗斯远东地区的科研机构及其同中国的科技合作》，《俄罗斯中亚东欧市场》2005年第2期。

第四节 俄罗斯东部地区开发的有利因素

一 全面系统战略规划的出台为东部开发勾画出发展蓝图

为推动东部开发，俄罗斯先后出台了若干重要的总体规划，提出了新的发展战略，并为此做出了全面部署和具体安排，这些发展战略规划主要包括：1996年出台的《1996—2005年远东和外贝加尔地区社会经济发展联邦专项纲要》，以及后来在此基础上于2003年重新修订并补充的《1996—2005年以及2010年前俄联邦远东和外贝加尔地区社会经济发展专项纲要》；2002年出台的《西伯利亚社会经济发展战略》；2007年出台的《2013年前远东和外贝加尔地区社会经济发展联邦专项纲要》；2009年中俄两国共同出台的《中华人民共和国东北地区与俄罗斯联邦远东及东西伯利亚地区合作规划纲要（2009—2018年）》；2009年批准的《2025年前远东和贝加尔地区社会经济发展战略》；2010年批准的《2020年前西伯利亚社会经济发展战略》。而且，每个专项纲要和发展战略规划又都有与之相配套的若干具体规划和战略措施。所有这些专项纲要和发展战略规划不仅构成了俄罗斯东部开发的完整战略规划体系，而且勾勒描绘出东部地区未来的开发与发展前景。

二 各种法律法规的出台与实施为东部快速发展提供了法律保障

为了加速远东地区的发展，近年来，俄罗斯针对该地区密集出台并实施了一系列法律法规，2014年12月29日，俄罗斯出台了《俄罗斯联邦社会经济跨越式发展区联邦法》，2015年7月13日，俄罗斯总统普京签批了《符拉迪沃斯托克自由港法》。2016年出台的有：1月28日的《关于建立"巨石"经济社会跨越式发展区的俄联邦政府决议》；3月17日的《关于建立"山区空气"经济社会跨越式发展区的俄联邦政府决议》和《关于建立"南区"经济社会跨越式发展区的俄联邦政府决议》；5月1日的《关于向公民提供的地块应为国有或自治市（区）所有、位于俄联邦主体境内远东联邦区范围和修订部分俄联邦法案的联邦法》；5月23日的《关于修订〈俄联邦税法典〉第一、二部分的联邦法》；6月2日的《关于修订〈2018年前远东和贝加尔地区经济社会发展联邦目标规划〉的俄联邦政府决议》；7月3日的《关于修订〈俄联邦渔业捕捞和水生物资源保护法〉以及部分联邦法案有关完善水生物资源捕捞配额分配的联邦法》和《关于修订〈俄联邦经济社会跨越式发展区联邦法〉和〈符拉迪沃斯托克自由港联邦法〉的联邦法》，前者以投资确定水生物资源捕捞配额，后者将堪察加边疆区堪察加彼得罗巴甫洛夫斯克市、哈巴罗夫斯克边疆区瓦尼诺区、萨哈林州科尔萨科夫市、楚科奇自治区佩韦克市列入符拉迪沃斯托克自由港范围；8月9日的《关于修订〈俄联邦远东和贝加尔地区经济社会发展国家规划〉的俄联邦政府决议》；8月22日的《关于建立"阿穆尔—兴安岭"经济社会跨越式发展区的俄联邦政府决议》；9月10日的《关于批准向俄联邦主体远东联邦区范围内行使经济社会跨越式发展区管理职能的管理公司提供联邦预算资金、用于保障经济社会跨越式发展区基础设施建设相关支出条例的俄联邦政府决议》；9月13日的《关于修订〈2018年前远东和贝加尔地区经济社会发展联邦目标规划〉的俄联邦政府决议》；12月21日的《关于修订2015年4月30日第432号〈俄联邦主体远东联邦区范围内行使经济社会跨域式发展区管理职能的管理公司的俄联邦政府决议〉的俄联邦政府决议》和《关于修订部分俄联邦法案有关俄远东发展部所在地问题的俄联邦政府决议》（俄远东发展部驻堪察加彼得罗巴甫洛夫斯克办事处）；12月28日的《关于修订〈2018年前远东和贝加尔地区经济社会发展联邦目标规划〉的俄联邦政府决议》《关于建立"南雅库特"经济社会跨越式发展区的俄联邦政府决议》《关于修订〈关于向公民提供的地块应为国有或自治市（区）所有、位于俄联邦主体境内远东联邦区范围和修订部分俄联邦法案的联邦法〉的联邦法》（完善程序、规定不提供地块的地区以及部分司法实践问题）和《关于修订〈电力联邦法〉的联邦法》（启动分阶段下调远东地区电价、使费率降至全俄平均水平的整套机制）；12月29日的《关于修订〈2016—2025年千岛群岛（萨哈林州）经济社会发展联邦目标规划〉的俄联邦政府决议》。2017年出台的有：3月7日的《关于修订部分俄联邦法案的联邦法》（简化经符拉迪沃斯托克自由港口岸入境俄罗斯的签证手续）和《关于建立"石油化工"经济社会跨越式发展区的俄联邦政府决议》；4月14日的《关于〈确定实行简化外国公民经符拉迪沃斯托克自由港口岸入境俄罗斯的签证手续的相关国家名单〉的俄联邦政府令》；4月19日的《关于建立"尼古拉耶夫斯克"经济社会跨越式发展区的俄联邦政府决议》，以及其他一些关于对《俄联邦税法典》《符拉迪沃斯托克自由港联邦法》《俄联邦土地法典》和《俄联邦预算法典》相关部分进行修订的联邦法草案。这些法律法规的实施为远东地区的快速开发提供了法律保障。

三 转轨后俄罗斯经济的恢复和发展奠定了东部开发的基础

苏联解体后，在经历了以改变社会制度为基础的10年经济滑坡后，俄罗斯走上了政治经济稳定发展的道路，通货膨胀率有所下降，工资拖欠有所减少，经济形势不断好转。在普京前两届总统任期的8年时间里（2000—2008年），实现了使俄罗斯经济由摆脱危机到恢复性增长再到逐步振兴的发展历程，经济得到了持续快速增长。

在普京第一任期内，俄罗斯的国内生产总值出现了持续的增长，2000年增长了9%，2001年增长了5%，2002年增长了4.3%，2003年增长了7.3%。普京在2003年的总统国情咨文中指出，在过去的一个时期，俄罗斯经济一直在向好的方面变化，经济增长在持续。[1] 而在普京第二任期内，俄罗斯经济继续保持了较快的增长速度。2004—2007年俄罗斯GDP年均增速达7%以上，高于第一任期内的水平。鉴于1999—2007年经济的快速增长，俄罗斯权威人士当时甚至断言，在1999—2008年的10年间，俄罗斯人均GDP能够翻一番。[2]

自1999年俄罗斯经济止跌复增直到2008年，GDP年均增长6.7%，固定资产投资年均增长11%以上，居民人均实际收入年均增长10%以上。俄罗斯已成为当时世界上经济增长速度最快的国家之一。这也是普京在两个总统任期内狠抓经济"提速"，力促经济增长的直接体现和实际结果。

在"梅普组合"时期，受国际金融危机的严重影响，继2008年经济增长率由上一年的8.5%降至5.2%后，2009年俄罗斯经济延续了2008年的衰退趋势，GDP首次出现10年来的负增长，为-7.8%；

---

[1] Путин В., "Послание Президента России Владимира Путина Федеральному Собранию Российской Федерации", *Деньги и Кредит*, №5, 2003 г., С. 5.

[2] Аганбегян А., "Социально-экономическое Развитие России: Стратегия Роста и Возможности Инвестиционного Обеспечения", *Общество и Экономика*, №1, 2008 г., С. 22.

2010年，俄罗斯经济开始出现恢复性增长，GDP增长率为4.5%；2011年基本保持了这一增长势头，为4.3%。[①] 2012年俄罗斯经济保持了3.4%的"中速增长"。2012年，在世界十大经济体排名中，俄罗斯以3.4万亿美元位居第五（美国以15.6万亿美元位居全球十大经济体之首、中国以12.4万亿美元位居第二、印度以4.8万亿美元位居第三、日本以4.5万亿美元位居第四）。

俄罗斯经济形势的好转为东部开发奠定了雄厚的经济基础，使俄罗斯有相对较多的财力用于东部开发：加大了东部地区油气勘探投资；投巨资铺设西伯利亚和远东地区通往中国和日本的石油、天然气管道；增加东部地区油气开发和开采量；实施鼓励西部人口向东部地区迁移、吸引外来移民政策等。这些都与俄罗斯经济形势的不断好转和国家财力的迅速增加密切相关。同样，东部开发特别是石油天然气开采和大量出口，也为俄罗斯带来了滚滚财源。但长此以往，也导致俄罗斯经济过于依赖能源出口，使其带有明显的资源依赖型特征。在这一发展模式下，国际能源市场上的每一次行情波动，都会造成俄罗斯经济的波动和经济增长的不稳定。

四 科技发展助推东部开发

俄罗斯虽不是发达国家，但却是科技大国，在军工技术、航天科技、新材料、生命保障系统、信息电子技术、数字技术等方面具有很强的实力。而且，俄罗斯科学院在西伯利亚和远东地区都设有分院。俄罗斯科学院西伯利亚分院有9个地区研究中心及104个研究所，该分院共有3.3万余名工作人员，其中科研人员2.5万名。西伯利亚分院的材料学物理研究所国家科学中心在新材料工艺学领域、激光物理学研究所在光电子与激光工艺领域、生物化学研究所在生物工艺领域、催化研究所国家科学中心在化学工艺与催化工艺领域的科学研究和技术工艺水平，在世界同类学科中均占有重要地位。西伯利亚分院拥有的专利几乎占俄罗斯科学院专利总数的一半。据统计，到2005年初，西伯利亚各研究

[①] Минэкономразвития России, "Прогноз Долгосрочного Социально‐экономического Развития Российской Федерации на Период до 2030 Года", http://static.government.ru/media/files/41d457592e04b76338b7.pdf.

机构被应用的科研成果达300多项[①]，支撑着俄罗斯高科技产业的半壁江山。

俄罗斯远东地区地理位置独特，不仅是地球上两个最大板块相连接的区域，而且是世界上最大的陆地与海洋交接的地域。因此，在与资源开发有关的基础理论研究和重点项目应用研究方面，在海洋工艺、地质、动植物、生物工程、化学等方面，俄罗斯科学院远东分院地球科学和海洋科学研究始终处于国内领先地位，并在国际上具有较大影响。

俄罗斯东部地区的科技发展和技术优势能够有力地推动东部开发战略的实施。俄罗斯科学院远东分院、国民经济各部门所属研究机构和高等院校这三大科研系统和科研机构能够发挥各自优势，将科学技术成果转化为现实生产力，形成科技对经济的促进和带动作用，实现东部开发新战略确定的目标。

五 东北亚区域经济合作的发展为东部开发提供新契机

东北亚地区各个国家资源禀赋互补，经济发展水平参差不齐，便于开展垂直型和水平型分工合作，这为区域经济合作提供了较大的合作空间。在图们江经济圈、环黄渤海经济圈、环日本海经济圈的带动下，东北亚区域经济合作已经初具规模。俄罗斯作为东北亚区域经济合作的重要参与者，与中、日、韩、蒙在经济、科技、能源、教育等方面已经开展了深入合作。东北亚地区主要从俄罗斯进口石油、天然气、电力、有色金属、原木等产品，向俄罗斯主要出口机械、农产品、移动电话、通信网络材料等商品。虽然俄罗斯与日本还存在领土纠纷问题，但双方的经济合作却早已开展。在政冷经热的背景下，俄日经贸合作仍在继续深化。因此，在东北亚区域经济一体化成为必然趋势的前提下，俄罗斯将积极参与区域经济合作，从而为东部开发提供稳定的国际区域合作环境和出口市场。

俄罗斯远东地区与中国东北地区接壤，既可以借中国振兴东北老工业基地之际带动远东地区经济的发展，又能够参与东北亚区域经济合作，帮助其解决在经济发展中遇到的资本、技术、劳动力等"瓶颈"

---

① ［俄］苏斯洛夫 B.：《俄罗斯科学院西伯利亚分院科技与创新潜力的作用评估》，《"第四届中俄区域合作与发展国际论坛"论文集》2006年，第55—56页。

问题。此外，东部地区还可以成为俄罗斯参与亚太地区区域合作的门户，成为连接亚太地区和俄罗斯欧洲部分的桥梁，实现俄罗斯的亚太战略意图。同俄罗斯欧洲部分相比，东北亚地区距离俄罗斯东部地区更近，更能够发挥交通、能源等方面的优势，且东北亚地区市场比较广阔，经过多年发展，中国、日本、韩国早已成为俄罗斯东部地区的重要贸易伙伴。俄罗斯远东地区与中国、日本、韩国三国的贸易额已占俄远东地区贸易总额的70%—80%，而中国在其中所占比重最大。① 此外，俄罗斯东部地区有许多城市纷纷与中国、日本、韩国等国家的城市建立友好关系和开展地方政府互访，俄罗斯东部地区已成为东北亚区域经济合作的重要参与者。因此，俄罗斯东部地区开发将搭乘东北亚区域经济合作的列车，以实现经济的快速发展。

第五节 俄罗斯东部地区开发的障碍

一 资源开发环境恶劣

俄罗斯东部地区幅员辽阔，但自然条件比较恶劣，大部分地区位于中高纬度，西西伯利亚地区受北极寒流影响，冬季极为寒冷，降雨量较少。东西伯利亚是典型的大陆性气候，冬季酷寒，夏季温差比较大。远东地区受季风环流影响，冬季寒冷，夏季凉爽，降雨量比较大。部分地区如泰梅尔半岛、切尔斯基、季克西、洛加什金诺等都处于北极圈范围，容易发生极昼极夜和六月飘雪现象，影响人们的正常生活。俄罗斯东部地区的北部大多为永久冻土层、原始森林、冻土沼泽、河漫滩地等，尽管这些地区具有大量的能源资源、矿产资源、森林资源和动物资源等，但许多资源分布在荒无人烟的未开发地区或者埋藏较深，如萨哈林岛的煤炭资源大多在300米以下且煤层比较陡峭。② 特别是在远东地区，建设交通线路的投资要比其他地区高出2—4倍，建设工业设施的投资则要高出3—6倍。③ 这些情况大大增加了企业的投资成本。

---

① 方华：《东北亚区域经济合作的现状及前景》，《现代国际关系》2008年第11期。
② 于晓丽：《俄罗斯远东燃料动力的症结》，《俄罗斯中亚东欧市场》2004年第5期。
③ 于晓丽：《俄罗斯远东投资环境根本性问题论析》，《远东经济导报》2007年1月22日。

俄罗斯东部地区虽然自然资源丰富、储量大，但加上自然条件恶劣、运输距离长、劳动力成本高等原因，致使开采成本比较高。另外，职工生活成本、劳务成本和职工安置费用也比较高。由于俄罗斯东部地区距离莫斯科等西部城市十分遥远，如哈巴罗夫斯克距离莫斯科为8533千米，新西伯利亚市距离莫斯科为3191千米，因而俄罗斯东部地区运往西部地区的物资运费比较高，这也大大降低了远东地区产品的竞争力。

俄罗斯独立以来，由于资金短缺，导致俄罗斯东部地区资源勘探和开发速度下降。目前，俄罗斯东部地区在矿产资源的持续开发方面面临许多障碍，尽管该地区拥有足够的矿产储量供国内使用和出口，但关键问题是缺乏用于勘探新矿床的资金，而且某些矿石中金属含量较低，再加上进入偏远地区的困难，因而迫切需要资源开发的新技术，以从矿物矿石中提取有用的副产品，从而减少采矿过程中矿物的损失。此外，实行私有化改革后，俄罗斯东部地区出现了一批中小规模的自然资源企业，由于受利益驱使而导致了资源开采方面的浪费。

二 基础设施落后

受自然条件和经济不景气的影响，俄罗斯东部地区的基础设施建设一直滞后于西部地区，在交通、供电供热、电信、住房等方面均存在不足。基础设施的落后难以满足经济发展的需要，成为东部地区开发首先要解决的问题之一。

在交通基础设施方面，虽然俄罗斯东部地区分布着著名的西伯利亚大铁路和贝阿铁路，但东部地区的交通基础设施仍然比较落后，成为制约经济发展的"瓶颈"。至今俄罗斯远东地区尚无高速公路，西伯利亚的公路等级也比较低，且破损率较高。俄罗斯东部地区已有铁路主要分布在南部地区，而勘察加州、楚科奇自治区等北方地区还没有铁路。目前，俄罗斯东部地区还没有强大的交通网络，难以实现陆海空运输的衔接和相互配合，阻碍了区域经济的发展。

在供电供热方面，远东地区主要依靠火力发电和供热，由于供热期都在6个月以上，每年的供电供热问题成为地方政府的重要任务。远东电力公司发电量主要向哈巴罗夫斯克边疆区、滨海边疆区等5个地区集中供电供热，但却一直存在电价过高的现象，成为困扰远东地区经济发展的制约因素。相对而言，西伯利亚地区由于水电比较发达，供电供暖能够得到充足的保证。由于远东地区和西伯利亚地区并没有形成统一的电网，因而难以形成区域供电网路。

在电信基础设施建设方面，俄罗斯东部地区的电信设施比较落后，资金不足是造成电信设施落后的重要原因。由于地广人稀，导致东部铺设电信设施的成本比较高。而电视广播通信设施的老化也直接影响了俄罗斯电视频道的接收。由于俄罗斯电信市场实行的是许可证制度，容易导致东部电信市场出现垄断现象，电信服务费用比较高。例如，勘察加地区的互联网费用是莫斯科的3.5倍，是圣彼得堡的17倍；萨哈林州的互联网费用是莫斯科的18倍，是圣彼得堡的51倍。2010年3月，俄罗斯电信公司获得了为西伯利亚和远东11个地区采用WiMAX技术提供手机无线上网的网络通信服务许可证。由于俄罗斯东部地区自然条件恶劣，这对电信设施是严峻的考验。

在住宅建设发面，俄罗斯东部地区的住房存在危房比例大、住宅配套设施不足、房价上涨较高等问题。在房价方面，尽管西伯利亚和远东地区的房价都低于全俄平均水平，但远东地区的房价上涨率却高于全国平均水平。

三 资金短缺

在经济转轨期间，俄联邦政府降低了对东部地区的财政补贴和投入，许多事务转由企业或者地方政府承担。东部地区的固定资产投资在全俄固定资产投资中所占的比重远远低于中央联邦区的固定资产投资规模。由于企业经营不善，缺乏资金进行设备维护和更新，导致企业效益低下。据有关资料显示，俄罗斯80%的冶金设备都已经老化，至少80%的水电设备已经陈旧不堪。因设备老化发生了乌里亚罗夫斯卡亚和尤比列纳亚矿井瓦斯爆炸，纺织工业设备的耗损度已超过60%，家具生产企业设备老化率已达70%—80%、有40%的设备使用期超过20年。[①] 为了解决企业资金匮乏的问题，俄联邦政府将一些有待开发的矿产资源用于吸引外商投资。而企业也纷纷将部分股权出让获取资金，或者通过矿产资源抵押来获取银行贷款。如乌拉尔—西伯利亚铝业集团与

[①] 夏焕新、李涛：《"禁商令"颁行后俄远东民贸市场的情况》，《俄罗斯中亚东欧市场》2007年第6期。

英国的弗莱明家族和合伙人公司组建了一个新的公司，诺里尔斯克采冶联合企业将6000吨金属镍作为抵押物向银行贷款，萨哈林1号项目的俄罗斯两家公司因无力承担投资责任而向印度ONGC公司出售萨哈林1号工程20%的股份等。[1] 在东部地区开发中，俄罗斯联邦政府作为诸多规划纲要资金的主要投资主体，为了缓解资金压力，将招商引资作为资金来源之一。目前，俄罗斯东部地区有100个大型工业项目，这些项目仅在2015年前就需要2300亿美元的投资，而为发展西伯利亚和远东地区的基础设施，俄罗斯政府则需要投入800亿—1000亿美元的资金。[2]

四 经济结构有待调整

(一) 产业结构畸形

长期以来，东部地区作为俄罗斯的物资供应地和军事战略基地，形成了"以重工业为主、轻工业为辅"的经济体系。从经济结构方面看，俄罗斯东部地区经济结构畸形，主要经济部门发展失衡，且结构性调整举步维艰。早在苏联解体前，东部地区经济便一直以自然资源开采、粗加工业及军工为主，而农业和以农业为主的食品工业和轻工业则明显落后。

苏联解体后，俄罗斯从苏联继承下来的仍是畸形的经济结构，主要表现为国民经济军事化及农轻重比例关系严重失调。苏联时期近80%的工业与军事生产有关，重工业过重，农业、轻工业落后，产业结构比例严重失调。俄罗斯实行经济转轨后，这种经济结构畸形的状况不仅没有缓解，反而更为加重。为了促进经济的恢复和发展，俄罗斯一直致力于发展能源和原材料工业，力图出口这些产品来换取经济发展所需的外汇，从而造成了俄罗斯工业的能源化、原材料化趋势不断加强的局面。普京执政以后，尽管认识到这种畸形的工业结构不利于俄罗斯经济的长远发展，而且也制定并出台了一系列政策措施，以缓解或扭转这种情况，但遗憾的是，这种趋势非但并未得到根本性的改变，反而却呈日益加强的趋势。

---

[1] 宋魁：《俄罗斯东部资源开发与合作》，黑龙江教育出版社2003年版，第46页。
[2] 顾小清等：《总理亲自来挂帅 俄罗斯要搞东部大开发》，《环球时报》2007年2月15日。

自2000年起，随着国际能源价格上涨和俄罗斯经济政策的调整，为了缓解资金压力和克服经济萧条，俄罗斯东部继续将能源和原材料出口作为拉动经济增长的重要动力。尤其是在国际能源价格不断上涨的情况下，俄罗斯东部地区的能源和原材料产业依旧是主要的经济支柱。俄罗斯东部地区的经济结构并没有随着苏联解体而得到调整，经济增长方式仍比较落后。梅德韦杰夫在2009年11月12日发表的总统咨文中曾指出："必须承认，俄罗斯并没有很好地解决从苏联继承下来的问题，没有逃脱其固有的经济结构和对原材料的依赖。"普京在2012年12月12日发表的国情咨文中也指出，当前俄罗斯所依赖的原料增长模式的潜力已经耗尽。因此，必须加快技术创新，摆脱对原材料出口的过度依赖，发展高效和低能耗的创新型经济，实现经济多元化发展，这成为当前以及今后一段时期俄罗斯经济政策的主要方向。

俄罗斯东部地区的产业结构畸形也导致外贸结构畸形。在远东联邦区出口商品中主要是能源及燃料产品，占出口总额的一半以上，其次为水产品、木材及纸浆制品。在远东联邦区进口商品中，主要为机械设备及运输工具、食品和原材料、纺织品和鞋等产品。俄罗斯东部地区的贸易结构凸显了能源和原材料方面的优势，暴露了农业、轻工业、装备制造业等方面的不足。事实上，历史遗留下来的畸形经济结构在转轨近30年后的今天不仅没有得到改善，反而使出口结构更加原料化和初级产品化。可以说，远东地区的出口结构短期内难以改变。

虽然俄罗斯东部地区的经济结构畸形，但在东部大开发中，俄联邦政府依旧将能源和原材料作为主要产业加以发展，并加大了对能源的投资力度，注重实现能源出口市场的多元化。但这一格局难以适应全球高新技术产业发展和产业调整升级的新形势，因此，俄罗斯东部地区经济结构调整和产业升级是不可避免的。

（二）所有制结构不完善

俄罗斯在叶利钦时期实行的大规模私有化，导致大量国有资产流失、经济秩序紊乱。普京执政后，将能源领域的部分私有企业重新进行国有化改革，使国家在能源、电力、铁路、邮政等维护国家战略安全的领域中重新掌握了主导权。此外，俄罗斯政府加大了对国有企业的支持力度，帮助企业做大做强，诸如天然气工业公司、石油运输公司、俄罗斯石油、俄罗斯铁路、统一电力系统公司、对外贸易银行等均成为大型的垄断企业。

　　与此同时，俄罗斯的私有化进程仍在继续。从 2003 年起，制造业、批发零售业、房地产业等成为私有化的重点行业，大多数企业成为股份公司。甚至到私有化后期的 2008 年，俄罗斯依然有 260 家企业实行了私有化，其中，制造业占 14.2%、批发零售业占 19.6%、房地产业占 15%。虽然俄罗斯的私有化水平不断提高，但却在原子能、航空、船舶、通信、微电子等高科技领域建立了"国家集团公司"，重新确立了国有经济在战略经济领域的主体地位。由于国有大型垄断企业凭借其垄断地位便可获得利润和市场，因此，这些企业缺乏技术更新和提升管理水平的动力。

　　尽管俄罗斯多种所有制经济并存，但市场经济体制仍不完善。2009 年 10 月，普京明确表示："应当将私有化看作国家财政收入的一个重要来源。该进程应当有助于提高生产效率、吸引额外投资、优化竞争环境。"① 2010 年 8 月，俄罗斯宣布 2011—2013 年对 11 家"重量级"国企和国有银行进行部分私有化，其中包括最大的金融机构"俄罗斯国有控股银行"、最大的石油公司"俄罗斯石油工业股份有限公司"、国家能源管道运营商"俄罗斯国家石油管道运输公司"、国有银行"俄罗斯对外贸易银行"和水力发电运营商"俄罗斯国有大型水力发电公司"，但不包括国有铁路运营商"俄罗斯铁路公司"。有媒体报道称，计划出售的所有企业都只是部分私有化，国家将继续握有控股权。② 俄罗斯希望通过国退民进，对国有企业进行结构性调整，促进民间资本进入，引进竞争机制，改善国企管理。

　　俄罗斯一方面对部分企业重新实行国有化，另一方面又再次启动了私有化，表明俄罗斯的所有制结构还没有最终确定，市场经济体制还有待进一步完善。由于俄罗斯东部地区不仅是能源供给地，还是军事战略基地，因而在私有化浪潮中，远东地区仍将保留一些国有企业，以便为

---

　　① 关健斌：《俄罗斯将开始新一轮私有化　出售石油公司等股票》，《中国青年报》2009 年 10 月 18 日。

　　② 《俄罗斯批准 11 家国有企业私有化》，《中国证券报》2010 年 7 月 29 日。

俄罗斯国家的能源战略和军事战略服务。因此，俄罗斯东部地区的所有制结构更有待完善，市场经济体制的不完善不仅降低了经济效率，还使诸多外商投资者对俄罗斯东部地区望而却步。

（三）企业改革效果不佳

东部地区被视为俄罗斯的燃料供应基地、原材料供应基地和军事战略基地，国有企业比重较高。在全国私有化浪潮中，东部地区国有能源和原材料企业纷纷改制。在能源领域，私有化了的企业不愿进行勘探投资，对矿区维护不佳，一些出油率低的矿区往往中途被遗弃，造成资源的大量浪费。在矿产领域，私有化改革之后，投资者由于企业亏损严重和社会负担较重，便放弃矿场，导致大量职工失业，滨海边疆区的赫鲁斯塔利采锡公司和哈巴罗夫斯克边疆区的索尔涅奇内采矿公司便是典型例证。私有化改革也导致了非法采矿现象的发生，如马加丹州出现的淘金热。在木材采伐方面，远东地区的原有森林工业局改造为股份制公司，下设数量不等的归个体所有的森林采伐企业。个体企业不仅承担起了林业管理的责任，还承担着本地区的一些社会公共支出费用，导致许多企业负担较重；企业缺乏更新生产设备和育林的资金，采伐工艺落后和育林工作不到位；森林火灾频发，导致森林资源数量下降。在渔业资源方面，国家不再为渔业企业更新设备，企业承担着支付燃料、配件、运输、维修、通信服务等各项费用；受居民购买力低的影响，企业利润空间较小；出现了过度捕捞海产品和走私贵重海产品现象。因此，为了促使远东地区形成有效的市场机制，需要进一步完善私有化改革。

五　投资环境有待改善

俄罗斯东部地区不仅存在基础设施建设方面的问题，在政策环境、政府服务意识、金融服务、思想观念、社会治安等方面也存在不足。历年来曾到俄罗斯东部地区投资而惨遭失败的企业众多，至今使许多投资者依然对该地区的投资环境心存担忧。

在政策环境方面，出于促进经济发展和维护国家利益的需要，俄罗斯政府经常变动税务、海关、外商投资等方面的法规，导致各个行政区出台的投资优惠政策随着国家法规的调整而不断进行调整与变化。如2006年俄罗斯出台了"禁商令"，规定从2007年1月1日起，俄罗斯酒类和药品零售业的外国从业人员数量将减少到零；2007年4月1日前在俄罗斯市场和售货亭从事零售贸易的外国人将减少60%，到2007年末从事零售贸易的外国人将减少到零。然而一个月过后，俄罗斯莫斯科市政府又宣布允许所有希望继续经营的外国商贩返回市场。[①] 由于政策多变，使微观经济主体缺乏政策安全感，而对投资项目再三犹豫。俄罗斯政府对《产量分成协议法》的不断修订便是典型例子。

在政府服务方面，俄罗斯东部地区的政府公职人员存在行政效率比较低、项目审批时间较长等问题，服务意识尚有待加强。例如，为办理在港口停留10分钟的手续，曾经会用2—3天的时间，而且停留1个小时需要缴费100—500美元；相比而言，国外港口办理手续及提供补给只用3—5个小时，且费用低廉。近几年，随着远东地区跨越式发展区和符拉迪沃斯托克自由港的建立，这种情况大大改善。为了提高新政效率，俄罗斯总统梅德韦杰夫在任期间曾于2010年6月提出全国官员数量削减20%的建议。

在金融市场方面，虽然东部地区形成了银行、保险、证券等金融体系，但存在垄断经营和融资难、贷款门槛高的问题。国际金融危机发生后，俄罗斯政府一边提高贷款门槛，一边实施东部大开发战略，致使许多资金短缺的企业错失良机，难以借东部大开发之机快速发展。

在思想观念方面，虽然东部地区的少数民族较多，但主要以俄罗斯民族为主，"俄罗斯至上"的民族主义非常盛行。另外，随着在俄罗斯东部地区务工的中国劳务人员的增加，一些俄罗斯人士认为意在对俄进行"人口扩张"和"经济扩张"，致使"中国威胁论"在东部地区占有市场。而随着中俄能源合作的开展与不断扩大，一些人士又提出俄罗斯可能会成为中国的能源附庸的论调。这些思想意识反映出俄罗斯的大民族主义情结和排外思想。

六 劳动力短缺

俄罗斯的劳动力一直比较缺乏。转轨以来，随着俄罗斯经济转轨造成的经济萧条和一系列社会问题，人口数量不断下降，存在严重的人口危机。1990年末，俄罗斯的人口数量为1.483亿人，到2018年末，俄

---

① 高初建：《跳出俄罗斯禁商政策圈子"面包"属于有心人》，《中华工商时报》2007年2月16日。

罗斯总人口为1.468亿人①，下降了150万人。当前，俄罗斯的劳动力缺口为1000万人左右。俄罗斯不仅人口基数少，而且出生率也低，1990年末，这一指标为2.2‰，到2000年末，下降到-6.6‰，尽管此后这一数值有所回升，但总体上看，俄罗斯的出生率仍在下降，俄罗斯在人口问题上进入一个艰难时期。一方面，家庭收入低成为俄罗斯人口出生率下降的一个主要原因；另一方面，具有生育能力的适龄女性人口正在减少，有资料表明，到2033年这一人口数量有可能会减少1/4。为了扭转这种局面，目前俄罗斯各地区政府正在寻找有效的解决方案，力争2023—2024年实现人口自然增长，到2024年将总生育率提高到1.7‰。

人口数量下降和劳动力短缺成为制约东部地区开发和经济社会发展的最主要因素之一。从地域来看，远东地区的面积属于全俄最大的地区，但就人口而言却是全俄最少的地区。同全俄其他地区一样，该地区的人口呈现出负增长的趋势。长期以来，由于自然条件恶劣、经济不景气、人口出生率下降等各种原因，致使俄罗斯东部地区人口数量不断下降。此外，苏联解体后，社会动荡不安，经济条件不断恶化，人民生活水平下降，居民缺乏生活保障，许多人不愿生儿育女，从而导致人口出生率日益下降，而人口数量的下降又直接导致了劳动力短缺。

在广袤的俄罗斯东部地区一直存在人口危机。自然条件恶劣、经济不景气、疾病、出生率低、死亡率高等均是造成该地区人口数量下降的原因，但经济不景气却是最重要的原因。近些年，由于经济不景气造成失业人员较多，人们为了追求更好的生活而纷纷迁移别地生活。在上述人口负增长的基础上，人口外移加剧了该地区的人口负增长和人口危机。人口数量下降造成的直接影响是劳动力供给的不足。2002—2007年，在俄罗斯东部地区外流的74万人口中有75%为劳动年龄人口。劳动年龄人口的外流恶化了俄罗斯东部地区的人口结构，直接导致该地区出现老年人人口比重的不断增加、性别比例失衡以及劳动力储备不足等

---

① Федеральная Служба Государственной Статистики, "Российский Статистический Ежегодник–2019", С.49.

问题。同时，人口外迁还导致了俄罗斯东部地区的技术人员不足。[①]

在20世纪最后的10年，远东地区的人口减少了近100万人。2001年初，远东地区人口总数仅为710.7万人，占全俄人口总数的4.91%。尽管苏联时期强制移民迁入远东地区的措施曾保证了该地区具有全俄最高的人口增长速度。但自1991年开始，该地区出现了下降的趋势，且成为俄罗斯人口数量下降的主要地区。转轨初期出现的严重的经济危机使原有的计划体制下的对远东地区的种种优惠政策被取消，从而加剧了该地区的人口外流现象，这成为该地区人口下降的一个主要原因。由图1-1可见，俄罗斯远东地区人口一直呈下降的趋势，由苏联解体时的810万人下降为2015年的620万人。与此同时，2015年远东地区人口占俄罗斯总人口比重也从1991年的5.4%下降到4.2%，这也表明远东地区经济发展缺乏动力的本质在于人口稀少。据俄罗斯官方统计，2000—2015年，远东地区的人口下降了14%，预计到2025年，这一数字将会下降到450万人。

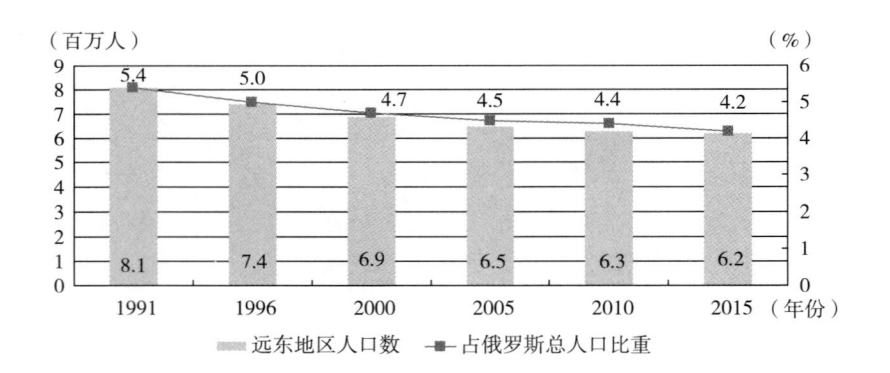

年份	远东地区人口数（百万人）	占俄罗斯总人口比重（%）
1991	8.1	5.4
1996	7.4	5.0
2000	6.9	4.7
2005	6.5	4.5
2010	6.3	4.4
2015	6.2	4.2

图1-1 俄罗斯远东地区人口变化情况

资料来源：莫特里奇 Е. Л.：《苏联解体后俄罗斯远东人口状况研究》，臧颖译，《黑河学院学报》2016年第1期。

总体来看，人口数量的不断下降直接导致了劳动力短缺，特别是受

[①] 于小琴：《试析俄罗斯劳动力市场的主要问题及未来前景》，《俄罗斯中亚东欧市场》2010年第11期。

过高等教育的劳动者、科技人才以及青壮年人口的流失,成为俄罗斯东部地区尤其是远东地区经济发展的一种损失。人口外迁—劳动力短缺—经济不景气—人口外迁—劳动力短缺成为一种恶性循环,最终加剧了俄罗斯东部地区人口数量持续不断下降的态势。

第六节 本章小结

如前文所述,俄罗斯拥有丰富的自然资源,也是世界上唯一一个自然资源几乎能够完全自给的国家。西伯利亚与远东地区地域广阔,是俄罗斯自然资源最丰富的地区,该地区的自然资源不仅种类繁多,而且储量极其丰富,开采潜力巨大,可谓是俄罗斯的"聚宝盆",素有"金窖"的美誉。

俄罗斯东部地区的经济开发与发展前景也非常向好。极为丰富的自然资源构成了俄罗斯实施东部开发战略的基础和有利条件。俄罗斯东部地区也由此形成了以自然资源为基础的重点发展的主导产业或支柱产业,使该地区在俄罗斯经济发展中的战略地位日益凸显。尤其是普京执政后,俄罗斯将西伯利亚和远东地区的开发提升到国家发展战略的高度,进一步加快了其开发和发展步伐。

必须指出,自然资源作为天然财富和物质生产活动的必要投入品,既是经济赖以发展的重要物质基础,也是社会发展的重要保证。一般来说,自然资源相对丰裕的国家通常具有更大的发展潜力和发展空间。但自20世纪80年代以来,一些自然资源丰裕国家的经济纷纷陷入了低增长陷阱甚至停滞。这一事实引起了相关国家政府和经济学家的高度关注和思考,俄罗斯也概莫能外。俄罗斯在东部开发进程中始终面临着两大问题抑或是两种选择。

第一,摆脱"资源诅咒"的阴影。自1994年"资源诅咒"概念首次提出并开始逐步进入主流经济学的研究视野后,对"资源诅咒"问题的研究日渐深化。尤其是自20世纪70年代以来的三次石油危机,人们开始更加关注经济增长受到自然资源约束的问题,并从理论上思考自然资源开发与经济增长的关系。"资源诅咒"理论认为,由于对丰富的自然资源过分依赖,资源富集区的自然资源可能是经济发展的诅咒而不是福音。尽管资源丰裕国家可能会由于资源品价格的上涨而实现短期的经济增长，但最终又会陷入停滞状态。一直以来，俄罗斯东部地区被定位为燃料能源基地和工业原料基地，其中，能源和原材料出口成为东部地区经济增长的主要来源；而装备制造业、农业和轻工业落后。畸形的产业结构导致俄罗斯东部地区形成了明显的资源依赖型经济增长和发展模式，这种经济模式严重受制于国际市场能源和原材料价格，时常引起经济的剧烈波动甚至停滞。不仅如此，俄罗斯东部地区丰富的自然资源及其出口所获得的丰厚的经济收益，降低了产业结构调整的迫切性，也导致出现收入的不平等、社会紧张及各种"寻租"腐败行为。一般认为，这种自然资源禀赋与经济增长之间的悖论关系，即为"资源诅咒"。自然资源丰裕对俄罗斯经济增长和经济发展产生的负面影响，主要表现为畸形的产业结构得不到有效调整，并加剧结构性衰退。虽然俄罗斯采取各种措施试图摆脱对自然资源的过分依赖，但短期内倚重能源的经济结构难以根本改变。这一点从俄罗斯不断加大东部地区资源开发力度，也能得到证实。

第二，防范"荷兰病"风险。虽然不能认为俄罗斯的资源依赖型经济必定会遭遇或已陷入"资源诅咒"困局，但俄罗斯经济确实存在患"荷兰病"的风险（早在2005年，标准普尔就认为俄罗斯经济已患上"荷兰病"）。或者说，俄罗斯经济患"荷兰病"的风险不能低估。"荷兰病"是对自然资源丰富反而抑制了其他生产部门的发展，并最终导致这些生产部门衰落的这种经济现象的概括。20世纪50年代荷兰发现了大量的石油和天然气资源，当时旺盛的国际能源市场需求驱使荷兰实行大力发展油气工业，扩大油气出口的产业政策，而忽视对其他工业部门的投入，致使其他工业逐步萎缩并失去国际竞争力。国民经济陷入对资源开采和出口的过度依赖。虽然油气出口的确给荷兰带来了丰厚的利润和国民经济的一片繁荣，但到了20世纪80年代初，当国际油气价格开始走低、油气市场不景气时，荷兰经济发展出现停滞，国民经济陷入困难境地，经历了一场前所未有的经济危机。"荷兰病"的基本特征如采掘业尤其是能源工业过快发展，其他工业部门受到严重削弱，过于依赖能源出口而工业制成品出口不振，产业结构严重失衡，也为俄罗斯经济所具有。俄罗斯资源依赖型经济特征十分明显，这种经济结构不仅使俄罗斯经济增长极易受到国际市场油气价格的冲击，而且以枯竭资源为代价的经济增长，导致资源日趋短缺，甚至会造成"贫困化增长"。当然，俄罗斯东部地区丰富油气资源的合理开发也是必要的。重要的是在发展油气工业并扩大资源品出口的同时，注重产业结构调整，加速实现经济结构的多样化，尤其是加快发展高新技术产业和现代服务业，转变经济发展模式。只有这样，才能防范"荷兰病"风险。

第二章

俄罗斯东部开发战略规划及其具体实施

长期以来，无论是沙俄时期、苏联时期还是当前的俄罗斯，其政府对东部地区的开发问题都极为重视，先后制订了许多具体的东部开发规划。苏联解体后，为了加快东部地区的开发步伐，无论是在叶利钦时期，还是在普京执政的各个时期，俄罗斯先后出台了一系列有关东部开发的战略规划纲要，对东部地区开发做出了详细的规划和具体部署，以保证东部开发战略的贯彻实施。

第一节 叶利钦执政前后的东部发展规划

早在沙俄时期，俄国政府就开始关注远东地区的开发问题。当时沙俄政府实施了一系列政策，使远东地区在国家的监督下得到了独立发展。这一时期沙俄政府修建了西伯利亚大铁路，鼓励人口向远东地区进行移民，以解决远东地区的劳动力不足等问题。

1917年十月革命胜利后，社会经济发展成为苏联的主要任务，东部地区成为重工业发展的原材料供应地。在"二战"期间，苏联西部地区饱受战争摧残，为保存实力，实施了工业东移计划。"二战"结束后，苏联加速了对东部地区的开发，建立了石油天然气生产基地，加大了对远东地区的交通运输设施的建设，著名的第二条横贯西伯利亚大铁路——贝阿干线便是很好的例证，同时鼓励东部地区发展天然气工业、有色冶金业、黑色冶金业等行业。

第二章 俄罗斯东部开发战略规划及其具体实施

为支持东部地区尤其是远东地区的开发,苏联政府不仅实施了移民政策,鼓励人们前往远东地区定居,满足劳动力的需求,而且还增加对远东地区的投资,促使远东地区成为苏联的工业区。苏联当局通过实施各项政策与措施向远东地区大量移民并投资建厂,生产国内紧缺的产品和原料,使远东地区渔业、林业以及石油、天然气等原料部门发展迅猛。20世纪80年代,苏联政府对远东地区的开发政策发生了改变,由先前的对外封闭状态转为对外开放,当时的党和国家领导人戈尔巴乔夫提出了"要把远东变成向东方广泛开放的窗口"的战略目标。

尽管俄罗斯东部地区具有优越的自然资源条件,但并未实现东部地区的经济腾飞,其发展至今仍落后于西部地区,导致了俄罗斯区域经济发展的不平衡。在苏联领导人戈尔巴乔夫执政期间,将远东地区视为苏联面向东方的窗口,希望该地区能够成为加快全国经济发展的经济增长极之一。1986年7月,戈尔巴乔夫在视察远东符拉迪沃斯托克市时提出,要改变远东地区只是作为国家主要原料基地的状况,要将该地区特别是符拉迪沃斯托克建成高度发达的国民经济综合体。[①] 1987年,苏联制定了《2000年前国家综合发展远东经济区、布里亚特自治共和国和赤塔州生产力的长期纲要》,规定国家将拨出2000多亿卢布投资,加速开发该地区。[②] 尽管此规划为东部地区的发展提供了长远规划。但随着苏联全面改革的失败及苏联的解体,东部地区尤其是远东地区并未实现经济的腾飞。

此后,俄罗斯实行了资本主义制度,对远东地区的政策支持大大减小,使远东地区在原有计划经济体制下形成的经济发展模式受到了很大的冲击。而伴随苏联的解体,东部地区的少数民族要求自治、地方政府要求提高权限等自由化思想泛滥,严重影响了远东地区的社会稳定和经济发展。在叶利钦时期尤其是经济转轨初期,受新自由主义思潮的影响,俄罗斯实行经济自由化方针,弱化政府职能作用,取消国家对经济的直接干预,特别是取消了计划经济时期国家对东部地区的若干扶持政

[①] Чичканов В П, *Дальний Восток：Стратегия Экономического Развития*，Экономика，С. 3, 1988 г.
[②] 乔木森:《西伯利亚与远东地区的社会经济发展战略和市场需求特点》,《苏联东欧问题》1989年第5期。

策。加之东部地区自然条件恶劣、生活环境差，又远离俄罗斯较为发达的欧洲部分，物资运输路途遥远且费用高，通货膨胀加剧，使东部地区的经济形势一直难有根本性的好转。

叶利钦上台执政后，为了实现经济的均衡发展和社会稳定，俄罗斯政府于1996年出台了《1996—2005年远东和外贝加尔地区社会经济发展联邦专项纲要》。该纲要的主要目标是利用远东地区的资源优势，建立起现代化的基础设施，并使远东地区发展成为俄罗斯参与亚太经济一体化的重要前沿地区。规划纲要涉及农业、工业、渔业、林业、能源、采掘业、基础设施等领域，计划投入800亿美元，其中，国家投入200亿美元。到2005年实现谷物产量321万吨、大豆增长到60万吨、蔬菜自给率达到73%、本地生产的土豆能满足当地居民的全部需求、肉产量达到37万吨、奶产量达到174.8万吨、蛋产量达到19亿个、鱼和海产品捕捞量增加到380万吨。天然气开采量达到220亿立方米，石油产量能够满足远东地区对石油产品需求量的50%—60%，煤炭产量达到8500万吨，几乎能保证这一地区对固体燃料的需求。为了配合规划纲要的实施，俄罗斯政府还出台了若干配套政策和法规，如《俄罗斯联邦2010年前能源政策基本方针》《俄罗斯能源战略》《1996—2000年联邦燃料与动力专项纲要》《2000年前俄罗斯联邦渔业发展联邦纲要》《租让法》《产品分成协议法》等。

其间，由于俄罗斯陷入经济危机，联邦政府财力有限，对东部地区的实际财力支持比较小，远远低于原来的规划，致使俄罗斯东部地区的经济依旧处于停滞之中。由于经济转轨初期俄罗斯国内经济持续下滑（1990—1999年，俄罗斯GDP只有1997年为正增长，其他年份均为负增长），加之受1998年亚洲金融危机的影响，俄罗斯的出口下降、卢布不断贬值、通货膨胀加剧、居民购买力下降，经济陷入困境，致使俄罗斯减少了对远东地区的投资（1996—2002年只投入了14.4亿美元），远未达到计划投资的目标，这些投资相对于计划总投资额和实际需要的投资而言也只是杯水车薪，从而使专项纲要的实施搁浅，但《1996—2005年远东和外贝加尔地区社会经济发展联邦专项纲要》的出台，标志着俄罗斯已经拉开了东部地区开发的序幕。

第二节　普京第一、第二任期的东部发展战略规划

普京执政后,特别重视东部地区的发展,先后出台了一系列政策,力争使远东地区的经济状况实现扭转。在实施"强国富民"战略的进程中,俄罗斯切实感觉到了"俄国的强大有赖于西伯利亚的开发",所以东部地区的发展水平如何,直接关系到俄罗斯强盛的速度和规模。2003 年,俄罗斯在对原有纲要修订的基础上出台了《1996—2005 年以及 2010 年前远东与外贝加尔地区经济社会发展联邦专项纲要》,2007 年出台了《2013 年前远东与后贝加尔地区经济和社会发展联邦专项规划》和《符拉迪沃斯托克市亚太地区国际合作中心发展子规划》。可见,俄罗斯联邦政府为了实现远东地区的发展,可谓锲而不舍,一直在力争使该地区发展成为真正的经济强区。

一　出台俄联邦《1996—2005 年以及 2010 年前远东与外贝加尔地区社会经济发展专项纲要》

为了解决俄罗斯远东地区的发展困境并切实启动新一轮远东开发,普京总统于 2001 年下半年授权远东地区各界代表对《1996—2005 年远东和外贝加尔地区社会经济发展联邦专项纲要》进行重大修改和补充。2003 年,俄罗斯政府批准执行重新修订并补充的俄联邦《1996—2005 年以及 2010 年前远东与外贝加尔地区社会经济发展专项纲要》。该纲要涉及能源、交通运输、农业、就业、社会服务设施等众多领域,规定到 2005 年发电量为 553 亿度、煤炭产量为 6260 万吨、石油产量为 600 万吨、天然气产量为 60 亿立方米、铁路货运量为 1.4 亿吨、海运装卸量为 5000 万吨、公路货运量为 4.95 亿吨、内河货运量为 1000 万吨、海洋捕捞量为 290 万吨、农业产值为 343 亿卢布;到 2010 年实现发电量为 645 亿度、煤炭产量为 8660 万吨、石油产量为 2820 万吨、天然气产量为 320 亿立方米、铁路货运量为 1.68 亿吨、海运装卸量为 7200 万吨、公路货运量为 5.6 亿吨、内河货运量为 1200 万吨、海洋捕捞量为 290 万吨、农业产值为 408 亿卢布、新增就业岗位为 60 万个、引进外商投资增加到 1290 亿卢布等。为了缓解资金压力,规划纲要把改善投

资环境确定为重要任务，制定了为外国投资者提供更多优惠、保护投资者利益、设立抵押基金、完善吸引投资的法律法规等具体措施。①

俄联邦《1996—2005年以及2010年前远东与外贝加尔地区社会经济发展专项纲要》既注重充分发挥俄远东地区能源、采矿业、木材业、渔业等传统产业的优势，特别是大力发展电能、煤炭、油气等能源用于出口，又提出要开展远东地区与东北亚地区的能源合作，吸引外资修建石油和天然气管道。而针对俄罗斯远东地区的农业等劣势产业，该纲要提出要对现有农业企业进行技术改造和升级，大力发展农产品深加工业。为了逐步摆脱远东地区经济发展对能源和原材料的依赖，规划纲要还提出发展装备制造业、轻工业和高新技术产业。

值得一提的是，俄联邦《1996—2005年以及2010年前远东与外贝加尔地区社会经济发展专项纲要》把与中国东北地区的经济合作作为远东开发的重要措施之一，主要包括：加强与中国毗邻地区的合作，共同维护边境生态环境，建设和改造过境通道，发展跨国旅游业，建设国际运输走廊等；增加新的出口产品，提高对华贸易；改善投资环境，吸引更多的外商投资；制定利用外国劳动力的法律法规，为开展双边劳务合作提供便利；在中俄边境设立边境合作区，如布拉戈维申斯克—黑河边境贸易区、绥芬河—波格拉奇内自由经济贸易区、下列宁斯科耶口岸经济贸易区、波克罗夫卡口岸经济区等。

二　制定并完善《西伯利亚社会经济发展战略》

俄罗斯《西伯利亚社会经济发展战略》自2000年12月26日由总统授权俄罗斯科学院西伯利亚分院、俄罗斯经济发展和贸易部、俄联邦总统驻西伯利亚联邦区全权代表办公室、俄罗斯医学科学院西伯利亚分院、俄罗斯农业科学院西伯利亚分院和"西伯利亚协议"跨地区联合会等科研机构和政府部门共同制定。2002年6月7日，俄罗斯政府批准了《西伯利亚社会经济发展战略》，该发展战略的主要目标是：降低不利的自然环境对西伯利亚社会经济发展的消极影响；加强交通基础设施建设；稳定发展本地区的原料能源并提高非原料部门在西伯利亚地区经济中的比重；提高西伯利亚地区居民的生活水平；提高西伯利亚地区

---

① 冯绍雷、相蓝欣：《俄罗斯经济转型》，上海人民出版社2005年版，第291—293页。

的投资吸引力；实现俄罗斯的地缘政治和经济利益。

在执行《西伯利亚社会经济发展战略》的过程中，俄罗斯暴露出了依旧采用计划经济的模式、没有充分考虑到实业界的利益、缺乏战略实施的机制和制度、缺乏国家和地区的扶植政策等不足和弊端。为此，2005年5月，俄罗斯西伯利亚联邦区委员会和"西伯利亚协议"跨地区联合会在托木斯克举行了联合会议，决定制定西伯利亚经济发展的新战略。该战略包括40个大型投资项目，涉及燃料能源开发、交通运输、冶金和机器制造业等部门，每个项目的实施都将保障西伯利亚联邦区的GDP增长1%，俄联邦GDP的增幅达0.1%—0.3%；建设20个工业生产型和技术开发型科技园区、提高科研成果转化率和发挥科技对经济发展的第一生产力作用；注重开展与中国和东北亚地区的经济合作。为了配合高新技术产业的发展，西伯利亚地区还出台了《强力电子工业纲要》、《激光技术纲要》和《催化技术纲要》。[1] 2006年，俄罗斯政府修订了《西伯利亚联邦专项纲要》，为2008—2015年西伯利亚经济社会发展提出了以下五大发展领域：提高自然资源的利用效益；积极利用现有的、有着较高发展水平的科技创新资源；在工业比较发达的地区，应该大力提高加工产业的生产能力；完善西伯利亚的铁路设施，成为连接俄罗斯欧洲部分、远东地区和亚太地区的桥梁；发展边境地区的国际合作和地区间合作。[2]

三 出台《2013年前远东和外贝加尔地区社会经济发展联邦专项纲要》

2007年11月，俄罗斯政府在对《1996—2005年远东和外贝加尔地区社会经济发展联邦专项纲要》进行修订的基础上，出台了《2013年前远东和外贝加尔地区社会经济发展联邦专项纲要》。这是对俄罗斯新一轮东部开发战略的重要规划，标志着远东开发新纪元的开始。该规划纲要设定5年的财政投入总额为5673.5亿卢布（约合224亿美元），其中75%的资金来自俄联邦财政，25%的资金由地方政府承担。远东地

---

[1] 赵立枝：《西伯利亚经济发展新战略将为中俄区域经贸科技合作带来新机遇》，《俄罗斯中亚东欧市场》2005年第12期。
[2] 葛新蓉：《俄罗斯区域经济政策与东部地区经济发展的实证研究》，博士学位论文，黑龙江大学，2009年。

区共获得 5285 亿卢布，占投资总额的 93%。①

《2013 年前远东和外贝加尔地区社会经济发展联邦专项纲要》旨在维护俄罗斯的地缘战略利益和安全，优先发展远东和外加贝尔地区的重点行业，完善基础设施和创造良好的投资环境。该规划纲要主要包括 6 个方面的内容：一是发展燃料动力综合体的措施，集中在消除各种限制，使能源生产流程最优化，提高电能和热能利用效率，保障对发电站和居民的天然气供应等。二是改进交通基础设施，新建和改造联邦公路和地方公路 6500 千米，修筑铁路 112 千米，发展地方和跨地区航空运输基础设施，新建和改造 22 个空港，修建和改造港口 13 个。三是发展工程技术基础设施领域，将在住宅公用设施体系的现代化方面采取一系列措施。四是发展社会领域，计划在建设和改造卫生、文化和体育等关键工程项目上采取一系列措施。五是发展水利和环保事业，采取一整套措施，以保护居民点免遭洪灾和其他环境方面的负面影响。六是采取措施保障邮政和电信系统的稳定发展。

与《1996—2005 年远东和外贝加尔地区社会经济发展联邦专项纲要》相比，《2013 年前远东和外贝加尔地区社会经济发展联邦专项纲要》涉及的开发领域更广，投资的规模更大，充分体现了俄罗斯政府加大东部大开发力度的决心。但两大规划的关联性很强，均重点涉及了能源行业，体现了俄罗斯远东地区的能源优势；还主要涉及了交通基础设施，说明俄罗斯政府特别注重解决远东地区的发展"瓶颈"问题。

四 出台《符拉迪沃斯托克市亚太地区国际合作中心发展子规划》

符拉迪沃斯托克市是俄罗斯远东滨海边疆区的首府，位于俄中朝三国交界之处，拥有漫长的海岸线，是俄罗斯远东地区的主要港口城市之一，拥有远东地区的第一个港口经济特区，不仅是西伯利亚大铁路的终点站，还是通往太平洋沿海地带和北冰洋航海线路的交通枢纽。凭借地理位置优势和资源优势，符拉迪沃斯托克市成为远东地区著名的渔港、军港和商港，形成了造船业、海产品加工、木材加工为主的工业体系。此外，符拉迪沃斯托克市还是从西伯利亚油田至日本海的石油管线的必

---

① 《2013 年前远东和外贝加尔经济和社会发展联邦目标规划》，《远东经贸导报》2008 年 2 月 4 日。

经之地，东西伯利亚—太平洋石油管道、萨哈林—哈巴罗夫斯克—符拉迪沃斯托克天然气管道均在此列。

为了加速符拉迪沃斯托克市的经济发展，俄罗斯在《2013年前远东和外贝加尔地区社会经济发展联邦专项纲要》框架内制定并实施了《符拉迪沃斯托克市亚太地区国际合作中心发展子规划》。该规划总投资额达56亿美元，主要涉及的项目有：翻修符拉迪沃斯托克机场；翻修公路、发展城市交通网络；在东博斯佛尔海峡建设符拉迪沃斯托克市至俄罗斯岛的大桥；建设金角湾大桥；发展符拉迪沃斯托克市和俄罗斯岛的港口，建设港口基础设施；修建会议中心、国际新闻中心、医疗中心以及三、四、五星级酒店、歌舞剧院；发展符拉迪沃斯托克市的公共基础设施。为了支持滨海边疆区的经济与社会发展，该边疆区承接了诸多优先发展项目，如建设总统图书馆分馆和高级医疗技术中心、修建可容纳7500人的体育馆、为军人修建住宅、成立联邦大学等。

此外，为了支持远东地区的发展，俄罗斯政府还出台了《俄罗斯岛经济社会发展构想》《俄罗斯联邦经济特区法的修订案》《俄联邦2020年前能源发展战略》《俄罗斯森林法典》，修订了《俄罗斯联邦矿产资源法》等文件。这不仅拓宽了经济发展空间，消除了经济发展障碍，而且为远东地区的发展提供了较好的政策环境。

第三节 "梅普组合"时期的东部发展规划与开发战略

2008年，俄罗斯进行权力交接，新总统梅德韦杰夫上任，原总统普京出任政府总理，形成"梅普组合"。在2008—2012年的"梅普组合"时期，继续保持普京前两个总统任期政策的连续性，保持政局稳定和经济发展势头，继续推进东部地区开发和崛起，成为"梅普组合"的既定目标。在这一时期出台的东部发展规划和开发战略，标志着俄罗斯东部开发战略的不断深化和新进展。

一 中俄两国共同签署《中华人民共和国东北地区与俄罗斯联邦远东及东西伯利亚地区合作规划纲要（2009—2018年）》

在俄罗斯远东地区进行大开发的同时，中国东北地区实施了振兴东北老工业基地战略。为加快东北地区的发展，推进社会主义现代化进程，中国做出了振兴东北老工业基地的重大战略决策。2003年，中国出台了《中共中央关于实施东北地区等老工业基地振兴战略的若干意见》。为了加快东北经济振兴步伐，2007年中国政府出台了《东北地区振兴规划》。国际金融危机爆发后，为了确保振兴东北经济战略的平稳推进，2009年中国政府又出台了《国务院关于进一步实施东北地区等老工业基地振兴战略的若干意见》。俄罗斯通过制定开发远东及西伯利亚的发展战略，日益重视其东部地区的开发及经济一体化进程，积极支持东部地区发展与东北亚特别是与中国的经济合作关系。

  总体来看，中国东北地区经济发展水平远远高于俄罗斯远东地区，长期以来形成了以重工业为主、门类齐全的工业体系，并力争成为具有国际竞争力的装备制造业基地、国家新型原材料和能源保障基地、国家重要商品粮和农牧业生产基地、国家重要的技术研发与创新基地和国家生态安全的重要保障区。俄罗斯远东及西伯利亚地区虽拥有丰富的能源和矿产资源，但装备制造业、加工业等工业的发展水平较低。俄罗斯远东地区和中国东北地区是中俄两国的毗邻地区，资源禀赋互补，经济发展水平存在落差，这为双边开展垂直型分工和水平型分工提供了广阔的合作空间。中俄这两大区域在能源、装备制造、农业、科技、旅游等方面的合作前景非常大，且两国政府对这两大区域的合作与发展高度重视。

  为了促使两大区域更好更快地开展有效合作，迫切需要协调两大区域的合作与发展规划。2007年3月，中国国家主席胡锦涛访俄期间与俄罗斯总统普京就加强中俄地区合作达成了重要共识。经过多次磋商和研究，2009年9月，中俄两国共同出台了《中华人民共和国东北地区与俄罗斯联邦远东及东西伯利亚地区合作规划纲要（2009—2018年）》。该规划纲要涉及运输、旅游、环保、人文、科技、劳务、边境基础设施等领域，达成了包括远东地区基础设施建设和中俄边境基础设施改善在内的200多项重点合作项目。俄罗斯承接了89个项目，俄罗斯远东地区的各个行政区均依据各自的资源优势和发展规划承接了相应的项目，其中多为能源、采掘业、木材加工等项目，中国东北承接了111个项目，主要集中在采矿业、电力行业、木材加工业、农产品生产及加工、装备制造业等领域，发挥了东北地区重工业的优势，为远东基础设施建设、加工、采掘、建筑等提供了设备和零部件，满足其工业发展的需求。

《中华人民共和国东北地区与俄罗斯联邦远东及东西伯利亚地区合作规划纲要（2009—2018年）》的出台极大地提高了中俄毗邻地区的经济合作热情。为配合该规划纲要的实施，黑龙江省采取了如下措施：出台了《关于进一步扩大对俄开放的意见》和《关于服务促进对俄经贸合作、支持边境地区经济发展工作的意见》等；推进绥芬河综合保税区的建设；制订黑瞎子岛保护与开放开发规划，与俄方共建中俄合作示范区；推进地方跨境涉边项目合作，为双边经济合作提供便利条件。吉林省大力建设以珲春为窗口、以延龙图为前沿、以长春和吉林为腹地的长吉图开发开放先导区；恢复珲春至俄罗斯卡梅绍娃亚铁路国际联运。近年来，吉林省不断推进全方位对外开放，加强互联互通，深度融入共建"一带一路"，深入实施长吉图开发开放先导区战略，加快推进"丝路吉林"大通道建设，当前正积极推动珲春市建设海洋经济创新发展示范城市及海洋经济合作示范区。辽宁省编制了《辽宁与俄罗斯地区合作发展规划（2009—2015年）》。俄罗斯远东各地区也采取了相应的措施：马加丹州在俄罗斯联邦驻华大使馆举行了推介会；犹太自治州与黑龙江省建立了友好省州；哈巴罗夫斯克边疆区和黑龙江将共同开发大乌苏里岛，制订外籍劳动力替代计划，设立苏维埃港经济特区，举办了东北亚国家国际旅游论坛；滨海边疆区与中国签署了消费者权益保护领域合作协议，举办了"中国文化周"活动；萨哈共和国对外关系部与吉林省商务厅签署了合作谅解备忘录等。

《中国东北地区同俄罗斯远东及东西伯利亚地区合作规划纲要（2009—2018年）》的出台，具有以下一些推动因素：

第一，从俄罗斯方面来看，一是出于维护国家安全的需要。北约堪称是世界上的首要军事政治集团。近些年来，北约不断东扩，成员国由最初的12个增加到26个。尤其是在第四次东扩中，与俄罗斯接壤的爱沙尼亚、拉脱维亚、立陶宛加入北约，致使俄罗斯面临被北约围困的局面。此外，与俄罗斯接壤的乌克兰、哈萨克斯坦、格鲁吉亚、阿塞拜疆，独联体国家中的哈萨克斯坦、吉尔吉斯斯坦、乌兹别克斯坦、亚美尼亚已成为北约"和平伙伴关系计划"签署国，俄罗斯在东欧的战略利益不断被挤压。而开发远东地区，积极融入东北亚地区，成为俄联邦政府缓解北约围困的途径之一。

苏联解体后，俄罗斯国内自由化思想盛行。远东地区是一个多民族地区，少数民族要求自治或扩大权限的呼声此起彼伏，萨哈共和国、犹太自治州、楚科奇民族自治区等便是在此过程逐渐分离出来的。而作为俄罗斯光辉历史的远东共和国一直是远东共和党的终极目标。远东地方政府认为，由于俄联邦政府在经济改革期间，对远东地区制定的政策不合时宜，导致远东地区与西部地区的经济差距不断扩大，成为俄罗斯欠发达地区。远东地方政府据此要求不断扩大地方政府权限，争取更多的经济利益。由于俄罗斯地跨亚欧两大洲，其经济较发达地区主要分布在欧洲部分，大约4/5的人口都集中分布在欧洲部分。相比之下，远东地区地处偏远，自然条件恶劣，人口死亡率大于人口出生率，致使人口数量自然减少；东西部经济差异比较大，促使人们不断向西部迁移，人口不足成为制约远东地区经济发展、影响社会稳定的一大问题。

可见，出于维护国家安全的考虑，俄联邦政府开发远东地区势在必行，不仅可以缓解北约不断东扩的压力，还可以维护俄罗斯远东地区的社会稳定，从而为俄罗斯与亚太地区各国之间开展战略合作提供了可能。

二是促进区域经济协调发展的需要。为了协调中央和地方的关系，2000年俄联邦政府在境内成立了七个联邦区并派驻联邦区总统全权代表进行管理，这七个联邦区分别为中央联邦区、西北联邦区、南部联邦区、伏尔加联邦区、乌拉尔联邦、西伯利亚联邦区、远东联邦区。2010年俄罗斯增设了北高加索联邦区，2014年俄罗斯增设克里米亚联邦区，2016年俄罗斯将南部联邦区和克里米亚联邦区合并改组为新的南联邦区。一直以来，俄罗斯存在区域经济发展的不平衡性特点。俄罗斯远东联邦区的人均国民收入水平和人均现金收入水平均低于俄罗斯经济比较发达的乌拉尔联邦区和中央联邦区。远东联邦区的预算收入在俄联邦财政预算收入中占比很小。目前，远东地区的经济发展比较落后，且对全国的财政收入贡献也比较小，制约了俄罗斯整体经济实力的提升。

历年来，远东地区的经济以重工业为主，且其主要依靠原材料的对外出口，产品附加值比较低，受限于国际原材料价格的涨幅波动，面临着转变经济发展方式的局面。随着俄罗斯经济实力的不断上升，俄联邦政府希望通过实施远东开发计划促进该地区的经济发展，缩小东西部地区的经济差异，最终实现区域经济的协调发展。

三是中国东北老工业基地振兴的示范效应。在苏联时期，俄罗斯远东地区曾比中国的东北地区要发达得多。但经过多年发展，中国东北地区的经济发展水平早已在远东地区之上，特别是中国政府提出振兴东北老工业基地的战略后，东北振兴经济的步伐不断加快。从 2003 年起，中国东北三省 GDP 的增长率一直在两位数以上，即使在金融危机爆发的 2008 年，东北三省 GDP 的增长率也高达 20.63% 以上。东三省对中国 GDP 的贡献率一直维持在 9% 以上。2008 年，东北三省的财政预算收入高达 2357.15 亿元，占中国财政预算收入 8.22% 的比重。振兴东北老工业基地促使该区域经济持续发展、农业地位不断加强、第三产业迅速发展、居民生活水平不断改善、生态环境不断好转，促使东北地区实现全面振兴。

与中国东北地区相比，俄罗斯远东地区的发展速度比较慢。以 2008 年数据为例，远东地区人均 GDP 产值 15740.4 卢布，折合人民币 4340.105 元；而中国东北地区人均 GDP 产值 25929.19 元，是俄罗斯远东地区的 6 倍多。2008 年，远东地区的人均现金收入为 15740.4 卢布，折合人民币 3416.3303 元；而中国东北地区人均可支配收入 13119.67 元，是俄罗斯远东地区的 3 倍多。相比之下，中国东北地区的经济振兴为远东地区树立了示范效应。借中国东北经济不断振兴之际，俄联邦政府想通过加强双边合作，带动远东地区的经济发展，为俄罗斯开展在亚太地区的合作奠定基础。

第二，从中国方面来看，推动因素一是加快东北振兴的需要。近年来，中国实施振兴东北老工业基地取得了众多成果。但在其发展的过程中，还存在一些障碍因素。经济体系以重工业为主，第三产业所占比重比较小，经济结构需要进一步调整。此外，还有诸如就业、住房、看病、教育等有待解决的民生问题困扰着东北地区的经济发展。因此，鼓励开展中俄双边合作，积极开展经贸往来、科技合作、能源合作、旅游合作、人文合作，促使东北振兴步伐不断加快。开展双边合作在一定程度上有利于加快东北经济的振兴。而金融危机的爆发使全球经济陷入低迷状态，尤其是乌克兰危机的爆发在一定程度上加快了双边合作的步伐。

二是实现区域经济协调发展的需要。改革开放以来，中国实施了沿海优先发展战略和三大地带梯度转移的非均衡发展战略，政策和资金向沿海开放地区倾斜，东部沿海地区率先发展起来。由于东部、中部、西部地区自然禀赋不同，区域位置不同，经济发展水平不同，促使中国形成了东部、中部、西部三大经济区域，区域之间存在较大的经济发展差异，东部地区的人均国民生产总值、人均可支配收入、人均消费支出均高于中部和西部地区。相比而言，东北地区的经济发展水平略高于中部地区，但与东部地区还存在一定的差距。

此外，由于区域之间的经济发展水平存在差距，致使三大区域之间的生产资料分布也不均衡，诸如人才、科技、完备的基础设施、知名企业、比较成熟的市场体系等都云集在东部地区。尤其是人才和技术，中西部地区比较短缺，只能凭借自身的自然资源发展经济，经济结构比较单一，使区域经济发展的不平衡性有进一步加大的可能。但区域经济发展的不平衡性不仅同中国建成全面小康社会的初衷相违背，还容易导致贫富分化，对经济的长远发展产生不利影响。

为促进区域经济协调发展，国家先后提出了西部大开发、东北振兴老工业基地和中部崛起战略。随着东北老工业基地的不断振兴，将其打造成具有国际竞争力的装备制造业基地、国家新型原材料和能源保障基地、国家重要商品粮和农牧业生产基地、国家重要的技术研发与创新基地和国家生态安全的重要保障区，不仅为全国经济发展提供重大支撑，还有望成为继珠三角、长三角、京津冀之后的中国第四大经济区，带动其他区域的发展。此外，东北地区的黑龙江和吉林被划分到中部地区，随着其经济的发展，在一定程度上，有利于缩短中部和东部地区的差异。

三是保障资源供给安全的需要。虽然东北地区自然资源丰富，但经历了70余年的重工业发展，已经出现了资源枯竭现象。目前，全国资源枯竭城市共有69个，而东北地区就有20个。东北地区每年需要进口大量的铁矿砂、原木、纸浆、煤、天然橡胶等资源，满足企业生产需要。但东北重工业主要以加工为主，生产中低档产品，形成了原材料消耗大、产品附加值低、利润小的局面。东北地区虽然素有我国石化产业基地的称号，但对外石油依赖性比较大，石化产品主要以初级加工品为主，因此，石化产业也难逃消耗大、利润低的命运。

此外，东北地区的电力供应主要靠火力发电，对煤炭的依赖性特别强，随着煤炭资源的减少，电力供应紧张的问题便随之产生。特别是在金融危机爆发后，国际原材料价格上涨，国际需求下降，东北地区的钢铁、石化、原材料等行业受到了重创。因此，寻求稳定的资源供给地和能源供给地便成为缓解东北地区资源枯竭、维护产业链条完整的途径之一。而俄罗斯远东地区自然资源丰富，尤其是在原油、铁矿砂、原木、纸浆、煤等资源方面储量极为可观，而这些都是东北地区进口量比较大的产品。中俄两国开展资源合作，不仅可为东北地区的资源枯竭城市提供资源补给，继续维持资源城市原有产业链的完整，缓解东北地区对中东地区石油的依赖性，还能够缓解东北地区的电力供应紧张局面。

二 出台《2025 年前远东和贝加尔地区社会经济发展战略》

远东地区作为俄罗斯的能源供给地和亚太地区的门户，在俄罗斯经济发展和振兴中占有重要地位。但由于长期以来远东地区开发进展缓慢，致使经济严重滞后、人口不断下降，直接威胁到俄罗斯的经济安全。因此，为进一步加大远东开发力度，振兴东部地区经济，在已有的《1996—2005 年远东和外贝加尔地区社会经济发展联邦专项纲要》和《2013 年前远东和外贝加尔地区社会经济发展联邦专项纲要》的基础上，俄罗斯政府于 2009 年 12 月 28 日通过了《2025 年前远东和贝加尔地区社会经济发展战略》。该战略的主旨是：以全球化为视角，立足远东和贝加尔地区的资源和地缘优势，瞄准亚太地区，加快俄罗斯融入亚太地区经济空间的步伐，以保证俄罗斯出口市场多元化，防止国家对远东和贝加尔地区的经济和政治影响力下降，遏制远东和贝加尔地区人口下降趋势，以维护俄罗斯的地缘政治和地缘经济利益。①

该战略详细分析了俄罗斯远东和贝加尔地区共 12 个联邦主体的交

---

① 高际香：《俄罗斯〈2025 年前远东和贝加尔地区经济社会发展战略〉解读》，《俄罗斯中亚东欧市场》2011 年第 1 期。

通运输、能源、基础设施、矿物开采和加工、林业、渔业、农业、冶金、化工、机械制造、建筑业、旅游业、水利系统、环保与生态安全、人口等领域的状况；提出了未来15年（2011—2025年）远东和贝加尔地区发展的总体目标。力争在15年内使人均月收入从1.9万卢布增至6.6万卢布，使收入低于最低生活保障线的居民所占比重从24.5%降至9.6%，人均住房面积从19平方米增至32平方米。通过上述和其他措施，实现稳定人口数量和缩小地区差距目标，并使该地区经济社会发展达到全俄平均水平。

为实现上述发展目标和加快远东地区开发进程，《2025年前远东和贝加尔地区社会经济发展战略》确定了分阶段实施的发展目标：第一阶段为2009—2015年，主要是加快该地区的投资增长速度，提高居民就业率，推广节能技术，兴建新的基础设施项目，在经济较发达地区发展工农业项目，形成一批新的区域发展中心。第二阶段为2016—2020年，吸引国内外投资兴建大型能源项目，提高交通运输能力，增加过境客运和货运量，建立主干运输网络，增加原材料深加工产品的出口。第三阶段为2021—2025年，要从远东和贝加尔地区深度融入世界经济和参与国际分工的视角看待该地区的经济社会发展。①

虽然《2013年前远东和外贝加尔地区社会经济发展联邦专项纲要》将能源和交通基础设施建设列为重点发展目标，但受国际金融危机的冲击并没有成为现实。因此，《2025年前远东和贝加尔地区社会经济发展战略》继续将能源和交通基础设施建设作为今后一个时期的重点发展目标。在能源方面，由于俄罗斯面临着石油储量下降的趋势，因而天然气和电力便成为俄罗斯远东地区未来发展的重点。积极修建石油、天然气管道，铺设远距离高压输电线路，改善能源运输的配套设备等成为俄罗斯远东地区的重点项目。俄罗斯远东地区的能源产量不仅能满足自我需求，还可以用于出口，为了避免成为能源附庸经济，俄罗斯远东地区能源产业将更加注重提高产品的附加值和出口市场的多元化。此外，俄

---

① "Стратегия Социально‐экономического Развития Дальнего Востока и Байкальского Региона на Период до 2025 года", http：// www. assoc. fareast. ru/fe. nsf/pages/str_ soc_ ekon_ razv_ dviz. htm.

罗斯远东地区还注重发展非常规能源,实现能源多元化,减少对传统能源的依赖。因此,今后一个时期能源产业会始终成为俄罗斯远东地区的第一大支柱产业。

同时,该发展战略非常重视远东地区参与东北亚区域经济合作问题。这也是"梅普组合"时期俄罗斯政府远东开发战略的一大特点。地理位置决定了远东和贝加尔地区面向东北亚国家、参与东北亚区域经济合作,特别是参与与其毗邻边境地区合作的重要性。这是保证俄罗斯东部地区经济社会稳定发展的重要措施。

综上所述,不难看出,俄罗斯《2025年前远东和贝加尔地区社会经济发展战略》是俄罗斯新一轮远东开发、振兴东部地区经济的重要规划纲要和战略部署。其规划开发领域的广度和政策措施的力度空前,且具有明显的特点:一是特别注重对远东和贝加尔地区的投资,以投资项目带动主导产业乃至整个地区的经济开发和发展;二是将发展高新技术产业和创新型经济作为远东地区开发的重点之一,说明俄罗斯政府重视整个东部地区开发的质量和水平;三是注重远东地区开发与东北亚区域经济合作的衔接与融合,尤其是将远东地区与中国东北地区的合作视为保障俄罗斯远东地区开发和经济社会稳定发展的重要条件;四是加强远东地区的人力资本建设。

三 出台《2020年前西伯利亚社会经济发展战略》

西伯利亚虽是俄罗斯的重要工业地区,但并没有凭借其资源优势和工业优势成为经济发达地区,不仅人均收入水平低于全俄平均水平,而且社会经济发展水平也比较滞后。为了实现西伯利亚的社会经济发展,并发挥西伯利亚对俄罗斯经济发展的带动作用,在2002年俄罗斯政府批准并实施的《西伯利亚社会经济发展战略》的基础上,俄罗斯政府于2010年8月又批准了《2020年前西伯利亚社会经济发展战略》。该战略包括六大部分:西伯利亚开发的战略方向和竞争优势;西伯利亚经济专业化部门优先发展方向;发展西伯利亚交通、能源和信息通信基础设施;西伯利亚经济部门优先发展方向;稳定西伯利亚人口并营造舒适的居住环境;西伯利亚的对外经济活动和国际过境运输的潜力。该战略的主要目标是:到2020年在西伯利亚地区建立"创新型均衡社会经济体系",社会经济发展的重要指标达到全国平均水平,实现产业结构的调整和均衡发展,最终提高当地居民生活水平,保障国家安全和经济发展。计划未来10年内,西伯利亚地区国内生产总值的年均增长率将达到5%—5.3%;年均投资增长9%—12%,预计总投资规模达1.5万亿卢布;居民人均收入每年也将增长5.5%左右。[①] 该战略的实施范围包括西伯利亚地区的12个联邦主体,并将西伯利亚划分为北极地带、北方地带、南方地带三大经济发展带,依据各自的比较优势和特点确定今后的重点开发项目。

2010年12月,俄罗斯西伯利亚联邦区实施优先投资项目会议结合《2020年前西伯利亚社会经济发展战略》,讨论了"下安加拉河沿岸地区的综合发展"、"建设克孜勒—库拉吉诺铁路线以促进图瓦共和国矿物原料基地的开发"和"建设交通运输基础设施以开发外贝加尔边疆区东南部的矿物原料资源"等项目。虽然今后能源依旧是西伯利亚经济发展的支柱之一,但经济转型已被提上了日程。俄罗斯将投入巨资,力争到2020年将西伯利亚建设成为宜居、工商业繁荣、旅游业发达的现代产业区。

第四节　普京第三任期以来东部开发新战略与新举措

为了加快东部地区开发,2012年普京刚开始第三个总统任期,便把远东大开发提升到战略高度。普京总统第三任期以来继续出台了一系列的规划、纲要和战略,实施诸多新举措,不断加大对远东地区开发力度。2014年底,俄罗斯政府出台了《俄罗斯联邦社会经济跨越式发展区联邦法》。同时,远东联邦区成立了跨越式发展区管理公司和引资署。2015年7月,俄罗斯政府出台了《俄罗斯联邦符拉迪沃斯托克自由港法》,标志着远东地区开发新战略的全面实施。此外,俄罗斯政府还相继通过了《2016—2025年南千岛群岛(萨哈林州)发展纲要构想》以及《2013—2025年远东文化和旅游业发展纲要》等其他纲要,为远东地区社会、经济、文化等领域全面发展奠定了法律和行政基础。

---

① "Стратегия Социально‑экономического Развития Сибири на Период до 2020 Года", http://www.sibfo.Ru/strategia/strdoc.php.

一 出台《俄联邦远东和贝加尔地区社会经济发展国家规划》

为了加速发展远东和贝加尔地区，改善远东和贝加尔地区的社会人口状况。2013年3月29日，俄罗斯政府颁布了《俄联邦远东和贝加尔地区社会经济发展国家规划》，该规划包括《保障远东和贝加尔地区社会经济发展国家规划实施和地区平衡发展其他措施子规划》、《2018年前远东和贝加尔地区经济社会发展联邦专项规划》和《2007—2015年千岛群岛（萨哈林州）社会经济发展联邦专项规划》3个子规划。

2014年4月15日，俄联邦政府批准实施《远东和贝加尔地区社会经济发展国家规划》，这是远东开发的纲领性文件，标志着酝酿已久的新一轮远东开发战略进入实施阶段。《俄联邦远东和贝加尔地区社会经济发展国家规划》的目标为：一是为远东地区快速发展条件，将该地区建设成为竞争力强、经济结构多样化、能够生产高科技和高附加值产品的地区。同时，为俄联邦经济总体发展创造补充动力。二是根本改善远东和贝加尔地区社会—人文环境，保障居民达到欧洲平均生活水平，创造条件以减少人口外流，促进高素质专业人才流入。该规划任务为：一是通过修建和改造地区级公路，提高交通便利程度，提高远东和贝加尔地区居民生活质量；二是通过极大提高铁路过货能力和发展港口设施，确保远东地区生产的产品和远东与贝加尔地区过境货物的及时可靠外运；三是通过改造地区和地方级机场设施，为提高远东和贝加尔地区居民出行方便程度创造条件。该规划发展思路是：以全球化视野，立足远东地区的资源与地缘优势，通过发展新型经济和实施对外开放，加快俄罗斯融入亚太一体化，以保证俄罗斯出口市场多元化，防止国家对远东地区经济和政治影响力的下降，遏制远东地区人口下降趋势，以维护俄罗斯的地缘政治与地缘经济利益。[①]

该规划实施阶段为2014—2025年，预期成果为：通过本地区社会经济跨越式发展，消除俄罗斯地区间发展的失衡状况；为本地区人口增长创造条件，提高居民生活总体质量；发展生产性和社会性基础设施；挖掘与亚太地区国家经济联系的潜力；发展开采和加工工业领域的传统经营模式，为形成高新技术生产核心创造前提条件；利用各种资源

[①] 杨莉：《俄罗斯新一轮远东开发进程及影响》，《当代世界》2017年第8期。

（国家、私营和外国）提高投资活力；在规划实施完成时投资总额实现增长120%；建立新的高生产力就业岗位，提高劳动力使用效率；通过发展交通避免本地区的"飞地化"；对包括教育、卫生和住房领域在内的社会基础设施进行现代化改造，确保居民素质、生活水准和社会保障程度得到大幅度提高；到2025年前该地区人口增长至1075万人。[1] 为此，计划投资总额超过10万亿卢布（约3333亿美元），这些资金优先用于地区交通系统的现代化建设上，以增加西伯利亚大铁路和贝阿干线的运输能力。计划建设贝阿铁路复线，建设新的公路和桥梁、改建海港并发展航空运输业。[2]

《俄联邦远东和贝加尔地区社会经济发展国家规划》规定，2014—2020年，由俄联邦财政拨款总额为3462万卢布，其中2014年为261亿卢布、2015年为733亿卢布、2016年为774亿卢布、2017年为377亿卢布、2018年为419亿卢布、2019年为439亿卢布、2020年为458亿卢布。2018年3月，俄罗斯国家杜马审议通过俄政府关于修订《俄远东和贝加尔地区社会经济发展国家规划》的政府令，规定2018—2020年增加预算外资金614亿卢布。其中，2018年205亿卢布，2019年206亿卢布，2020年203亿卢布。根据修订案，对该国家规划项下的各项子规划也进行重新分配，增加跨越式发展区拨款金额，少量减少投资扶持项目拨款金额。将在国家规划项下增加财政法案规定的用于俄罗斯远东地区社会发展规划的683亿卢布资金。

在《俄联邦远东和贝加尔地区社会经济发展国家规划》框架内，基于2008年11月17日第1662-P号俄政府令批准的《2020年前俄联邦社会经济长期发展构想》、2012年5月7日第596号俄联邦关于国家长期经济政策的总统令、2013年1月31日俄联邦政府总理梅德韦杰夫批准的《2018年前俄联邦政府主要工作方向》和俄联邦总统关于2014—2016年预算政策的预算咨文等战略文件，确定加速发展俄罗斯远东和贝加尔地区的国家政策优先方向为：提高本地区居民生活水平和

---

[1] 《俄联邦"远东和贝加尔地区社会经济发展"国家规划之一》，http://www.mofcom.gov.cn/article/i/dxfw/ae/201501/20150100856676.shtml，2015-01-05。

[2] 《俄罗斯启动远东和贝加尔地区社会经济发展计划》，http://dbzxs.ndrc.gov.cn/zttp/els/zfzx/ztzl/201305/t20130522_542150.html。

质量；为本地区经济和社会领域的跨越式发展创造条件；确保本地区实施的项目有大规模投资进入；通过应用新的生产工艺和组织方法，以及采取降低价格和资费水平的措施，根本性提高俄罗斯东部地区的经济效率；加速发展东部地区的基础设施构架；通过快速发展本地区的加工和高技术领域，消除结构失衡。

（一）《保障远东和贝加尔地区社会经济发展国家规划实施和地区平衡发展其他措施子规划》

《保障远东和贝加尔地区社会经济发展国家规划实施和地区平衡发展其他措施子规划》实施阶段和期限为2014—2025年，其任务包括旨在有效完成规划任务的有关法律法规、科学方法及其他文件的制定和修改；对规划实施过程进行监督，全程提供信息支持，并对规划实施进展和结果进行分析，确保及时采取管理措施；协调本地区各联邦主体在社会经济发展方面的行动。《保障远东和贝加尔地区社会经济发展国家规划实施和地区平衡发展其他措施子规划》的目标是为国家规划实施提供组织、信息、科学方法及战略条件等保障。2014—2020年，由俄联邦财政为该子规划拨款总额为48亿卢布，力争实现及时通过实施规划措施所需的法律法规，制订相应方法建议的预期成果。

（二）《2018年前远东和贝加尔地区经济和社会发展联邦专项规划》

《2018年前远东和贝加尔地区经济和社会发展联邦专项规划》实施阶段和期限为2014—2017年，规划融资总额为6969亿卢布，其中联邦财政资金为2128亿卢布、联邦主体财政资金为108亿卢布、预算外资金为4733亿卢布。该规划的实施目标为发展交通和能源基础设施，确保远东和贝加尔地区的加速发展和本地区投资环境的改善。该规划任务为：通过修建和改造地区级公路，提高交通便利程度；通过极大提高铁路过货能力和发展港口设施，确保远东地区生产的产品和远东与贝加尔地区过境货物的及时可靠外运；通过改造地区和地方级机场设施，为居民出行创造条件。规划的预期成果和社会经济效果包括：新建符合交通运营要求的新增公路里程681.2千米；港口年产能增长1565万吨；经改造后投入使用的机场综合体、地区性和地方性航线着陆场数量40个；"贝阿干线"新建会让站48座；西伯利亚大铁路和贝阿二线在东部地区的货运周转量增长至5876亿吨千米/年。

(三)《2007—2015 年千岛群岛(萨哈林州)社会经济发展联邦专项规划》

《2007—2015 年千岛群岛(萨哈林州)社会经济发展联邦专项规划》共分为两个实施阶段：2007—2010 年为第一阶段，2011—2015 年为第二阶段。规划融资总额为 282 亿卢布，其中联邦财政资金为 215 亿卢布（76%）、萨哈林州资金为 48 亿卢布（17%）、预算外资金为 19 亿卢布（7%）。规划的主要战略目标是为千岛群岛社会经济持续发展创造条件，确保财政自给自足，并使该地区经济融入俄联邦和亚太地区经济体系。规划的战略任务包括：一是为千岛群岛常驻居民创造良好的生活条件，并提高本地区作为居住地的吸引力；二是发展渔业、交通、能源和工程基础设施；三是促进本地区经济多元化，致力于其平衡发展和自然资源的综合利用；四是制定相应法律法规，确保本地区特别经济发展条件，以形成本地区良好的投资环境，提高俄罗斯企业的竞争力。该专项规划实施预期成果和社会经济效果包括：保障俄联邦在具有重要地缘战略意义的亚太地区的经济地位得以巩固；提高千岛群岛作为居住地的吸引力，保持积极的人口增长；为渔业发展创造优质竞争环境，促进俄罗斯企业竞争力的提高；渔业产业效率提高 30%，财务指数增长 1 倍；实现该区域经济多元化，千岛群岛自然资源潜力得到有效利用；通过对千岛群岛资源进行综合研究，合理利用传统水生物资源，引入开发不足的资源种类，建立鲑鱼产品人工养殖场网络，将本地区水生物资源总量扩大 1 倍；电力生产扩大 23%；确保该地区财政自给自足；建设公路网，形成海运和航空运输基础设施网络，进一步扩大客运量和货运量；结合人口状况特点，创建本地区优质、均衡的社会性基础设施。[①]

二 建立跨越式发展区

2013 年末，普京总统在国情咨文中首次提出要建立远东跨越式发展区。2014 年 4 月，俄罗斯远东发展部制定了跨越式发展区规划。2014 年 12 月 29 日，俄罗斯出台了《俄罗斯联邦社会经济跨越式发展区联邦法》（2015 年 3 月 30 日起生效），该法实施前 3 年只能在远东地

[①] 《中华人民共和国驻哈巴罗夫斯克总领事馆经贸之窗》，http://khabarovsk.mofcom.gov.cn/。

第二章 | 俄罗斯东部开发战略规划及其具体实施

区设立跨越式发展区，3 年后（自 2018 年 3 月 30 日起）适用于俄罗斯联邦的其他地区。建立跨越式发展区的目的是吸引中小企业，创造新的工作岗位，创造良好的投资环境，吸引国内外投资，吸引国内先进工艺和专家。① 发展加工业、高技术产业、旅游业、疗养业及港口和运输领域的基础设施，加大技术研发及其成果转化，扩大新产品生产种类，推动远东地区开发，实现社会经济加速发展，创造宜居环境。②

《俄罗斯联邦社会经济跨越式发展区联邦法》规定，远东地区在经济发展过程中享受包括税收、行政审批在内的若干优惠条件。俄罗斯政府将会在远东地区推行各种优惠政策，以吸引包括中国在内的外国投资商对该地区进行投资。根据法律规定，远东跨越式发展区入驻企业无须缴纳增值税；免除 5 年联邦利润税，而地方利润税前 5 年不超过 5%，后续 5 年不超过 10%；最初 10 年免征矿产资源开采税；对深加工生产所需商品、材料免征进口税；入驻企业享受为期 10 年共计 7.6% 的优惠退休养老金、社会保险基金和联邦强制医疗保险基金缴费比例，其中，退休养老金为 6%，社会保险基金为 1.5%，联邦强制医疗保险基金为 0.1%。③ 这大大低于跨越式发展区以外其他企业 30%（2016—2018 年为 30%，2019 年起为 34%）的保险税和 20% 的利润税。④ 对在远东地区投资农业生产的法人机构提供优惠的土地分配政策，且优先考虑发展畜禽养殖场、畜牧业和种植业领域农产品生产、加工、储存等项目，以及发展选种育种和遗传育种中心的法人机构。当前，俄罗斯正在力争为跨越式发展区的入驻企业提供更加宽松的环境和优惠政策。

---

① Болейник Е, Ерёмин А Ю, "Экономический Рост и Проблемы Реализации Проектов Территорий Опережающего Развития на Дальнем Востоке России", *Экономические Науки*, №7, 2016 г., С. 26 – 30.

② "5 Мая Дмитрий Медведев Проведёт Совещание о Создании Территорий Опережающего Социально – экономического Развития на Дальнем Востоке в 2015 – 2017 Годах", http://government.ru/announcements/27552/, 2017 – 05 – 05.

③ Островерхова Н., "Территория Опережающего Развития: Создание, Льготы, Закон. Территория Опережающего Социально – экономического Развития в Российской Федерации", https://www.syl.ru/article/313835/territoriya – operejayuschego – razvitiya – sozdanie – lgotyi – zakon – territoriya – operejayuschego – sotsialno – ekonomicheskogo – razvitiya – v – rossiyskoy – federatsii, 2017 – 05 – 14.

④ Смольков Д., "Особенности Государственной Поддержки Моногородов в РФ", *Фонд Развития Моногородов*, 2016 – 09 – 23.

俄罗斯远东跨越式发展区的实施期限为 70 年，但可根据政府决议适当延长。跨越式发展区依托远东地区的资源优势及其经济发展潜力，确定了能源开发和加工业、机器制造业、农产品加工业、鱼类加工业、建筑材料工业、高新技术产业、国际物流和旅游业等优先发展方向，培育新的经济增长点，增强远东地区经济实力，加快远东与亚太地区一体化的进程。到 2017 年 5 月，俄罗斯政府在远东地区已批准了 16 个跨越式发展区[1]，涉及海港、物流枢纽、农工集群、飞机制造、钻石加工以及科研教育等领域。其中滨海边疆区有 4 个：巨石跨越式发展区，以大吨位船舶制造为主；石油化工跨越式发展区，以石化工业及相关服务为主；米哈伊洛夫斯基跨越式发展区，以农工生产和农产品深加工为主；纳杰日金斯卡娅跨越式发展区，主要是运输物流、食品、建材。哈巴罗夫斯克边疆区有 3 个：共青城跨越式发展区，以造船、航空制造为主；哈巴罗夫斯克跨越式发展区；尼古拉耶夫斯克跨越式发展区。阿穆尔州有 2 个：别洛戈尔斯克跨越式发展区，以农工产业为主；阿穆尔河畔跨越式发展区。萨哈林州有 2 个：戈尔内沃兹杜赫跨越式发展区和南区跨越式发展区。萨哈共和国（雅库特）有 2 个：南雅库特跨越式发展区和坎加拉瑟工业园跨越式发展区。犹太自治州、楚科奇自治区和堪察加边疆区各有 1 个跨越式发展区，分别是阿穆尔—兴安岭跨越式发展区、白令戈夫斯基跨越式发展区和堪察加跨越式发展区。

在《俄罗斯联邦社会经济跨越式发展区联邦法》的框架下，预计在 10 年内吸引 6000 亿卢布以上的投资，创造 3.7 万个就业岗位。俄罗斯政府预测，跨越式发展区的建立能够使远东地区生产总值在未来 10 年翻一番。作为实现这一目标的一部分，俄罗斯远东发展部已从远东现有的 340 个投资项目中遴选出 18 个前景看好的项目加以扶持。总体而言，虽然目前只有共青城跨越式发展区、哈巴罗夫斯克跨越式发展区和

---

[1] "5 Мая Дмитрий Медведев Проведёт Совещание о Создании Территорий Опережающего Социально - экономического Развития на Дальнем Востоке в 2015 – 2017 Годах"，http：//government.ru/announcements/27552/.

纳杰日金斯卡娅跨越式发展区等少部分跨越式发展区开始运行①，但远东地区各跨越式发展区的基础设施建设正在加紧进行。有资料显示，2016年，远东跨越式发展区基础设施建设项目已竣工2项，有33个工程项目的设计工作已结束，另有37个工程项目的设计工作也已开始，还有12项建筑安装工程开工。据统计，2015—2017年，跨越式发展区入驻企业已启动总投资额约300亿卢布的17个设计项目。到2017年底，跨越式发展区入驻企业总投资额超过1000亿卢布的有27个项目计划投产，并增加3500个工作岗位。②

三 设立符拉迪沃斯托克自由港

俄罗斯符拉迪沃斯托克市地处俄、中、朝三国交界，是俄罗斯远东地区第二大城市，距中国绥芬河市的距离仅有210千米。符拉迪沃斯托克港是地理位置优越的天然良港，货物吞吐量居全俄之首，是俄罗斯在太平洋沿岸最重要的港口。2015年7月13日，俄罗斯总统普京签批了《符拉迪沃斯托克自由港法》，该法已于同年10月12日正式生效。《符拉迪沃斯托克自由港法》的适用范围涵盖了俄罗斯滨海边疆区的15个市（区），以及上述行政区域内的海港及其水域。符拉迪沃斯托克自由港总面积为3.4万平方千米，人口140万人。设立期限为70年，附展期条款。

俄罗斯符拉迪沃斯托克自由港的设立，意味着全部或绝大多数外国商品可以免税进出港口，而且可在港内自由改装、加工、长期储存或销售。《符拉迪沃斯托克自由港法》赋予了符拉迪沃斯托克自由港以"单一窗口"办理招商引资手续；简化签证准入和过境手续；在税收、海关和检疫方面为入驻企业提供政策支持和优惠；建立自由关税区等特别权利。

符拉迪沃斯托克自由港是俄罗斯历史上第一个真正开放的自由港，俄罗斯专家学者和官员对其抱有很高的期望。他们甚至乐观地认为，符

---

① Дьяков М. Ю., "Территория Опережающего Развития как Инструмент Рационального Использования Природного Капитала", *Сибиская Финансовая Школа*, №2, 2017 г, C20 – 24.

② "5 мая Дмитрий Медведев Проведёт Совещание о Создании Территорий Опережающего Социально – экономического Развития на Дальнем Востоке в 2015 – 2017 Годах", http：//government. ru/announcements/27552/.

拉迪沃斯托克自由港的未来发展目标是成为下一个"香港"。虽然这是一个良好的愿望和遥远的发展目标，但从中短期看，符拉迪沃斯托克自由港的设立以及《符拉迪沃斯托克自由港法》的正式实施，的确为俄罗斯远东地区提供了前所未有的发展机遇，也会使符拉迪沃斯托克港成为东北亚地区的核心港口。而且正如俄罗斯总统普京所表示的，"外国投资者会在这里看到一片新投资热土正在形成"。

四 实行新的移民和土地政策

为了复苏远东地区经济，俄罗斯联邦政府推出了新的移民、土地政策。2015年，俄罗斯对与其实行免签国家的移民配额制度予以取消，取而代之的是工作许可制度。从近几年的发展情况来看，俄罗斯的移民配额呈现出了不断减少的趋势，这种移民配额制度的取消在很大程度上促使更多的外国劳务移民涌入俄罗斯。尤其是对于中亚国家来说，由于人口增长势头强劲，导致劳动力资源过剩，加之与俄罗斯在历史文化等方面联系紧密，因此俄罗斯便成为中亚国家劳务移民的首选之地。2018年，乌兹别克斯坦赴俄劳务移民总人数达到200多万人，塔吉克斯坦为100多万人，吉尔吉斯斯坦为35万人，哈萨克斯坦近12万人，土库曼斯坦近3000人。2019年上半年，赴俄罗斯工作的外国人共有240万人，其中来自乌兹别克斯坦、塔吉克斯坦和吉尔吉斯斯坦的人数分别为92万人、52万人和27万人，中亚的这些移民在很大程度上缓解了俄罗斯劳动力不足的压力。

2016年5月初，俄罗斯总统普京签署了《俄罗斯远东地区土地免费配发法案》，也称《远东一公顷土地法》，即远东地区公民只要象征性地支付一个卢布，就可以租用1公顷土地，用来从事农业、林业、畜牧业、建筑房屋、经营小企业等经济活动，在此政策框架内，政府许诺支付搬家费及其他补助方案，如低息贷款、税收优惠等。如果5年后这块土地没有荒置，便可将其归为公民的私人财产。俄罗斯政府希望通过此项措施开发远东的闲置土地，留住远东的劳动力，并吸引更多居民前往远东置业。同时，制定《远东一公顷土地法》土地获得者地块开发国家扶持措施，对于土地获得者提供优惠贷款计划，贷款额度为3000卢布至60万卢布不等，期限5年，利率8.5%—10.5%，用于购置土地开发所需设备和物资。2016年6月1日该联邦法生效后，到2017年末，共收到来自全俄各地 11.4 万余份土地申请，有 3.1 万多块土地获得批准。在俄罗斯政府收到的申请中，多数土地用于农业生产、林间作业或建设休闲用的别墅。其中约 30% 用于种植业，20% 用于生产食品，此外还用于社会服务业和旅游业。

五　中俄两国共同签署《中俄在俄罗斯远东地区合作发展规划（2018—2024 年）》

2009 年 9 月中俄两国共同签署的《中华人民共和国东北地区与俄罗斯联邦远东及东西伯利亚地区合作规划纲要（2009—2018 年）》到期后，中俄双方需要出台新的纲领性文件，以便进一步加强两国的地方和企业合作，引导中国企业在俄罗斯远东地区进行投资。基于此，2018 年 9 月，中国国家主席习近平赴俄罗斯远东符拉迪沃斯托克出席第四届东方经济论坛时签署了《中俄在俄罗斯远东地区合作发展规划（2018—2024 年）》。该规划由中国商务部会同国家开发银行与俄罗斯远东发展部共同编制，并于 2018 年 11 月在中俄两国总理第 23 次定期会晤期间获得了正式批准。

《中俄在俄罗斯远东地区合作发展规划（2018—2024 年）》共分为以下七个部分：序言、俄罗斯远东地区发展优势、俄罗斯远东地区支持外国投资者的国家政策以及为中国投资者提供的机遇、俄罗斯远东地区对华经贸合作情况、在俄罗斯远东地区开展中俄经贸合作的优先领域、俄罗斯远东地区中俄战略合作项目和基础设施项目、远东地区中俄经贸合作发展机制。序言部分不仅表达了中俄两国全面战略协作伙伴关系迅速、稳定发展，而且充分说明中俄两国在经贸、投资等各领域合作持续稳步发展的情况，认为在俄罗斯远东地区发展经济贸易和投资合作是中俄双边关系中的重要方向。第二部分介绍了俄罗斯远东地区在地理位置、能矿资源、农林水产、交通运输、航空船舶制造等方面所具有的合作优势。第三部分详细介绍俄罗斯远东地区支持外国投资者的国家政策，以及为中国投资者提供的机遇。第四部分通过事实和数据说明俄罗斯远东地区对华经贸合作的情况，以及中国投资者在远东跨越式发展区和符拉迪沃斯托克自由港申请投资项目的情况。第五部分详细介绍了中俄双方在俄罗斯远东地区开展经贸合作的优先领域。第六部分详细介绍了中俄两国在俄罗斯远东地区开展的战略合作项目和基础设施项目，主要包括发展滨海1号和滨海2号国际交通廊、跨境桥梁建设、黑瞎子岛开发及俄罗斯岛开发项目。第七部分全面阐释远东地区中俄经贸合作发展机制，对协调俄罗斯远东地区中俄经贸合作发展的主要政府间机制、《中俄在俄罗斯远东地区合作发展规划（2018—2024年）》实施负责机构等进行简要介绍。可见，《中俄在俄罗斯远东地区合作发展规划（2018—2024年）》不仅是一个指导中俄双方合作的纲领性文件，而且也是中国企业投资远东地区的行动指南。

第五节 俄罗斯东部开发战略的具体实施与新成效

综上所述，为推动东部开发，俄罗斯先后出台了若干重要的总体规划、提出新的开发发展战略，并为此做出了全面部署和具体安排，每个专项纲要和发展战略规划又都有与之相配套的若干具体规划和战略措施。俄罗斯远东一系列开发战略的提出和实施，使远东地区成为人们关注的焦点。所有这些专项纲要和发展战略规划不仅构成了俄罗斯东部开发的完整战略规划体系，而且勾勒描绘了东部地区未来开发与发展前景。为了确保东部开发战略真正落到实处，俄罗斯政府成立了东部开发领导与协调的专门机构，并不断完善相关政策支持体系，为俄罗斯东部开发创造良好的制度和政策环境并提供了组织保证。尤其是近几年，俄罗斯开始在远东地区建设跨越式发展区和符拉迪沃斯托克自由港，并实施新的移民和土地政策。经过一个时期的开发建设，俄罗斯东部地区发展已经步入新轨道，东部地区开发也取得了一定进展。

一 成立东部开发领导与协调专门机构

（一）设立远东和外贝加尔地区发展问题委员会

为深入实施远东开发战略，2007年，远东和后贝加尔地区发展问题纳入俄罗斯国家议程，上升为国家战略，俄罗斯总理负责领导远东和后贝加尔地区发展国家委员会，统筹东部开发进程。俄罗斯政府于2007年2月成立了远东和外贝加尔地区发展问题委员会，由时任总理的米哈伊尔·弗拉德科夫担任主席，由经济发展与贸易部长、总统驻远东联邦区和西伯利亚联邦区代表担任副主席，委员由财政部长库德林、交通部长列维京、内务部长努尔加利耶夫、国防部长谢尔久科夫、教育和科学部长富尔先科、工业和能源部长赫里斯坚科、地区发展部长雅科夫列夫、农业部长戈尔捷耶夫等中央要员和相关地方要员等担任。该委员会主要协调远东和外加贝尔地区各相关联邦和地方权力机构活动，制订和实施该地区社会经济发展规划，制订布局规划和吸引投资等问题。远东和外贝加尔地区发展问题委员会下设秘书处和科学专家理事会，经济发展提供决策支持。可见，远东和外贝加尔地区发展问题委员会阵容强大，主要是解决远东开发的问题。普京强调："开发远东的最终目的不仅仅是要解决一些具体的问题或完成经济任务，而是要为人们创造一个舒适的工作和生活环境。所有的工作都要围绕一个主题，就是把远东地区变得更加舒适宜居，富有吸引力。为此，除了要解决人们的住房、燃气等问题外，还要完善医疗、文化和体育等配套设施和服务。"[①]

远东和外贝加尔地区发展问题委员会确定了远东地区开发的时间表：2007年2月做出部署，5—6月推出开发规划纲要；从6月开始落实项目。2007年2月26日，弗拉德科夫总理视察符拉迪沃斯托克时召开了该委员会第一次现场办公会议，会议明确指出，有关方面在组织远东和后贝加尔地区的开发方面要快速、明确；从实际和可操作性角度出发制订地区发展专项规划；将符拉迪沃斯托克申办亚太经合组织领导人2012年峰会纳入开发规划通盘考虑；全面发展包括能源、交通、造船、渔业在内的地区产业；以铺设从东西伯利亚至太平洋沿岸的原油管道为契机，带动地区整体发展。2007年3月13日，弗拉德科夫在莫斯科主持召开远东和外贝加尔地区发展问题委员会第一次会议，要求在东部大开发方面要提高预算、税收、海关效率，完善国家价格机制，加强边贸等边境合作，制定适当的引资和移民政策，监控各项开发规划的实施。会议决定2007年拨款100亿卢布用于东部开发，另拨1000亿卢布用于筹备申办APEC峰会。

（二）成立俄罗斯远东发展部

2012年5月，俄罗斯为远东开发专门成立了远东发展部，首任部长为伊沙耶夫，他同时兼任俄罗斯总统驻远东联邦区全权代表。成立一

[①] 东征：《普京批准远东大开发，政府牵头成功后在全俄推广》，《中国日报》2006年12月20日。

个专门的部级机构来领导远东地区的开发工作,无论在苏联历史上还是在俄罗斯都前所未有。据《俄罗斯报》报道,为成立远东发展部,俄罗斯政府甚至修订了相关的联邦法规。因为按照规定,联邦级别的部委应设在首都莫斯科,而远东发展部由于必须立足远东而需要在远东地区设立。因此,俄罗斯政府将远东发展部的总部设置在远东地区的哈巴罗夫斯克,而在莫斯科开设该部的代表处。远东发展部成立后,部长伊沙耶夫签署命令,批准在远东发展部下设部际间委员会作为该部的常设会议机构,其成员包括该部部长、副部长,以及相关联邦部委、地方政府和有关组织机构代表。部际间委员会的职责是协调实施远东联邦区国家专项规划,完善远东联邦区社会经济发展的法律基础,有效行使远东发展部的监督职能,制定改善远东地区投资环境的切实措施等。可见,远东发展部的成立,意在强化俄罗斯总统及中央政府对远东地区发展的直接领导,加强对远东地区开发的协调与调配能力,表明了普京实施远东开发新战略的决心和勇气,普京也因此对远东发展部发挥职能作用寄予了很大希望。

(三)设立远东经济社会发展政府委员会

为进一步强化远东开发的国家意志,2013年9月,俄罗斯成立俄政府远东经济社会发展问题政府委员会,由政府总理梅德韦杰夫总理直接挂帅领导,职能是及时研究解决远东开发的迫切问题。这使远东开发的领导机制发生了根本性的改变:远东开发的决策和规划权限已主要集中在远东发展政府委员会,而远东发展部则变成了决策的执行和协调机构。2013年11月,俄罗斯总理梅德韦杰夫主持召开了远东发展政府委员会第一次会议,新任远东发展部部长哈卢施卡在会上提出了远东开发的新主张,认为现有远东开发模式及管理机制亟待改革,远东地区未来的发展应主要面向亚太市场,借助亚太国家力量拉动远东地区的经济增长;应确定以经济特区为主导的开发模式,在远东地区推广建设经济特区、产业园和科技园等。为明确远东开发的牵头协调部门,便于统一协调和管理,本次会议还决定将地区发展部、财政部和经济发展部各自涉及的一部分远东开发职权,统一划归远东发展部。

(四)设立远东发展部分部

为提高远东发展部工作效率,2014年2月,俄罗斯政府总理梅德韦杰夫在远东开发工作会议上指出,可以将一些大型国有公司的总部和政府机构迁往远东,使其真正参与远东的开发建设中来。在此号召下,俄罗斯政府在符拉迪沃斯托克设立了远东发展部分部。此外,俄罗斯政府又在远东分部下设两家非营利机构——远东地区吸引投资和出口扶持署、远东人力资源发展署,共同解决远东地区开发资金不足与人才匮乏等问题。俄罗斯政府还拨款20亿美元成立远东发展股份公司(跨越式发展区和符拉迪沃斯托克自由港的管理公司),协调落实国家远东发展规划。远东发展公司总部设在符拉迪沃斯托克,直接接受总统领导,国家部委和地方政府不得干涉该公司的工作,主要负责港口、道路、通信、机场和地方航线的建设以及自然资源的开发。

(五)成立远东跨越式发展区执法实践和完善立法委员会

2017年,俄罗斯远东发展部成立常设合议机构——远东跨越式发展区执法实践和完善立法委员会,成员包括跨越式发展区和符拉迪沃斯托克自由港驻扎商、知名专家和科学、社会组织代表以及远东发展机构领导。设立该委员会的目的是共同及时地解决问题,为投资者在这些机制中轻松舒适地工作创造条件。

此外,2011年11月,俄罗斯对外经济银行成立远东和贝加尔地区发展基金,基金总部设在俄罗斯远东的哈巴罗夫斯克市,注册资本为170亿卢布,这是继北高加索地区发展基金之后,对外经济银行成立的第二个地区发展扶持基金。该基金主要用于为远东地区建设现代化工业基础设施项目提供资金,经过2014年改组后,目前可以为社会经济跨越式发展区基础设施建设投资以及为区内企业提供贷款服务,并支持和推动远东地区信息和服务平台建设,以吸引国内外资本。

二 实施基础性保障措施

(一)加大对东部地区的财政税收政策支持

苏联解体后,俄罗斯曾缩减了对东部地区的财政支持,加之受自身经济发展水平的限制,东部地区地方政府的财力受到极大制约,难以发挥对经济开发和发展的保障作用。随着俄罗斯经济的逐步复苏和对东部地区重视程度的提升,俄罗斯政府对东部地区不仅逐渐加大了财政支持力度,而且实行了有倾斜的财税政策。

1. 财政扶持与补贴政策

总体来看，俄罗斯是一个高福利国家。通过国家财政补贴实行的各种优惠政策涉及教育、住宅、医疗、交通、人口、食品等方面。如在就业方面，2009年俄罗斯政府向失业人员提供社会保障和稳定劳动力市场的资金总额就达1200亿卢布；在人口政策方面，俄罗斯从2007年起用高额补贴来鼓励多生孩子。为应对受国际金融危机影响而引起的通货膨胀，俄罗斯政府对弱势群体提供了食品补贴、提高养老金标准等。

同时，还享受俄罗斯政府对东部地区的特殊财政扶持与补贴倾斜政策。以《2013年前远东和外贝加尔地区社会经济发展联邦专项纲要》等专项规划纲要为例，在交通方面，俄罗斯政府为飞往远东地区的航线给予补贴，鼓励俄罗斯欧洲部分的居民前往远东地区工作和生活。在渔业方面，俄罗斯政府决定从2010年起的3年间投资1.2亿美元作为堪察加渔业的长期开发资金，改善沿岸的水产品加工设施，建造近海作业渔船。在能源方面，为了平抑远东地区的电价，2007年俄罗斯政府为远东地区提供260亿卢布，直接用于给费者提供补助；为了平抑远东地区天然气价格，俄罗斯政府向远东地区提供天然气补助。在汽车产业方面，俄罗斯政府为购买本国汽车提供优惠贷款，为运往远东地区的国产汽车免除费用。此外，俄罗斯政府还曾给予远东地区一定的特权，允许远东地区将黄金开采量的10%、海关关税的20%和地方税的45%留作贷款抵押金和地方发展基金。在对外贸易方面，俄罗斯政府还给予远东地区30%战略性物资的自主出口权。[①]

为了吸引外商投资，促进当地经济的发展，俄罗斯东部各行政区也纷纷提出了相关优惠政策。例如，阿穆尔州出台了《阿穆尔州投资法》，签署了"阿穆尔州生产发展基金"协议；2006年，马加丹州将专项计划的财政拨款增加1倍，高达2.13亿卢布；2010年5月，哈巴罗夫斯克边疆区决定拨款7亿卢布支持小企业，帮助解决职工就业和工资问题；2010年滨海边疆区为支持农业生产而向农民发放的国家与地方财政补贴总额达10.8亿卢布，其中，滨海边疆区财政预算划拨的资金

---

① 王世才：《俄罗斯远东对外经贸政策的变化、影响与问题》，《东欧中亚研究》1999年第2期。

为7.067亿卢布。总之，俄罗斯政府为远东地区的发展提供了食品、交通、教育、能源、产业结构调整等各种形式的财政扶持与补贴。

2. 调整税收政策

适度调整税收政策，使之有利于东部地区的开发和经济发展，是俄罗斯东部大开发的一项重要举措。在国际金融危机期间，俄罗斯政府大幅度降低或临时取消了原油出口关税，使依靠大量能源出口的东部地区经济所受的冲击较小。2009年底，俄罗斯政府决定向东西伯利亚地区开发提供税收优惠政策以刺激当地油田的开采。自2009年12月1日起，取消了该地区22个油田的出口关税。到2010年初，由于金融危机和预算赤字增加，政府开始讨论实行优惠税率的问题。2010年6月1日起，先前实行的免税政策被优惠税率所取代，俄罗斯开始对东西伯利亚地区的石油出口实行统一优惠税率，税率约为正常关税水平的一半。当时计划，当油田的收益率达到17%时就取消优惠政策。根据俄罗斯联邦财政部的统计，自2011年起，东西伯利亚的万科尔油田、上琼斯克油田和塔拉坎油田陆续达到了这一水平，因此俄罗斯政府决定从2011年5月1日起陆续取消这三大油田的税收优惠政策。万科尔油田从2011年起不再享受税收优惠政策，上琼斯克油田和塔拉坎油田也分别从2012年和2013年取消了税收优惠。除能源领域外，为了鼓励远东地区木材加工业的发展，俄罗斯政府一方面上调了原木出口税，另一方面又降低了木材加工品的出口关税。这些都说明，俄罗斯通过税收政策的适时调整并利用税收杠杆的调节作用来促进东部地区的开发。

俄联邦财政部部长西卢阿诺夫2012年10月曾表示，为鼓励投资者向远东联邦区投资，俄联邦财政部审议了对在远东地区新建企业实施税收优惠的问题。远东地区新建企业在最初几年还将免征包括财产税在内的一系列地方税。普京总统也表示，正在考虑为远东地区从零开始的企业主提供优惠，其中可效仿东西伯利亚地区的做法，在远东地区免征矿产开采税。

此外，俄罗斯政府为启动远东跨越式发展区的建设，要求远东发展部于2014年6月5日前确定了远东跨越式社会经济发展区的地理范围，该区囊括了远东、东西伯利亚、哈卡斯共和国和克拉斯诺亚尔斯克边疆区，并于2014年8月4日前确定了跨越式发展区免税及在建筑许可、电网接入、海关通关等方面享受便利的法律修正案。远东发展部与财政部、地区发展部及经济发展部共同修订跨越式发展区内投资项目享受特殊税收政策的法律，并将相关法律修正草案提交政府。

（二）实施推动联邦主体合并的强区战略

为强化东部开发，促进东部地区各联邦主体的均衡发展，俄罗斯推动并实施了联邦主体合并的强区战略。2007年1月1日，俄罗斯政府将埃文基自治区、泰梅尔自治区并入克拉斯诺亚尔斯克边疆区。新克拉斯诺亚尔斯克边疆区总面积为233.97万平方千米，占俄罗斯国土面积的13%，是法国国土面积的4倍多。合并后的新克拉斯诺亚尔斯克边疆区不仅有利于联邦行政关系的改革，消除地方民族主义，实现中央和地方的统一性，而且还可以重新整合区域资源，实现协调发展，使该区域发展成为东部大开发的"火车头"。也就是说，新克拉斯诺亚尔斯克边疆区不仅要贯彻俄联邦政府的战略意图和发展方向，而且还要实现区域经济的快速发展。

俄罗斯宪法规定，各联邦主体一律平等，但是不同类型的联邦主体各自具有不同的国家法律地位：俄联邦的各共和国有自己的宪法、官方语言，甚至有自己的外交部，可以与俄罗斯联邦、其他联邦主体以及其他国家签订条约和协议；各自治州（区）有自己的国家机关系统、法律、官方标志、国际主权要素；边疆区、州、联邦直辖市拥有自己的章程和法律，官方语言只使用俄语。1993年，埃文基自治区成为独立的行政区，土地面积为76.76万平方千米。截至2003年，该自治区人口为15900人，以埃文基少数民族为主，信仰萨满教，有拜基特、伊利姆佩亚、通古斯卡—丘尼亚3个行政区，以及图拉镇和20个村。同在1993年，泰梅尔自治区也成为独立的行政区，土地面积为86.21万平方千米，截至2003年自治区共有人口38500人，形成了以俄罗斯人为主，包括多尔干人、乌克兰人、涅涅茨人、恩加纳善人、鞑靼人等在内的多民族聚集地。新克拉斯诺亚尔斯克边疆区成立后，俄罗斯政府将埃文基和泰梅尔作为自治区所享有的一些国家权力移交给边疆区。显然，新克拉斯诺亚尔斯克边疆区的成立体现了联邦政府加强中央集权、实行行政改革、加强边疆区开发与发展的决心。

应该说，强区战略有利于俄罗斯实现区域经济协调发展。虽然埃文基自治区和泰梅尔自治区拥有丰富的森林、矿产等资源，但由于两大自治区地处北部地区，冬季漫长而寒冷，特别是泰梅尔自治区位于北极圈附近，常常会出现极昼极夜现象。恶劣的自然条件不仅阻碍了当地经济的发展，还影响人们的日常生活。两大自治区主要依靠财政补贴。与之相反，克拉斯诺亚尔斯克边疆区工业比较发达，大型工业企业比较集中，农业生产条件较好，交通运输便利，是外资在西伯利亚投资的集中地之一，且城市化水平较高，堪称西伯利亚地区的经济和交通中心。可见，三个联邦主体的合并是典型的强弱联合，双边合作意向比较强。

新克拉斯诺亚尔斯克边疆区成立以后，其内部的各行政区在能源、基础设施、大型项目上进行协作，充分发挥自然资源优势和工业优势，从而带动整个边疆区的开发和经济发展。为了支持区域经济的发展，俄罗斯政府在电力、基础设施和其他大型项目上还提供了相应的援助。2008 年，新克拉斯诺亚尔斯克边疆区实现 GDP 产值 734.4 亿卢布，占西伯利亚地区 GDP 产值的 24.26%，占东部地区 GDP 产值的 17%，既是西伯利亚地区也是俄罗斯东部地区产值最高的行政区。可见，新克拉斯诺亚尔斯克边疆区确实成为俄罗斯东部地区经济发展的"火车头"。

在俄罗斯东部地区，自新克拉斯诺亚尔斯克边疆区成立后，科里亚克自治区于 2007 年 7 月 1 日并入堪察加州，设立堪察加边疆区；乌斯季奥尔达布里亚特自治区于 2008 年 1 月 1 日并入伊尔库茨克州；2008 年 3 月 1 日，赤塔州和阿加布里亚特自治区合并，设立外贝加尔边疆区。

（三）规划特大城市建设

经过多年的发展，俄罗斯东部地区已形成符拉迪沃斯托克市（63 万人口）、伊尔库茨克市（80 万人口）、新西伯利亚市（142.3 万人口）等大中城市。但这些知名城市无论就其规模还是数量来看，都不仅不能与俄罗斯西部地区相比，更不能与东北亚地区各主要国家百万人口以上的城市相比。由于俄罗斯东部地区这些城市在规模经济效应、产业聚集效应、城市功能等方面均比较低，无法适应更难以带动地区开发和区域经济的发展。因此，2007 年俄联邦政府计划将伊尔库茨克、安加尔斯克和舍利霍夫 3 个城市合并，在西伯利亚建设一个人口超过 100 万的特大城市——新的伊尔库茨克，以带动东部地区的大开发和经济建设。

伊尔库茨克市位于安加拉河与伊尔库茨克河的交汇处，是西伯利亚通向外贝加尔和远东南部地区以及蒙古国和中国的门户，也是西伯利亚唯一的大工业城市，素有"西伯利亚的心脏""东方巴黎"之称。该市有安加尔斯克石油公司、伊尔库茨克铝厂等知名企业。安加尔斯克位于伊尔库茨克的西北部，拥有人口24.57万人，距伊尔库茨克市约40千米，是俄罗斯东部地区的炼油和石化中心之一，机械制造、建筑材料、木材加工等也较为发达。舍利霍夫位于伊尔库茨克的西南部，拥有大型炼铝厂和电缆厂。历经几十年的发展，这3个城市之间建立了紧密的联系，形成了合理的产业分工。例如，伊尔库茨克市承担着安加尔斯克和舍利霍夫的电力供应，而安加尔斯克市以石化产业为主，舍利霍夫市以制铝工业为主。安加尔斯克和舍利霍夫在发展中已经逐步变成了伊尔库茨克市的卫星城，因而当时俄罗斯国家认为伊尔库茨克的城市扩张已经成为必然趋势，特大城市战略不仅可以促进伊尔库茨克市的城市功能升级，加速城市化进程，还可以解决就业、住宅、医疗等各种民生问题，从而使伊尔库茨克成为贝加尔湖畔的一颗璀璨明珠。

伊尔库茨克州作为《2030年前俄罗斯能源战略》《2025年前远东和贝加尔地区社会经济发展战略》等规划纲要的重要参与主体，一直计划在特大城市规划建设的带动下得到快速发展。为此，伊尔库茨克州制定了2020年战略目标，在转变地区经济体制的基础上，通过提高全州的竞争力来实现经济发展，提高居民的生活质量和生活水平。为了实现该目标，涉及伊尔库茨克、安加尔斯克和舍利霍夫三个城市的措施有：计划在伊尔库茨克市修建新国际机场；以伊尔库茨克—安加尔斯克—舍利霍夫市交界处为基础建立大型的后现代工业中心，促进建筑、冶金、汽车制造、化工等产业的发展；为伊尔库茨克市老城区设立新的大型事务中心，降低经过伊尔库茨克老城区的运输流，使事务中心更接近安加尔斯克和舍利霍夫。然而，尽管伊尔库茨克州行政当局积极支持伊尔库茨克、安加尔斯克和舍利霍夫3个城市合并的项目，但伊尔库茨克州公共议会和立法会议员多数反对该草案的实施，再加上当地精英、利益集团与民众的反对，种种因素导致新的伊尔库茨克市至今尚未建成。

(四) 鼓励人口向东部地区迁移

俄罗斯东部地区总面积为 1131 万平方千米，占俄罗斯国土面积的 66.17%，而人口只有约 2600 万人，仅占俄罗斯总人口的 18.32%，可谓是地广人稀。在苏联时期，由于人口不足造成的劳动力匮乏就成为制约东部地区经济发展的重要因素之一。有资料显示，在 20 世纪 80 年代，远东地区常住人口的增加极为缓慢。人口数量的绝对增加值从 1981 年的 14.4 万人减少到 1984 年的 11.7 万人。[①] 为鼓励西部人口向东部地区迁移，苏联出台了包括提供住房保障、增加福利待遇、实行高工资、减免税收等在内的各种优惠政策。因而在东部地区大规模开发资源、修建铁路、建设城市的浪潮中，曾吸引了一批批移民的到来。

苏联解体后，受经济转轨和经济下滑的影响，俄罗斯政府减少了对东部地区的财政投入和政策扶持。由于东部地区自然环境恶劣、患病危险性较高、医疗保障水平较低，导致人口出生率较低、死亡率较高。而且，由于该地区经济不景气，造成了失业率的上升和人口的外流。随着人口的不断减少，俄罗斯东部地区面临着劳动力短缺、人口老龄化、人才外流、城市缺乏活力等诸多问题。

为了缓解东部地区人口数量下降压力，实现人口增长，减少人口死亡率，吸引外来移民，俄罗斯政府相继出台了一系列的政策措施。2002 年《西伯利亚社会经济发展战略》提出，2003—2010 年计划投资 300 亿—500 亿美元用于安置向东部地区迁移的人口。《2025 年前远东和贝加尔地区社会经济发展战略》规定，政府通过给予土地补贴，鼓励俄罗斯公民向远东地区迁移并且长期居住。该战略明确指出："稳定远东和贝加尔地区人口数量的一个补充措施，是为居住和愿意在该地区居住的本国公民，一次性无偿提供不超过 0.3 公顷的土地来建造私人住房。"[②] 俄罗斯政府 2010 年批准的《2020 年前西伯利亚社会经济发展战略》提出，要形成一个相对开放的市场，促进劳动力的流动，同时采

[①] Чичканов В. П., "Дальний Восток: Стратегия Экономического Развития", *Экономика*, 1988 г., С. 189.

[②] "Стратегия Социально - экономического Развития Дальнего Востока и Байкальского Региона на Период до 2025 года", http://www.assoc.fareast.ru/fe.nsf/pages/str_ soc_ ekon_ razv_ dviz.htm.

取有针对性的措施，吸引高技术人才以及熟练技术工人流入。①

为吸引外来移民，俄罗斯还颁布了《俄联邦国籍法》《俄联邦外国公民法律地位法》，并允许地方政府出台外来移民优惠政策。2006年，俄罗斯政府批准了《使侨胞自愿移居俄罗斯计划》。2006年7月，俄罗斯颁布法令，规定从2007年起简化互免签证国家公民在俄罗斯的务工手续，只需向俄罗斯移民局申请并办理工作证就可合法务工，并减免了雇主的责任和义务，此举大大降低了俄罗斯非法移民的数量。②

三 加强东部地区基础设施建设

（一）改善交通基础设施

虽然俄罗斯东部地区拥有世界著名的西伯利亚大铁路和贝阿铁路，承担着西伯利亚地区的大部分运输任务，但受自然条件和财力不足的制约，东部地区还没有形成大的区域交通网络，还存在道路不足和老化的问题，加之运输费用较高，难以满足货物运输和人们生活的需求。这些都制约着东部地区经济与社会的发展。

为了改善交通基础设施的落后状况，2008年俄罗斯政府出台了《2030年前俄联邦交通发展战略》，该战略分为两个发展阶段：第一阶段到2015年，通过专项投资完成交通系统的现代化改造，对关键领域进行系统的优化配置；第二阶段从2016年至2030年，强化所有重点交通领域的创新发展，以保证实现俄罗斯创新社会的发展道路。在交通发展战略中，俄罗斯远东地区要修建符拉迪沃斯托克—哈巴罗夫斯克高速铁路；开发瓦尼诺港、彼得罗夫巴甫洛夫斯克港、纳霍德卡港等；加快对国际空港的现代化改造、配套基础设施建设，提供航空货物运输中转服务；开展亚太地区的双边和多边运输合作。2008年8月，俄罗斯远东铁路局决定投资超过230亿卢布翻修远东地区六个重要铁路区段，包括滨海边疆区"库兹涅佐夫—赫梅洛夫斯基"路段（以保障太平洋石油管道项目所需原油的运输）、哈巴罗夫斯克边疆区的库兹涅佐夫隧道、西伯利亚大铁路哈巴罗夫斯克段的阿穆尔河铁路桥二期等项目。

---

① "Стратегия Социально - экономического Развития Сибири на Период до 2020 Года"，http：//www.sibfo.Ru/strategia/strdoc.php.

② 刘慧丽：《俄罗斯远东地区的人口问题与中俄劳务合作》，《俄罗斯中亚东欧市场》2007年第2期。

2010年12月，俄罗斯决定投资140亿美元用于扩建横穿西伯利亚的铁路，到2012年前，投资16.7亿美元修建公路连接远东地区的各首府城市。2010年12月15日，俄罗斯宣布修建贝阿铁路2号干线，并进行电气化改造和更换机车车辆，预计耗资约4500亿卢布。

此外，俄罗斯还提出改善中俄边境地区的交通基础设施。在《中华人民共和国东北地区与俄罗斯联邦远东及东西伯利亚地区合作规划纲要（2009—2018年）》中，俄罗斯承接的边境地区基础设施项目有：扩大伊尔库茨克—外贝加尔斯克铁路运量；修建纳伦—1—卢戈坎铁路线；改造外贝加尔斯克铁路卡雷姆斯卡娅—外贝加尔斯克（"南部通道"）路段、外贝加尔斯克—普里阿尔贡斯克—旧粗鲁海图地方公路、涅尔琴斯克工厂—奥洛契口岸公路、下列宁斯阔耶客运站，以及改造通往下列宁斯阔耶、阿穆尔泽特、巴斯科沃口岸的公路，使比罗比詹—列宁斯阔耶的铁路支线与正在建设的阿穆尔河铁路桥连接；建设下列宁斯科耶口岸码头设施综合体和货运平台、阿穆尔泽特口岸码头综合体、从阿玛扎尔镇到波克罗夫卡口岸的联邦公路"阿穆尔"支线、跨阿穆尔河大桥、外贝加尔斯克机场，改造克拉斯诺卡缅斯克机场；恢复珲春—马哈林诺—扎鲁比诺铁路运行；发展赤塔机场（卡达拉机场）等。中俄边境交通基础设施的改善将大大提高中俄贸易的便利性和经济性。

（二）改善电力供应

俄罗斯西伯利亚地区的水电资源比较充足，在叶尼塞河及其支流安加拉河上分布着布拉茨克水电站、克拉斯诺亚尔斯克水电站、乌斯季伊利姆斯克水电站、结雅水电站、萨彦—舒申斯克水电站、乌斯季汉泰水电站等大型水电站。虽然西伯利亚地区的电力工业比较发达，但其电力设施都是在20世纪建成的，存在设备老化、超期服役等问题。早在2006年，伊尔库茨克州电力公司就批准了一个大型商业投资计划，包括：实现水电站设备的现代化；改造电网和供热管网；改造热电站的热力机械和电力机械设备；改善伊尔库茨克—切列姆霍夫斯基变电站系统的稳定性。为了保证俄罗斯电力工业的可靠性和安全性，2010年1月，俄罗斯联邦电网公司决定投资约18亿卢布，用来修复、改造西伯利亚地区的电网。

俄罗斯远东地区的电网是独立的，只能依靠自我发电满足需求。俄罗斯远东地区主要靠火力发电，水力发电所占比重较小，发电量有限，难以满足社会经济发展的需求。同时，远东地区的电力基础设施存在设备老化、投资不足等问题，大大降低了远东地区的发电效率。为了提高远东地区的发电量和发电效率，在俄罗斯电力行业改造中，远东地区整合现有的电力资源，成立了远东发电公司，俄罗斯联邦政府所占股份高于50%，该公司控制着远东地区的发电、电网分配和消费者的电力费率。2008年，俄罗斯国家统一电网公司停止运营，标志着俄罗斯电力行业改革基本完成。在保持俄联邦政府对国家电网实行控制的前提下，通过出售股份筹集了大量资金满足电力基础设施建设的需求。在《2013年前远东和外贝加尔地区社会经济发展联邦专项纲要》中，俄罗斯明确提出要提高电能的利用效率，保障对发电站的天然气供应。2009年，俄罗斯出台了《2030年前能源战略》，鼓励发展太阳能、风能和生物质能等可再生能源，到2030年使新能源在总发电量中所占的比重从32%提高到38%。在俄罗斯至2015年能源发展总体规划中，提出将在阿穆尔河及其支流兹叶河上修建13座水电站，总装机容量为200万千瓦，发电量为100亿千瓦时。①

此外，俄罗斯远东地区还制订了在滨海边疆区和哈巴罗夫斯克边疆区建设水电站、在鄂霍茨克海岸建设潮汐发电站的计划。远东地区漫长的海岸线为利用风能发电提供了便利条件。通过采用煤炭发电、水力发电、天然气发电、潮汐发电、风能发电等多样化的发电途径，不仅可以缓解俄罗斯远东地区电力对煤炭资源的依赖，提高能源效率和保护环境，而且还可以降低电价、满足当地居民和企业的用电需求，使当地居民受益。俄罗斯远东地区还将加大对电力设施的安全保护工作，为其热电站、水电站，以及电网设施安装现代化的技术保护设施——电视监视系统和信号系统。滨海边疆区为了承办好符拉迪沃斯托克举行的2012年亚太经合组织会议，制订了电力系统改造计划，将滨海边疆区的发电量增加到120兆瓦。

在俄罗斯东部开发中，注重开展与东北亚地区的电力合作。俄罗斯

---

① 宋魁、孙璐:《中俄电力合作的回顾与展望》，《俄罗斯中亚东欧市场》2007年第6期。

电力专家提出，把西伯利亚电网与中国东北、朝鲜、日本电网互联，形成东北亚电网[①]，随之提出了通过萨哈林实现向日本输电，通过滨海边疆区实现向日韩输电等方案。但最终是中俄之间率先实现了电力合作。早在20世纪90年代，中俄两国就开通了"布黑线"和"锡十线"输电线路。在《中华人民共和国东北地区与俄罗斯联邦远东及东西伯利亚地区合作规划纲要（2009—2018年）》中，俄罗斯承接了铺设中俄边境交流输电线路，建造天然气发电厂、大型水电站等项目；中国东北承接了引进输变电设备配套零部件产业集群、电力设备改造扩能、生产特高压套管等项目。目前，中俄之间的电力合作已由最初的贸易领域深入到电力基础设施建设、电力设备等领域，双边电力产业合作已经进入产业分工阶段。

（三）改善居住条件

为了提高居民的住房水平，俄罗斯于2002年出台了《2002—2010年住宅目标纲要》，旨在建立发达的房地产市场，开拓多种融资渠道，保障各阶层居民住上安全舒适的房屋。到2004年，全俄人均住房面积为16.4平方米，西伯利亚联邦区为18.4平方米，远东联邦区为18.7平方米。在危旧住房方面，2004年西伯利亚联邦区待改建或重建的危旧住房面积为1466.4万平方米，危旧住房面积占总面积的3.9%，主要分布在图瓦共和国、泰梅尔自治区、克麦罗沃州、托木斯克州等地；远东联邦区待改建或重建的危旧住房面积为668.1万平方米，危旧住房面积占总面积的5.1%，其比重为全俄最高，主要分布在萨哈林州、阿穆尔州、犹太自治州、马加丹州等地。在住房配套设施方面，俄罗斯全国有热水供应的住房占61%，西伯利亚有热水供应的住房为54.5%，远东有热水供应的住房为58.3%。可见，虽然远东地区及西伯利亚的人均住宅平均面积高于全俄水平，但在危旧住房、住房配套设施等方面还有待进一步改善。

2005年，俄罗斯修订了《俄罗斯联邦住房专项纲要》，纲要明确了国家住房工程的目标是2010年前全国每年新增住房面积为8000万平方

---

① 葛新蓉：《俄电力行业现状及向东北亚国家的出口潜力》，《俄罗斯中亚东欧市场》2004年第4期。

米。2007年，普京又提出每年新增1.4亿平方米住房面积。俄罗斯远东地区各联邦主体或行政区都提出了住房发展规划。2009年，滨海边疆区出台了为多子女家庭购买住房的政策，规定拨出专款为从2007年起生育3个以上孩子的多子女家庭解决住房问题。

在2009年9月中俄两国共同出台的《中华人民共和国东北地区与俄罗斯联邦远东及东西伯利亚地区合作规划纲要（2009—2018年）》中，住宅建设项目有：阿穆尔州在布拉戈维申斯克市建设"北方居住区"综合性建筑，占地面积为199公顷，住宅总面积为180万平方米；布里亚特共和国在乌兰乌德建设生活小区；萨哈林州建设经济适用房；勘察加州在彼得罗巴甫洛夫斯克市和叶利佐夫斯克区建设住宅区。俄罗斯政府在《2025年前远东和贝加尔地区社会经济发展战略》中，提出将人均住房面积从2010年的19平方米增至2025年的32平方米。

为了应对国际金融危机对房地产行业所造成的冲击，俄罗斯出台的措施有：将经济适用房建设列为四大优先发展工程之一；促进公共住房改革基金会实施危旧房搬迁、合居住宅改造计划；出台了《2030年前俄罗斯住房按揭贷款长期发展战略》，提出到2030年全俄60%的家庭有能力承担住房抵押贷款（其标准是贷款人的月收入达到住房贷款月还款额的3倍），年均发放住房抵押贷款160万笔，是目前的15倍，住房抵押贷款总额占国内生产总值的比重达到31%以上。俄罗斯东部地区住房条件的改善不仅能够提高当地居民的生活水平，还可以带动木材、水泥、钢材、装潢等建筑行业的发展，成为拉动当地经济发展的动力之一。

四 俄罗斯东部开发新进展与成效

（一）能源领域成效突出

油气资源始终是俄罗斯东部地区开发的重点对象。俄罗斯在出台重要能源规划的同时，不断对东部地区油气资源开发进行布局。俄罗斯始终将油气资源开发作为东部开发的主要领域。为此，先后出台了若干重要的总体规划，对东部地区新一轮油气资源开发做出了全面部署和详细安排。这些战略规划措施主要包括：2003年出台的《2020年前能源战略》；2007年出台的《东西伯利亚和远东地区天然气开采、储运和供应统一系统建设战略规划》；2009年出台的《2030年前能源战略》；2010

年出台的《亚马尔半岛液化天然气生产发展总体规划》和《克拉斯诺亚尔斯克边疆区北部与亚马尔—涅涅茨自治区油气资源开发总体规划》；2011年出台的《2020年前石油行业发展总体规划》和《2030年前天然气行业发展总体规划》。此外，俄罗斯天然气工业股份公司于2012年制定了《东部天然气发展总体规划》。

根据俄罗斯《2020年前能源战略》设定的目标，到2020年俄罗斯石油开采量将达到4.9亿吨，天然气开采量达到6800亿立方米。在区域分布中，西伯利亚地区注重能源生产多样化，发展煤炭工业，逐步建立新的大型石油天然气中心；而远东地区则着眼于克服热能和电能的短缺，大力发展水电设施。为了应对国际金融危机的影响和后危机时代的新形势、新变化，俄罗斯政府2009年11月出台了《2030年前能源战略》，目标是最有效地利用自身的能源资源潜力，强化俄罗斯在世界能源市场中的地位。该战略规定：到2030年前实现石油储量（包括海上油田）年增长率达到10%—15%，天然气储量年增长率达到20%—25%，石油年开采量为5.3亿—5.35亿吨，天然气年开采量达到8800亿—9400亿立方米，石油年出口3.29亿吨，天然气年出口3490亿—3680亿立方米。其中，预计到2030年，西西伯利亚年产油量为3.55亿吨、天然气年产量6700亿立方米；东西伯利亚及萨哈（雅库特）共和国石油年产量1.10亿吨、天然气年产量1200亿立方米；远东（萨哈林）石油年产量3500万吨、天然气年产量300亿立方米。

近年来，俄罗斯不断加大对远东地区油气勘探的投资力度。据有关资料表明，2011年和2012年，俄罗斯用于油气勘探的财政投资分别为87亿卢布和128亿卢布，这两年的油气勘探财政投资几乎全部投向俄罗斯的东部地区，而且投资的重点方向是与东西伯利亚—太平洋石油运输管道密切相关的东西伯利亚地区及萨哈（雅库特）共和国的油气远景开发区。2013年，俄罗斯用于油气勘探的财政投资达到了150亿卢布，投资重点依然是该油气远景开发区，以及格达半岛—哈坦加油气远景区和尤加诺—科尔塔戈尔油气远景区。[①] 这表明俄罗斯对新一轮重点

[①] 王四海、闵游：《"页岩气革命"与俄罗斯油气战略重心东移》，《俄罗斯中亚东欧市场》2013年第6期。

开发东部地区油气资源战略规划的重视，并从国家财力上保证已出台的一系列重要规划的落实。

从电能来看，由于俄罗斯启动了电价下调机制，使远东地区没有与电力市场联网的5个地区的工业电价降到了全俄的平均水平。2016年末《俄联邦电能法修正案》出台后，俄罗斯远东地区的工业电价下降，从2017年1月1日起，远东地区的楚科奇自治区、萨哈（雅库特）共和国、马加丹州、堪察加州、萨哈林州的工业电价平均下降一半，降至俄罗斯的平均水平，即4卢布/千瓦时，大大降低了远东地区的企业生产成本。2017年，远东地区因电价下降节省66亿卢布开销，这些资金主要用于社会领域的发展，如建立医院、幼儿园和学校，提供药品，支持多子女家庭，增加养老金地区支付，以及增加公共部门工作人员的工资。2017年，远东地区企业因电价下降节省开支210亿卢布。

未来一段时期，西伯利亚及远东地区仍将是俄罗斯的能源主产地。虽然能源作为俄罗斯东部地区的主要产业这一状况不会发生改变，但会经历一个逐步提高常规能源的利用效率和由常规能源向核能、可再生资源转变的过程。预计到2030年前，俄罗斯东部地区的单位GDP能耗要比2005年降低一半，利用非常规能源发电将不少于800亿—1000亿千瓦小时，非常规能源生产电力所占的比例将由2008年的32%增加到38%。常规能源的发展为西伯利亚及远东地区经济社会的全面发展提供了资金来源，而西伯利亚及远东地区的科学技术则为新能源开发提供了技术支持。

从长期发展来看，由于俄罗斯面临着石油储量下降的态势，因而天然气和电力将会成为俄罗斯东部地区未来发展的重点。在此背景下，积极修建石油、天然气管道，铺设远距离高压输电线路，改善能源运输的配套设备等便成为俄罗斯东部地区的重点项目。俄罗斯东部地区的能源特别是石油天然气开采和大量出口，为俄罗斯带来了滚滚财源。而长此以往，导致俄罗斯经济过于依赖能源出口，带有明显的资源依赖型特征，且容易受到国际能源市场上行情波动的影响与冲击。因此，俄罗斯东部地区能源产业不断注重提高产品的附加值和出口市场的多元化。此外，俄罗斯东部地区还注重发展非常规能源，实现能源多元化，减少对传统能源的依赖。总之，今后一个时期能源产业会始终成为俄罗斯东部地区的第一大支柱产业。

（二）投资力度不断加大

在投资方面，俄罗斯远东地区依托跨越式发展区、符拉迪沃斯托克自由港、扶持投资者建设基础设施、远东发展基金优惠融资等新的发展举措，吸引了大量资本。2015—2017 年的数据表明，近三年远东地区吸引投资总额已达到 2.2 万亿卢布，其中外国投资占 22%。农业、交通、物流、自然资源加工和造船等行业的引资占远东地区投资总额的 73%，并且中小企业占有很大的份额，投资来源和项目已实现了多样化，这表明远东地区开发已经具有一定的活力。2015 年，俄罗斯远东地区已经落实的投资额为 8850 亿卢布，尽管 2015 年远东地区的投资积极性继续下降，但下降幅度仍低于全俄平均水平。2016 年至 2017 年 4 月，俄罗斯远东地区新增投资 1.67 万亿卢布，投资项目从 117 项增至 605 项，计划新创造的就业岗位数量从 4 万个增加到 10 万个。[①] 截至 2017 年 7 月，远东地区申请的投资项目为 637 个，金额为 2.11 万亿卢布。2017 年，远东地区的固定资产投资达到了创纪录的 1.2 万亿卢布，投资增长率为 117.1%，高于俄罗斯整体水平（全俄平均为 104.4%）。在固定资产投资增长方面，2017 年远东联邦区在俄罗斯各联邦地区中位列第一。[②] 2017 年，俄罗斯远东跨越式发展区和符拉迪沃斯托克自由港共有 61 家新企业投入运营，私人投资规模为 850 亿卢布，新增就业岗位 5700 个。到 2025 年，俄罗斯远东地区将新建 950 多个投资项目，新增 11.5 万个工作岗位。2017—2030 年，在 27 项俄罗斯联邦国家优先规划中，有 20 项为远东跨越式发展专项规划，计划财政拨款总额为 6422 亿卢布，有 5 项国有公司发展规划涉及远东跨越式发展规划，计划投资为 6916 亿卢布。[③]

远东发展基金在该地区的投融资项目中发挥了很大作用，到 2017

[①] "Об Итогах Деятельности Министерства Российской Федерации по Развитию Дальнего Востока в 2016 Году и Задачах на 2017 Год"，https：//minvr.ru/.

[②] "Развитие Дальнего Востока：Итоги 2017 Года"，https：//minvr.ru/press－center/news/14650/?sphrase_id=378992.

[③] "Об Итогах Деятельности Министерства Российской Федерации по Развитию Дальнего Востока в 2016 Году и Задачах на 2017 Год"，https：//minvr.ru/.

年 4 月，获得远东发展基金长期优惠融资的远东投资项目为 13 个，吸引投资规模为 1004 亿卢布，提供就业岗位 2100 个。同时，远东发展基金启动了《中小企业低息贷款计划》，向伙伴银行提供远东中小企业优惠贷款资金。

目前，俄罗斯已出台政策将私人投资项目纳入远东国家发展规划，2016 年 8 月 19 日，俄罗斯联邦政府批准将私人投资项目纳入《俄联邦远东和贝加尔地区经济社会发展国家规划》，有针对性地向相关项目投资者提供行政支持；与符合投资项目要求的投资者共同起草"路线图"，确定国家扶持投资者的专项措施。[1]

（三）基础设施建设快速发展

在基础设施方面，改善交通基础设施是俄罗斯远东地区经济发展的迫切需求。为此，俄罗斯将优先发展骨干交通网，大力发展西伯利亚大铁路；实现远东地区公路的一体化，并使之融入俄罗斯的主干公路网中；发展骨干航空网络，使伊尔库茨克机场、哈巴罗夫斯克机场和符拉迪沃斯托克机场发展成为国际航空枢纽；优先建设集装箱运输现代化设施，实现港口专业化，打造运输—物流综合体系。同时，还将改善远东地区通往俄罗斯欧洲部分的交通设施，使其成为连接俄罗斯与亚太地区的重要枢纽。

2016 年至 2017 年 4 月，远东地区获得的用于建设外部基础设施的联邦补贴大型投资项目从 6 个增至 14 个，吸引的投资规模从 1270 亿卢布增加到 2940 亿卢布，提供的就业岗位从 8300 个增加到 1.22 万个。2016 年，俄罗斯向远东地区的投资者提供了 96 亿卢布联邦补贴，用于大型外部基础设施的建设项目。截至 2017 年 4 月，共有 102 个基础设施项目处于不同实施阶段，其中利用联邦预算资金建设的项目为 42 个。2017 年，萨哈（雅库特）共和国 110 千伏变电站和哈巴罗夫斯克边疆区公路已投入使用。

（四）跨越式发展区建设成效显著

在远东跨越式发展区建设方面，可谓进展顺利。截至 2017 年末，

---

[1] "Об Итогах Деятельности Министерства Российской Федерации по Развитию Дальнего Востока в 2016 Году и Задачах на 2017 Год", https：//minvr. ru/.

俄罗斯在远东地区已经设立了 18 个跨越式发展区。2017 年，远东地区新建立 4 个跨越式发展区：分别为阿穆尔州的"自由"跨越式发展区，滨海边疆区的"石化"跨越式发展区，哈巴罗夫斯克边疆区的"尼古拉耶夫斯克"跨越式发展区，萨哈林州的"千岛群岛"跨越式发展区。到 2017 年 12 月 31 日，共有 8 家企业入驻这 4 个跨越式发展区，实现投资 1.6 万亿卢布，创造 7.5 万个新增就业岗位。总体而言，2017 年，远东地区的 18 个跨越式发展区的入驻企业数量由 2016 年的 111 个增加到 210 个，私人投资项目金额达 2.2 万亿卢布，创造了 3.96 万个新的工作岗位。到 2017 年 12 月 31 日，远东跨越式发展区入驻企业的私人投资实际到位为 760 亿卢布。①

到 2017 年 4 月 10 日，远东跨越式发展区共收到了 253 个项目申请，其中有 152 份项目得到批准，这些项目投资总额为 4940 亿卢布（约合 82.3 亿美元）。其中中国有 8 家企业在远东跨越式发展区入驻，投资额约 1370 亿卢布（约合 22.8 亿美元）。② 俄罗斯远东跨越式发展区在招商引资方面各有侧重，包括物流、能源、工业、农业、休闲等。

（五）符拉迪沃斯托克自由港建设进展明显

在自由港建设方面，自俄罗斯远东符拉迪沃斯托克自由港制度正式实施以来，在税收、海关和检疫等方面为入驻企业提供了政策支持和优惠，最大化地简化船只过境手续，对外国商品加工区产品组织再出口和国内转运。到 2017 年末，符拉迪沃斯托克自由港新增滨海边疆区拉佐区、堪察加边疆区堪察加彼得罗巴甫洛夫斯克市、哈巴罗夫斯克边疆区瓦尼诺区、萨哈林州科尔萨科夫和乌戈列果尔斯克市、楚科奇自治区佩韦克市 6 个市区。截至 2016 年 12 月 1 日，符拉迪沃斯托克自由港管理公司共收到 113 个投资申请，投资额达到 1724 亿卢布，其中有 5 个投资商来自中国和日本，计划投资为 616 亿卢布。2017 年，符拉迪沃斯托克自由港的入驻企业增加到 432 个，私人投资总额高达 3650 亿卢布，并创造了 3.6 万个新的就业岗位。通过联邦法，简化外国公民入境符拉迪沃斯托克自

---

① "Развитие Дальнего Востока：Итоги 2017 Года"，https：//minvr.ru/press – center/news/14650/? sphrase_ id = 378992.

② 《"一带一路"跨境系列报道近邻俄罗斯》，http：//money.163.com/17/0707/05/CONHQHTB002580S6. html。

由港签证手续，实行8天电子签证制度。自2017年8月7日起，外国公民可以从远东地区的滨海边疆区、哈巴罗夫斯克边疆区、萨哈林州、楚科奇自治区和堪察加边疆区这5个适用自由港制度的任一地区进入俄罗斯国境。截至2017年12月31日，俄罗斯已向这18个国家的外国公民发放了6044张电子签证。

（六）移民政策作用显现

2016年5月开始实施的《远东一公顷土地法》移民政策的作用已开始显现。该法实行的目的在于吸引域外居民向远东地区迁徙，同时鼓励居民在远东地区长期居住，减少当地人口外流，增加远东地区的人口数量，进而为远东地区开发提供充足的劳动力资源，同时起到巩固领土安全的作用。2016年6月1日，俄罗斯开通"远东网"联邦信息系统，俄联邦的公民可在线办理地块申请。2017年2月1日，《远东一公顷土地法》进入实施的第三阶段，远东地区的土地可以免费提供给俄罗斯联邦的任何公民。2017年，共收到来自全俄各地的7.78万份土地申请，已有3.1万个地块获得免费使用，其中有1238个土地获得者得到国家专项措施如补助、小额优惠贷款等扶持，扶持总额达2.5亿卢布[①]，用于购置土地开发所需设备和物资。

随着《远东一公顷土地法》的逐步落实，俄罗斯远东地区人口下降的趋势得以放缓，人口有望实现正增长。2016年，远东地区的人口状况得到改善，不仅出现了出生率高于死亡率的情况，而且人口外流的现象也得到好转。随着医疗、通信等领域一些民生工程的逐步推进，远东地区的居民生活水平也有所提高。在《远东一公顷土地法》的基础上，哈巴罗夫斯克边疆区和萨哈林州建立了3个新的居民定居点，俄罗斯计划将在萨哈共和国（雅库特）、堪察加边疆区、哈巴罗夫斯克边疆区、阿穆尔州和萨哈林州新建立14个定居点。

第六节 本章小结

俄罗斯高度重视东部地区尤其是远东地区的开发和经济社会发展，

---

① "Развитие Дальнего Востока：Итоги 2017 Года"，https：//minvr.ru/press-center/news/14650/? sphrase_id=378992.

不断加大开发力度,并为此先后出台了一系列的东部地区开发战略和发展规划纲要。在加强东部地区的基础设施建设、开发油气资源、加大对东部地区的财政税收政策扶持、实施推动联邦主体合并的强区战略、鼓励向东部地区的人口迁移等方面取得了明显进展。特别是近几年俄罗斯建立远东跨越式发展区和设立符拉迪沃斯托克自由港的重大举措,对远东地区的经济社会发展具有决定性的意义。

第一,俄罗斯总统普京在连续多年的国情咨文中,都特别强调远东开发战略的重要性。2018年10月,普京在符拉迪沃斯托克视察时强调,俄罗斯必须加快远东地区的社会经济发展。他还将远东开发和发展作为俄罗斯"极其重要的地缘政治任务",让远东地区在服务俄罗斯的国际和地区战略中发挥特殊作用。在普京的推动下,俄罗斯于2012年5月设立了俄罗斯政府远东发展部,旨在举全国之力解决远东地区的重要问题,推动远东地区的经济社会发展,使其融入迅速发展的亚太地区,并最终将远东变成俄罗斯对亚太地区的影响力中心。由于俄罗斯高度重视远东地区发展,一直致力于远东地区开发战略的实施,使远东开发取得了实质性进展,该地区在俄罗斯经济发展中的战略地位日益凸显。

第二,俄罗斯远东开发各发展战略规划之间的关联度较高,其主要特点有二:一是十余个有关远东地区的社会经济发展战略和发展(合作)规划纲要(含重要的子规划),不仅在时间上有连续性,而且在内容上有接续性和密切相关性。例如,《中俄在俄罗斯远东地区合作发展规划(2018—2024年)》就是在《中华人民共和国东北地区与俄罗斯联邦远东及东西伯利亚地区合作规划纲要(2009—2018年)》到期后,中俄双方共同出台的接续性文件。二是这些发展战略规划的着力点和关注焦点大多主要是推进远东地区的交通基础设施建设、大型能源项目建设、投资和科技发展等。当然也必须指出,尽管俄罗斯有较为完备的远东地区社会经济发展战略和发展规划纲要,但总的来看,在远东地区开发上俄罗斯长期以来仍是"宣言多于行动",且"雷声大、雨点小"。要切实加快东部地区尤其是远东地区的开发进程和发展速度,解决远东地区发展"瓶颈"问题,俄罗斯还应在注重开发和发展规划的可行性、注重实效上下功夫。

第三，近些年，俄罗斯远东地区发展的最大亮点，建立了 20 个跨越式发展区，并设立了符拉迪沃斯托克自由港（"一区一港"）。类似于中国经济开发区的跨越式发展区，自 2015 年 3 月 30 日《俄罗斯联邦社会经济跨越式发展区联邦法》生效以来得到了较快发展。截至 2019 年底，已有 210 家企业（其中包括 98 家外国参股公司）入驻跨越式发展区，项目投资额为 2.17 万亿卢布。中国对俄罗斯远东"一区一港"的项目投资总额超过了 3000 亿卢布。虽然跨越式发展区还处在发展的初期阶段，基础设施建设需要大规模投资，相关制度仍需进一步完善，但远东跨越式发展区作为俄罗斯的经济开发和开放区，其发展态势良好。

符拉迪沃斯托克自由港的设立，是俄罗斯实行"东向战略"，加大对远东的开发力度，使远东融入亚太一体化进程，并将符拉迪沃斯托克自由港打造成东北亚地区的航运中心和物流枢纽的重要举措。为此，俄罗斯颁布了《符拉迪沃斯托克自由港法》，为了与该法配套，俄罗斯对税法典第二部分和部分法律也进行了相应的修订。截至 2016 年 10 月 1 日全部法律条款生效。符拉迪沃斯托克自由港试图效仿中国香港和新加坡模式，通过自由港建设拉动俄罗斯经济，培育新的经济增长点和增长极。而且，利用符拉迪沃斯托克自由港优越的地理条件，加强自由港区内的"滨海 1 号""滨海 2 号"国际交通走廊建设，强化中俄毗邻地区的互联互通和经济合作，也是今后重要的发展趋势。

截至目前，在法律法规层面，为推动远东跨越式发展区和符拉迪沃斯托克自由港建设与发展，俄罗斯已批准和颁布了 30 多项法案和 100 多条法规。而在体制机制层面，俄罗斯设立的远东开发基金将社会经济发展的新机制和新方法引入跨越式发展区和符拉迪沃斯托克自由港；远东地区则依靠跨越式发展区和符拉迪沃斯托克自由港，以及国家扶持投资项目等开发新机制来吸引投资。

第四，要实现俄罗斯东部开发战略和经济可持续发展目标，在发挥东部地区比较优势、实现区域经济协调发展的同时，还必须调整产业结构，改变资源依赖型经济模式，实现传统产业升级和新兴产业的同步发展。

第三章

中俄两国区域经济合作分析

随着区域经济一体化的快速发展,俄罗斯日益重视东部地区的开发与经济一体化进程,积极支持东部地区发展与东北亚特别是与中国的经济合作关系。俄罗斯东部地区开发为中俄区域经济合作带来了新机遇。俄罗斯东部开发与中俄区域经贸合作有较为紧密的联系。近年来,中俄双方合作领域逐年拓宽。特别是 2009 年 9 月中俄两国共同出台的《中华人民共和国东北地区与俄罗斯联邦远东及东西伯利亚地区合作规划纲要(2009—2018 年)》,更是将两国相邻地区的经贸合作推向了一个新的高度和新的阶段。对于俄罗斯远东地区和西伯利亚大部分地区来说,中国已经成为重要的商业伙伴。目前,中俄远东地区开发合作已取得明显进展。中俄双方不仅启动了能源、矿产、航空、船舶、农林、港口建设等领域的一批重点投资合作项目,而且开始建设包括界河桥梁、跨江索道、公路口岸等在内的多条跨境通道。

第一节 中俄两国区域经济合作的进展

在苏联解体后最初的一个时期内,中俄两国都为经贸合作关系发展严重滞后于政治关系的发展而感到困惑,并一直为此寻找良策。而且中俄区域经济合作的状况也与两国的经济实力和发展潜力极不相称,在区域经济合作问题上存在许多需要打通的环节。此后,随着中国西部大开发和东北老工业基地振兴这两个重大决策的出台,中俄区域经济合作的状况逐渐得到了改善。

1999 年,中国正式出台西部大开发战略,这为中俄区域经济合作和经贸合作关系的发展提供了新的契机，成为提升两国经济合作水平和经贸合作关系新的突破口。2000年6月，俄罗斯宣布正式参与中国西部大开发。随着俄罗斯与中国西部地区地方政府之间和企业之间的接触逐渐频繁，西部边境贸易量也在不断增加。总体来看，与俄罗斯合作开发中国西部地区既有地缘上的优势，又有双方在资金和技术上的互补性优势，对双方的发展都有益处。

2003年，为加快东北地区的发展，中国做出了振兴东北老工业基地的重大战略决策。而俄罗斯也制定了开发远东及西伯利亚的发展战略，并日益重视其东部地区的开发及经济一体化进程，积极支持东部地区发展与东北亚特别是与中国的经济合作关系。2005年9月，俄罗斯联邦委员会主席米罗诺夫亲自率领大型经贸代表团到中国东北地区进行实地考察，并在大连市举办了"中俄两国地方经贸合作论坛"。时隔不久，俄罗斯国家杜马又派出大型商贸代表团对中国东北地区进行考察，侧重走访和考察了苏联时期援建的大型项目和企业的发展情况，并着手拟订参与这些大型项目和企业更新改造的计划。[①]

此后，在中俄两国政府的共同努力和大力推动下，合作共赢成为中俄两国区域经济合作所追求的共同目标，两国的区域经济合作尤其是边境地区的经贸合作关系不断发展，使其在双方区域经济合作中的地位和作用日益突出。尤其值得一提的是，黑龙江省的对俄投资占全国对俄投资总额的1/3以上，且这些投资主要集中于俄罗斯远东地区。从地域来看，黑龙江省对俄投资主要集中在远东地区的滨海边疆区、阿穆尔州、哈巴罗夫斯克边疆区、犹太自治州等。

2009年9月，中国国家主席胡锦涛和俄罗斯总统梅德韦杰夫共同签署的《中华人民共和国东北地区与俄罗斯联邦远东及东西伯利亚地区合作规划纲要（2009—2018年）》，对推动中俄毗邻地区合作具有重要意义。2010年3月13日，中国国家发改委和东北四省区领导与俄罗斯联邦地区发展部部长巴萨尔金举行会谈，提出尽快启动一批地方合作项目。组织一批影响大、带动性强、条件成熟的地方（产业）合作项目，在机械电子、矿山开发、水泥建材、林业合作、纸浆加工、果蔬物

---

① 郭连成：《中俄区域经济合作路径探析》，《东北亚论坛》2007年第3期。

流等方面扩大相互投资。2010年3月20日,中国国家副主席出访俄罗斯远东符拉迪沃斯托克市,专门召开加强中俄地方合作会议,鼓励有关地方及企业家积极参与合作,创建中俄互利合作新典范。在访问期间,中俄双方签订了价值16亿美元的合作协议,将两国元首发展地区合作的重要共识落到了实处。俄罗斯媒体对此高度关注,称地方合作对深化两国战略协作伙伴关系具有重要意义。同年3月23日,习近平副主席在莫斯科同俄联邦政府总理普京举行会谈时,表示要进一步落实两国领导人就加强地方合作所达成的重要共识,进一步协调两国地方发展战略,推进地方合作。2015年9月中国国家发改委与俄联邦经济发展部签署了《中华人民共和国国家发展和改革委员会与俄罗斯联邦经济发展部关于加强中俄地区与边境合作的谅解备忘录》,正式建立中俄两部委关于地区合作的工作机制。

在今后一个时期,伴随着中国东北地区的新一轮振兴战略及俄罗斯东部开发战略的实施,双方将不断加大招商引资力度,不断探索吸引外国投资的新方式和新途径,不断扩大服务业领域的合作(如国际运输、工程承包、信息服务、国际保险及再保险),并积极拓展东北地区与俄罗斯东部地区在劳务市场、承包工程及设计咨询等方面的合作。在农业和林业领域,将不断扩大合作的规模,提高合作的档次;在科技合作方面,东北地区将加强与俄罗斯远东地区的合作,积极引进该地区的新技术和科研成果,不断提升经贸合作层次;在交通运输领域,将加强铁路运输合作,不断提高中俄边境通道的过货能力;在能源领域,由于东北地区背靠石油和天然气极为丰富的俄罗斯东部地区,正在不断加强和拓展该领域的合作。此外,在金融、旅游业、体育、科教卫生等领域中俄两国也有很大的合作潜力。中俄区域经济合作不仅有利于中国东北地区和俄罗斯东部地区的经济发展,而且有利于维护东北亚地区的政治经济安全。因此,中俄合作具有广阔的发展前景。

第二节 中俄两国区域经济合作的特点

一 中俄两国顶层设计双方经济合作

自俄罗斯独立以来,随着中俄两国关系的不断深入发展,两国领导人越来越重视双方的合作。特别是能源领域的合作一直被视为双方合作的重中之重，2004年9月25日，温家宝对俄罗斯进行正式访问时，普京总统表示俄罗斯将"坚定不移"地加强同中国在石油天然气领域的合作，并认为这是两国战略合作的重要组成部分。俄罗斯总理弗拉德科夫也曾表示，能源是两国前景最好、最重要的合作领域之一，双方应制订石油天然气合作长期规划，同时也应大力开展核能合作。2006年3月，普京总统访华期间，在中俄签署的联合声明指出：中俄在能源领域的合作是两国战略协作伙伴关系的重要组成部分，正在向高水平发展，对进一步深化双边经济合作具有重要意义。俄罗斯驻华大使拉佐夫指出，在中俄总体关系中，军事合作并不是最重要的层面；在双边经贸关系中，发展能源领域的石油、天然气合作是优先发展的方向之一。他认为中俄能源领域的合作"前景美好，前途光明"。

此外，中俄互办"国家年"、"语言年"、"旅游年"、"青年友好交流年"、"媒体交流年"及"中俄地方合作交流年"等活动都是由两国元首共同倡导和确定的，受到两国最高领导人的高度重视与全力推动。2007年3月，胡锦涛主席访俄与普京总统会谈时指出，中方愿同俄方一道做真诚互信的政治合作伙伴，做互利共赢的经贸合作伙伴。2018年2月7日，中国国家主席习近平在向中俄地方合作交流年开幕式致贺词中指出，地方是中俄开展全方位互利合作的重要力量。相信两国政府和各地方将密切合作、精心组织，将中俄地方合作交流年打造成中俄关系的新亮点。为进一步发展中俄关系和扩大双边科技和创新领域的合作，俄罗斯总统普京于2019年12月23日签署总统令，宣布中俄两国2020年和2021年将互办"中俄科技创新年"活动，这是两国首次以"科技创新"为主题举办的国家年活动。中俄两国加强创新领域合作有利于提升双方的经济和科技实力，维护两国的安全利益，造福世界人民并为人类文明进步贡献力量。

二 地方政府间经济合作快速发展

近年来，中俄两国领导举行了多次会晤，不仅就两国区域合作问题达成了若干共识，而且重视解决两国区域经济合作中的许多具体问题，从而不断推动区域经济合作的发展。早在2005年，中国国家主席胡锦涛访俄并同俄罗斯西伯利亚联邦区地方领导人座谈时，就两国地方合作提出了四点建议：一是发挥各自优势，实现共同发展；二是加强交流沟通，提高合作效率；三是拓宽合作领域，提升合作水平；四是扩大市场开放，规范贸易秩序。俄罗斯总统普京也将中俄区域经济合作作为加强中俄两国全面经济合作的重要组成部分。

在中俄两国地方合作方面，继 1997 年 11 月中俄两国签订《中华人民共和国和俄罗斯联邦关于中华人民共和国地方政府和俄罗斯联邦主体政府间合作原则的协议》后，1998 年 2 月中俄总理第三次定期会晤期间又达成了两国省州结对开展经贸合作的协议。两国毗邻地区还建立了地方省州长定期会晤机制。双方定期举办贸易洽谈会、科技博览会、经济研讨会等活动。中俄许多结对的省州都达成了内容多样的经贸合作协议，可以说，地方经济合作已成为中俄经济合作关系的新亮点。

三　毗邻地区贸易快速增长

在中俄两国的贸易中，相邻地区的贸易增速高于全国水平。作为俄罗斯传统商贸优势地区，近年来，黑龙江省对俄贸易总体保持增长态势，长期保持作为全国对俄经贸合作第一大省的位置。2014 年前，黑龙江省对俄经贸以年均 30% 的速度递增，逐步发展壮大。2017 年，黑龙江省对俄贸易额实现 110 亿美元，同比增长 20%，占全国对俄进出口总额近 1/7，并发展成为与俄罗斯远东地区互为最重要的贸易伙伴。中俄两国相邻地区在投资领域的合作虽取得了积极进展，但与快速发展的双边贸易相比，发展仍显得缓慢。截至 2015 年底，黑龙江省在俄罗斯投资企业累计为 505 家，投资总额 99.2 亿美元。总的来看，中国相邻地区对俄罗斯东部地区的投资额要大于俄罗斯远东地区对华投资额，特别是远东地区与中国相邻地区在投资领域的合作规模不是很大，实际的直接投资则更少。

四　区域经济合作领域不断拓宽

中俄两国相邻地区的经济合作几乎涵盖了贸易、科技、能源、农业、林业、旅游业、金融业、劳务输出等所有领域和行业。特别是两国互办"国家年"、"语言年"、"旅游年"及"联合军演"等活动，都给地方经济发展和经济合作带来了很大的益处。如在 2006 年"俄罗斯年"活动期间，黑龙江省开展了中俄地方旅游系列活动和投资促进活动等；辽宁省举办了沈阳—伊尔库茨克日；吉林省组织了文化旅游合作系列活动；内蒙古自治区举办了国际旅游节等。① 中俄两国元首在2018年新年贺电中宣布，中俄双方于2018—2019年举办中俄地方合作交流年。这些活动都有利于促进中俄双方经贸与投资合作的开展。

五 双方合作有利于产业结构的调整

作为经济转型大国，中俄两国在转变经济发展方式特别是在产业结构调整进程中走过了各自不同的发展道路，形成了各自不同的发展路径。中俄两国的产业结构各有各的特点、各有各的问题，两国都注重工业结构的调整，并将发展新兴产业作为主要目标。中国早在2010年就明确提出今后要重点培育和发展节能环保、新一代信息技术、生物、高端装备制造、新能源、新材料、新能源汽车七大战略性新兴产业，使其达到世界先进水平。俄罗斯制定的新兴产业或科技优先发展方向包括了信息通信电子技术、高端装备制造业、新材料与化学工艺技术、生命系统技术、节能技术、航空与航天技术等九大领域。可见，中国与俄罗斯确定的新兴产业发展方向在许多领域是相一致或相近的，顺应了全球新兴产业发展的基本趋势。

中国东北地区的产业结构同俄罗斯远东具有一定的相似之处，在计划经济时期，东北老工业基地曾发挥了重要作用。经过多年的发展，东北地区形成了以重工业为主体、门类众多的工业体系，钢铁工业、煤炭工业、电力工业、石油工业、化学工业、机械工业、建材工业和国防军事工业都得到了快速发展，成为全国最大的钢铁基地、石油化工基地、机械装备工业基地和汽车工业基地。其中，辽宁省以石化、钢铁、冶金业为主体；吉林省以汽车、石化、食品加工业等为主体；黑龙江省以石油、原煤、木材、重型机械为主。这成为东北地区与俄罗斯东部地区合作的重要条件。在东北振兴战略背景下，东北地区的产业结构调整和优化已初见成效，虽然与国内沿海先进省份相比仍有些落后，但相比俄罗斯远东地区具有明显优势，特别是农业、轻纺和食品加工工业发展迅速。从俄罗斯远东地区来看，在能源、矿产和木材等资源产品领域以及重工业、采掘业领域具有明显的比较优势。因此，两地区间的产业结构

---

① 郭连成：《中俄区域经济合作与东北老工业基地振兴的互动发展》，《俄罗斯中亚东欧市场》2007年第2期。

具有互补发展的特点,这使双方在经贸结构上也能够实现"互通有无"。而俄罗斯不断将远东地区开发合作重心转向亚太地区国家,也给中国企业参与农业、基建设施、金融、产品贸易、资源与原材料、军工等领域合作提供了机遇,有利于获得重大的市场机会。

东北老工业基地新一轮振兴与俄罗斯远东跨越式发展区建设的对接合作,是一种现实的选择。在俄罗斯已经建立的跨越式发展区中,大部分位于与东北地区毗邻的滨海边疆区、哈巴罗夫斯克边疆区、阿穆尔州和犹太自治州。东北地区新一轮振兴既需要苦练"内功",也应实行开放和区域合作。东北地区具有与俄罗斯远东跨越式发展区开展合作的基本条件,可根据自身优势和俄罗斯远东跨越式发展区的需要,将部分产能(如能源、机械制造、造船、化工等)转移至俄罗斯远东跨越式发展区。

第三节 中俄两国区域经济合作的主要领域

一 石油天然气合作

(一) 石油合作

早在1994年11月,俄罗斯石油企业就率先向中方提出了修建从西伯利亚到中国东北地区石油管道的建议。当时,俄罗斯正处于经济转轨初期,经济危机严重,持续的危机使俄罗斯国内对石油的需要量大大减少。为了增加能源产品的出口以缓解经济危机,俄罗斯亟须寻找并扩大原油市场。而当时中国已成为石油净进口国,也需要寻找一条稳定而可靠的能源供应渠道,因而双方可谓不谋而合。中俄双方希望通过修建石油管道项目来提高彼此间的经贸水平,推动两国经济的共同发展。此外,由于当时俄罗斯国内政局不稳,投资环境不佳,因而愿意对俄罗斯石油工业进行投资的国家并不多,这也给中俄原油管道合作项目提供了便利的条件。由此可见,共同的利益追求是中俄双方能源合作的基础。

2006年3月21日,俄罗斯总统普京访华期间,中石油集团和俄罗斯石油公司达成了在年底前组建合资公司的协议,分别经营上游和下游业务。中俄能源合作的新形式"上游换下游"就此诞生。这种新型的合作方式满足了双方对各自核心利益的追求,以交换的形式促成了互利合作。2008年10月28日，中俄总理第十三次定期会晤签署了《中国石油天然气集团公司和俄罗斯管道运输公司关于斯科沃罗季诺—中俄边境原油管道建设与运营的原则协议》。该协议的意义重大，标志着中国与俄罗斯之间的石油合作进入法制化阶段，是近年来中俄关于输油管道建设谈判的实质性成果。

2009年2月17日，中俄两国草签《关于石油领域合作的协议》，中国石油与俄罗斯管道运输公司签署《关于斯科沃罗季诺—中俄边境原油管道建设与运营合同》。在中俄总理第十三次定期会晤时签署的《石油领域合作谅解备忘录》的基础上，俄罗斯与中国签署了俄方有史以来金额最大的能源协议。根据中俄签署的关于修建东西伯利亚—太平洋石油管道（泰纳线）中国支线以及向中国长期供应石油的政府间协议，中国将分别向俄罗斯石油公司（Rosneft）和俄罗斯石油运输公司（Transneft）提供150亿美元和100亿美元的长期贷款（采取固定利率，约为6%）；俄罗斯则以石油为抵押，以供油偿还贷款，从2011年至2030年按照每年1500万吨的规模通过管道向中国供应总计为3亿吨的石油，石油价格以俄罗斯石油运送到纳霍特卡港口的价格为基准，随行就市。该协议的签署，无论是对急需资金的俄罗斯，还是对能源需求旺盛的中国而言，都是一个互利"双赢"的结果，并将中俄两国在能源领域的合作逐步引向深入和制度化。

2009年4月27日，中俄原油管道俄罗斯境内段正式开工建设。同年5月19日，中俄原油管道中国境内段工程开工，管道起自俄罗斯远东管道斯科沃罗季诺分输站，终至中国大庆。2010年9月27日，中俄原油管道工程全线竣工。同日，中国石油与俄罗斯管道运输公司签署《俄罗斯斯科沃罗季诺输油站至中国漠河输油站原油管道运行的相互关系及合作总协议》，与俄罗斯石油公司签署了《中俄原油管道填充油供油合同》。2011年1月1日，中俄原油管道一线（漠河—大庆）正式投入生产运行，每年向中国输送原油1500万吨，期限为20年。2013年3月24日，中俄两国政府签署《俄罗斯向中国增供原油的框架协议》。同年6月21日，中国石油与俄罗斯石油公司签署对华长期供应原油贸易合同，规定2013年从东线增供原油不超过80万吨，此后逐年增加，从2018年开始每年增供原油1500万吨。2016年8月13日，中俄原油管道二线工程（漠河—大庆）正式开工建设。中俄原油管道二线与漠大一线并行 870 多千米，并行间距仅 10 米。2017 年 11 月 12 日，中俄原油管道二线工程全线贯通，从 2018 年 1 月 1 日二线工程正式投产输油，至此，从东北输油管道进口的俄罗斯原油由原来的每年 1500 万吨增至 3000 万吨。中俄原油管道的铺设和投入运营，为俄罗斯东部地区油气资源的开发和出口创造了极为有利的条件。这是"一带一路"合作的重要成果，同时也是中俄全面战略协作伙伴关系在能源领域的重要体现。随着中俄原油管道一线、二线的相继建成投产，作为中国四大能源通道之一的东北能源通道得到进一步完善。

2013—2015 年，俄罗斯对华石油出口分别为 2435 万吨、3310 万吨、4256 万吨。2016 年，俄罗斯超过沙特阿拉伯成为中国原油进口第一大来源国，进口总量约为 5238 万吨。2017 年，俄罗斯连续第二年超过沙特，成为中国最大的原油供应国，全年向中国出口原油 5980 万吨，占中国原油进口的 14.24%。2018 年，中国从俄罗斯进口原油为 7149 万吨，占中国国内原油总进口量的 15.47% 左右，其中通过石油管道向中国运输约 3000 万吨原油，比 2017 年增加了 510 万吨。2019 年，中国从俄罗斯进口原油为 7766 万吨，同比增长 8.6%。2019 年，中国从沙特阿拉伯进口原油 8332 万吨，这是沙特阿拉伯自 2016 年时隔三年后首超俄罗斯再次成为中国第一大原油供应国。目前，中俄原油贸易分别占各自进出口的 15% 左右。除在石油贸易领域取得了一定进展外，中俄双方在石油开采和炼治的上、下游也取得了一些成绩。

（二）天然气合作

与石油贸易相比，中俄两国天然气贸易进展缓慢。2003 年 11 月 14 日，中国、俄罗斯、韩国三家石油天然气公司签署了俄罗斯伊尔库茨克州科维克金气田向中韩供气项目的国际可行性报告。这条长 4887 千米的天然气管线经满洲里进入中国沈阳后，一个分支到北京，另一个分支到大连，经海底管道通往韩国。根据意向书，科维克金气田可向中国供应 6000 亿立方米天然气，向韩国供应 3000 亿立方米天然气，供气期为 30 年。① 2004 年 9 月，随温家宝总理访问俄罗斯的中石油公司总经理

---

① 何晓曦：《中俄油气前景依然好》，《国际商报》2004 年 1 月 16 日。

陈耕与俄罗斯天然气工业股份公司总裁米勒就天然气合作进行了会晤。在发表的联合公报中指出：在双方政府审议《从俄罗斯联邦伊尔库茨克州科维克金凝析气田向中华人民共和国和韩国修建管道以及开发科维克金天然气项目的国际经济技术可行性论证报告》的基础上，对科维克金天然气项目的实施前景进行评估。

2006年3月，俄罗斯总统普京访华期间，中俄双方就能源领域的合作签署了22个文件，这些文件不仅涉及石油与天然气管道的修建项目，还包括油气勘探、开发、加工以及电力等方面的合作。其中，中国石油天然气公司分别与俄罗斯天然气工业股份公司、俄罗斯石油公司和俄罗斯管道运输公司签署了三个能源合作协议，分别为《中国石油天然气集团公司与俄罗斯天然气工业股份公司关于从俄罗斯向中国供应天然气的谅解备忘录》《中国石油天然气集团公司与俄罗斯石油公司关于在中国、俄罗斯成立合资企业深化石油合作的基本原则协议》《中国石油天然气集团公司和俄罗斯管道运输公司会谈纪要》。在从俄罗斯向中国供应天然气的谅解备忘录中，俄方计划修建东、西两条通往中国的天然气管道，从2011年起向中国市场供气，并确定了天然气供应的期限、规模、输送管线以及定价公式的准则。曾任俄罗斯天然气工业股份公司董事会副主席的亚历山大·梅德韦杰夫表示，这份文件符合俄罗斯天然气工业股份公司推行出口市场多元化和开拓新兴市场的经营战略。俄罗斯不仅将中国视为最具潜力的出口市场之一，还将中国视为落实天然气运输和营销项目方面的合作伙伴。

俄罗斯计划首先建设对华天然气出口的西线管道（从俄阿尔泰共和国到达中国新疆，也称"阿尔泰"管道），其次是建设对华天然气出口的东线管道（从俄罗斯远东的萨哈林州，即库页岛经过共青城和哈巴罗夫斯克到达我国东北地区）。俄方承诺在中俄东西天然气管线都建成后，每年向中国出口的天然气将达到800亿立方米，这占目前向欧洲出口总量的一半以上。俄罗斯、乌克兰天然气之争后，面对来自欧洲的不满和压力，普京已开始有意在天然气问题上打中国牌来平衡欧洲，为与欧洲在天然气领域的博弈中增添筹码。普京2006年3月访华时公开承诺对中国的大宗天然气出口，就是表明俄罗斯可以通过宣布开拓中国这一大市场来同欧洲进行周旋。

然而，尽管此后中俄两国一直努力推动通往中国的天然气管道建设项目。但由于种种原因，直到2013年3月，中国石油与俄罗斯天然气工业股份公司才签署《中俄东线天然气合作备忘录》。同年9月，中国石油天然气集团公司与俄罗斯天然气工业股份公司签署《俄罗斯通过东线管道向中国供应天然气的框架协议》，规定了东部天然气供气总量、供气条件等具有法律约束力的商务条件，这为完成供气项目奠定了法律基础。

2014年5月，中国石油天然气集团公司和俄罗斯天然气工业股份公司正式签署了合同期累计30年，总额高达4000亿美元的《中俄东线供气购销合同》。该线路起始供气时间为2018年，前5年的供气量为50亿—300亿立方米，第6年起每年供气380亿立方米。天然气资源主要来自俄罗斯东西伯利亚的伊尔库茨克州科维克金气田和萨哈（雅库特）共和国的恰扬金气田，中俄需要在符拉迪沃斯托克建设提炼厂，俄罗斯方面需要斥资550亿美元用于开发这些气田，并建造所需管道设施。2014年9月1日，中俄东线天然气管道俄罗斯境内段开工，俄罗斯境内管道全长2680千米。2017年6月，承载着中俄两国能源合作纽带与桥梁作用的中俄东线天然气管道中国境内段正式开工建设，这条管线起自黑龙江黑河首站，终于上海末站，途经黑龙江、吉林、内蒙古、辽宁、河北、天津、山东、江苏和上海9个省（区、市），并配套建设地下储气库。该天然气管道于2019年12月2日开始向中国供气。该项目不仅直接带动了俄罗斯远东地区气田的开发与提速，而且可提升我国东部地区清洁能源供应量，带动中俄两国沿线地区社会经济建设，推动钢铁冶炼、制管、装备制造等基础工业的发展。与东线相比，自2014年11月9日中俄签订了《关于沿西线管道从俄罗斯向中国供应天然气的框架协议》后，由于种种原因西线"阿尔泰"项目进展受限，未能如期实现2019年供气的计划。

除天然气管道建设外，在对俄罗斯东部地区天然气领域投资方面，2008年10月，俄罗斯国家杜马副主席、俄罗斯天然气协会主席瓦·亚泽夫在俄罗斯远东哈巴罗夫斯克市举办的国际经济论坛上称，俄罗斯天然气工业公司正在同中石化公司和中信集团公司研究在东西伯利亚实施石化和天然气化工项目的问题。在建设地下储气库、为中国高硫天然气田研制和安装设备、实施石油天然气化工项目等领域，双方具有广阔的合作前景。2009年10月12日，中俄能源投资股份有限公司（注册于中国香港，俄罗斯能源投资集团旗下子公司）在北京宣布，出资收购俄罗斯松塔儿石油天然气公司51%的股权，从而取得萨哈共和国（雅库特）南别廖佐夫斯基气田和切连杰斯气田的勘探开采权。这两块气田天然气储量达600亿立方米，北端距西伯利亚—太平洋天然气运输管道的距离为15千米。此前，并没有任何一家跨国合资公司获准控股俄罗斯的天然气田。因此，这被称作中俄能源合作新模式的开山之作，为中俄能源领域的更紧密合作奠定了坚实基础。未来该公司将全面开发这两块天然气田，而产出的天然气则主要供应中国、日本、韩国、新加坡等地。①

值得一提的是，作为中俄能源合作重大项目的亚马尔液化天然气项目，该项目不仅是目前俄罗斯北极地区最大的能源开发项目，而且是中国提出"一带一路"倡议后落实的首个海外特大项目。亚马尔半岛拥有全世界最丰富的天然气储备，但由于地处北极圈内、气候条件恶劣，成为世界上最难开采的气田之一，被当地人称作"世界的尽头"。但共建"冰上丝绸之路"的提出为亚马尔半岛的能源开采带来了新契机。近几年来，随着北极航道的逐步开通，亚马尔天然气得以开发，该项目已成为"冰上丝绸之路"中俄合作的典范。

亚马尔项目位于俄罗斯西伯利亚地区，地处北纬71°的北冰洋沿岸，是全球最大的北极液化天然气项目，由俄罗斯诺瓦泰克公司、中国石油天然气集团公司、法国道达尔公司和中国丝路基金共同合作开发，其中中国石油天然气集团公司参股比例为20%，合同期到2045年。2013年9月，中国石油天然气集团公司与俄罗斯第二大天然气生产商诺瓦泰克公司签署了关于收购亚马尔液化天然气股份公司股份的协议，成为这个高难度项目建设和运营的重要力量。该项目液化天然气年生产能力为1650万吨，每年至少有400万吨液化天然气运往中国市场销售，其余部分出售给亚洲和欧洲的其他国家。2017年12月，亚马尔液化天

---

① 安卓：《中俄能源合作新模式：合资公司控俄气田》，《第一财经日报》2009年10月13日。

然气 LNG 项目正式投产。2018 年 7 月，该项目通过北极东北航道开始向中国供应液化天然气（LNG），首船液化天然气运抵至江苏如东的中国石油天然气集团有限公司旗下的 LNG 接收站。2018 年 12 月 11 日，亚马尔液化天然气项目第三条生产线正式投产，标志着该项目由工程建设阶段全面转入生产运营和成本回收阶段。此外，2017 年 8 月中俄合作的阿尔穆天然气加工厂举行开工仪式，该项目属于中俄天然气东线的源头，将成为俄罗斯最大的天然气处理厂，同时也将是世界最大的天然气处理厂之一。

随着中俄双方天然气合作协议的签署，俄罗斯媒体称中俄两国正在建立史无前例的能源联盟。中国这个大客户的加入必定会给俄罗斯操纵能源杠杆增加砝码。对俄罗斯来说，中国市场的开拓有利于在天然气销售方面减少对欧洲的依赖。因此，未来中国将成为俄罗斯远东地区天然气领域的重要合作伙伴和天然气进口国。

二 电力合作

电力合作是中俄能源合作的另一个重要领域。早在 20 世纪 80 年代，中俄之间便开始了初步的电力合作。1988 年，中苏两国签订了《关于苏方向中方供电，进行经济贸易合作和技术交流等问题的协议书》，双方商定修建跨国输电线路。1992 年，俄罗斯布拉戈维申斯克市至中国黑河市输电线路（以下简称"布黑线"）投入运行，这是我国第一条跨国输电线路，年送电量约为 1 亿千瓦时，最大供电电力为 4 万千瓦。1996 年 7 月末，俄罗斯锡瓦基至中国大兴安岭地区十八站（以下简称"锡十线"）输电线路正式运行。到 2005 年，中国黑龙江省已从俄方购电超过 4.3 亿千瓦时。

由于中俄之间的小规模电力贸易合作不能满足中国对电力资源的需求，为了扩大中俄双方的电力合作规模，2005 年 7 月 1 日，中国国家电网公司与俄罗斯统一电力系统股份公司签署了《中国国家电网公司与俄罗斯统一电力系统股份公司长期合作协议》，双方就送电方式、送电规模、定价原则、进度安排等一系列重要问题达成一致，由此拉开了中俄电力合作的序幕。2006 年 3 月 21 日，中国国家电网公司与俄罗斯统一电力系统股份公司在北京签署了《中国国家电网公司与俄罗斯统一电力系统股份有限公司关于全面开展从俄罗斯向中国供电项目的可行性研究的协议》,确定了中俄两国电力合作的总体目标,中国对俄购电工作上升到国家层面。在上述这两个协议框架下,中俄双方在进一步扩大边境电力贸易的同时,逐步实现了从俄罗斯向中国的大规模送电。

2006年11月9日,中俄双方在第十一次总理定期会晤框架下,中国国家电网公司与俄罗斯统一电力系统股份公司签署了《中国国家电网公司与俄罗斯统一电力系统股份公司关于从俄罗斯向中国供电项目第一阶段购售电合同》。作为中俄能源合作的一个重要组成部分,该合同确定了中俄两国电力合作的总体目标,规范了双方电力合作的工作内容,为中俄之间长期、稳定的电力贸易关系奠定了良好的基础。在该合同中,将电力合作分为三个阶段:一是扩大边境出电规模,通过建设边境直流背靠背联网工程,到2008年从俄罗斯远东电网向中国东北黑龙江电网供电,供电规模为600—700兆瓦,年供电量为36亿—43亿千瓦时;二是从2010年起,通过直流电运输工程,从俄罗斯远东地区向辽宁电网输电,功率为3000兆瓦,年供电量为165亿—180亿千瓦时;三是2015年后,从俄罗斯远东或东西伯利亚电网向东北、华北输电,功率为6400兆瓦,年输电量为300亿千瓦时。《中国国家电网公司与俄罗斯统一电力系统股份公司关于从俄罗斯向中国供电项目第一阶段购售电合同》的签署,是中俄电力合作进程中的重要里程碑,标志着自2005年7月双方签署合作协议以来,两国的电力合作取得了实质性进展,成为双方在各个领域合作的成功案例。与此同时,购售电基本原则协议也为第二、第三阶段从俄罗斯向中国输电项目的实施确定了合作的基本原则和工作方向。

2012年1月9日,500千伏阿黑线(俄罗斯阿穆尔州—中国黑河换流站)直流联网输电项目建成投入运行。2012年4月1日,500千伏阿黑线正式投入商业运营。这是中国首个国际直流输电项目,也是目前我国境外购电电压等级最高、输电容量最大的输变电工程,可为中俄边境贸易、能源工业发展和口岸城市制造业电力需求的快速发展提供长期、稳定而可靠的能源保障。该项目有利于中俄两国经济发展和优势互补,能够极大地促进两国能源工业、制造业的快速发展,具有现实的合作空间和重要的战略意义。2012年4月28日,中国国家电网公司与俄罗斯统一电力东方能源公司签署长达25年的长期购售电合同,规定购买俄罗斯电能共计1000亿千瓦时，约50亿美元。中国对俄罗斯购电自1992年7月至2016年9月底，通过500千伏阿黑线（500千伏阿穆尔变—500千伏黑河换流站）、220千伏布爱甲乙线（布拉戈维申斯克变—220千伏爱辉变）和110千伏布黑线（布拉戈维申斯克变—110千伏黑河变），累计进口俄罗斯的电能达200.97亿千瓦时。截至2016年9月末，通过500千伏阿黑线累计完成对俄购电99.01亿千瓦时。

据预测，到2020年前，中国电力需求增长较快，年均增速在6%以上，而东北地区的年用电量增速将保持在8%左右，2020年前仅中国北方每年就能消耗9000亿千瓦时电力，这是当前俄罗斯全国耗电数目的总和。在此背景下，俄罗斯统一电力系统公司和中国公司之间已经签署了有关增加电力出口总量的协议。俄罗斯统一电力股份有限公司远东电力部经理维克托·米纳科夫认为，与东北亚国家尤其是中国的电力合作极富前景，这个市场在300亿—500亿美元。俄罗斯计划建设新的输电网络，并增加新的发电能力。根据中俄电力专家的研究，俄罗斯西伯利亚和远东地区的水力和火力发电站发电能力富余，伊尔库茨克火电站每年富余电力为200亿千瓦时。而当博古恰尔水电站（300万千瓦）和别列佐夫（640万千瓦）火电站竣工后，该地区的富余电力将达到300亿—400亿千瓦时。伊尔库茨克州布拉茨克至中国的2600千米高压输电项目造价约为15亿美元，每年可向中国供电180亿千瓦时。对俄罗斯来说，东西伯利亚地区至中国北部能源桥的建设可使西伯利亚地区现有的发电功率满负荷运转，能够给该地区的燃料能源综合体提供新的动力和进一步发展的机会。

2014年11月，中俄双方在水电开发领域取得新进展，俄罗斯最大水力发电企业——俄罗斯水电集团公司与中国三峡集团公司签署了关于成立合资公司在阿穆尔州和哈巴罗夫斯克边疆区建造防汛水电站的协议，双方持股比例为51%和49%，项目预计成本2300亿卢布。

今后，随着中俄两国经济合作的不断进展，俄罗斯将继续扩大对中国的供电规模，中俄两国的电力合作将会迈向更深的层次。中俄双方这些项目的实施不仅打通了中俄电力领域的"丝绸之路"，而且助力了"一带一路"倡议的落地。未来可利用中国成熟、国际领先的特高压技术，在中俄之间搭建共同的"电力桥"，从而实现"东北亚电力圈"的构想。

三 矿产合作

中俄矿产领域合作由来已久。俄罗斯远东和西伯利亚地区蕴藏全俄80%以上的矿物资源，矿产储量潜在价值约25万亿美元。《中华人民共和国东北地区与俄罗斯远东地区及东西伯利亚的地区合作规划纲要（2009—2018年）》中涉及大量矿产合作项目，包括铁矿、铜矿、多金属矿等煤矿区的开发、开采、加工和运输，等等。在煤炭领域，2010年，中俄两国签署了煤炭领域合作谅解备忘录，双方表示未来每年俄罗斯向中国出口煤炭1500万吨，力争提高至2000万吨。2011年，俄罗斯向中国出口煤炭增至1000万吨。2012年12月5日，中俄能源谈判代表第九次会晤签署了包括《中俄煤炭领域合作路线图》《中俄煤炭合作工作组第一次会议纪要》等多份合作协议，这使未来中国将从俄罗斯进口越来越多的煤炭资源。2016年，俄罗斯对中国共出口1893万吨煤炭，比2015年增加了18%，是中国第五大煤炭进口来源国。据海关总署的数据显示，2017年中国从俄罗斯进口的煤炭为2530万吨，同比增长了36.3%。

然而，目前中国在俄罗斯东部地区矿业领域的投资额并不高，整体上还处于起步阶段，矿产资源合作开发主要是民间合作或地方政府间的行为，在双边投资保护机制、在俄营商环境、招投标程序、融资渠道等方面存在一些制约因素。今后，随着中国经济增长和原材料消费需求的不断提高，中俄两国在矿产资源合作开发方面潜力巨大，前景十分广阔。

四 农业和林业合作

（一）农业合作

俄罗斯是世界粮食大国，主要出产大豆、小麦等作物。现阶段，俄罗斯农产品的总产量已居世界前列，但是从农业生产效率和农产品人均消费量方面来看，与发达国家还有很大差距。尤其是俄罗斯远东地区，大部分土地处于永久冻土，自然条件恶劣，常年处于结霜期，气候寒冷，种植业发展较好的区域主要集中在远东南部地区的阿穆尔州、哈巴罗夫斯克边疆区和滨海边疆区。由于过度开发其他用地，东部地区可利用的耕地逐年减少，种植业发展缓慢直接导致远东畜牧业发展不足。此外，俄罗斯东部地区农业耕作技术和机械设备比较陈旧，无法满足当前需求，再加上农业劳动力匮乏，在蔬菜、水果、粮食、肉类等农副产品方面均无法实现自给自足。而与之相邻的东北地区依靠辽阔的东北平原已发展成为中国重要的商品粮、绿色食品、畜牧业供应基地。因此，双方自 20 世纪 90 年代起便开展了农业领域的合作，此后两国在这一领域的合作不断取得新进展。目前，中俄两国的农业合作也已经取得了很大的成效，从俄罗斯方面看，双方的合作扩大了俄罗斯远东地区农副产品的供应；从中国方面看，有利于提高中国的粮食安全。

2015 年，俄罗斯远东发展部与中国企业签署了"俄罗斯远东农工产业发展基金"，用于扩大农业生产领域的合作，合作方还将建立农工产业经济贸易合作区，于 2020 年实现年生产粮食及其相关产品 1000 万吨的目标。在"一带一路"倡议下，中俄粮食贸易将进一步增长。预计到 2030 年，中俄粮食贸易额将超过 80 亿美元。

随着中俄两国区域合作的不断深化，中国东北地区与俄罗斯远东地区在种植业、畜牧业等领域已经开展了大量合作项目。中国劳务已在俄罗斯远东地区建立了很多蔬菜种植点，由于总体效益良好，远东地区各级政府非常重视与中国的农业合作，加强农业招商引资的愿望十分迫切。以俄罗斯犹太自治州为例，该州与黑龙江省是近邻，无论从地理位置、自然条件，还是从历史发展来看，双方之间都有极深的渊源。在种植业领域，犹太自治州从黑龙江引进大豆、玉米、小麦、马铃薯、蔬菜等新育品种。在畜牧业领域，犹太自治州引进现代化的奶、肉等加工设备。

黑龙江省对俄农业合作进展较快，当前黑龙江省已有一半以上的县（市）在俄罗斯开展种植业、养殖业和加工业项目。其中"华信中俄农业产业合作区"的建设取得很大成功，该产业园区是中国第一个境外国家级农业产业园区，也是中俄农业合作最大的平台，被列入国家"一带一路"倡议规划中的优先推进项目清单。合作区现有耕地面积 6.8 万公顷（102 万亩），建有 14 个种植区，建有仓储、养殖、加工等项目，产品主要是销往中国、日韩和欧美等国。围绕国家"一带一路"倡议，黑龙江省正进一步加大对俄罗斯远东地区农产品出口基地建设，扩大马铃薯、番茄等产品的对俄出口。黑龙江省农业在俄罗斯远东地区具有较强的竞争力，为中国其他省区对远东地区开设农业产业园区提供了"示范"经验。

总之，农业生产开发是俄罗斯远东社会经济发展规划中的一个重要领域，该地区在生产全世界需求量日益增大的农业绿色食品方面极具优势，今后中俄双方将在畜牧、肉类加工、种植业等方面发展一些农业合作项目。为此，俄罗斯远东地区诚挚邀请中国伙伴前去与其共同合作发展农业。中国尤其是东北地区与俄罗斯远东地区在农业领域的合作前景广阔。与此同时，中国参与俄罗斯远东地区农业合作还存在诸多问题，如农业合作需要从中国引进劳动力，但由于存在劳动许可问题，俄罗斯对中国普通劳动力进入远东地区存在一定的限制。此外，农业对气候影响敏感，投资风险较大。在政策上，俄罗斯对与中方大规模开展基于土地租赁的农业合作还没有放开。这些问题对双方农业合作产生了一定的影响。

（二）林业合作

俄罗斯的森林资源拥有量居世界首位，森林覆盖面积达880万平方千米，占国土面积的51%。[1] 尤其是俄罗斯远东和外贝加尔地区集中了全俄1/3以上的木材，拥有大片的森林资源亟待开发。尽管林业资源丰富，但俄罗斯东部地区木材加工产业依然落后，需要进口大量的林业设备和木工机械进行木材开发。而为了制止过去对树木乱砍滥伐的严重现象，中国在全国范围内实行禁止商业性采伐天然林的政策措施，导致中国的木材供应出现短缺的状况。当前，中国已成为全球最大的木材进口国和第二大木材消耗国，在此背景下，中俄两国在木材领域的合作前景广阔。

中俄两国在2009年9月签订的《中国东北地区与俄罗斯远东及东西伯利亚地区合作规划纲要（2009—2018年）》中，木材加工业成为俄罗斯承接项目最多的产业之一，远东各个行政区均承接了木材加工项目。哈巴罗夫斯克边疆区是承接木材加工项目最多的行政区，包括在苏克派镇为木制房屋建立锯材和复合木制品加工企业、在维亚泽姆斯克市

---

[1] 《为企业合作搭台，中资在俄建27个经贸合作区》，http://money.163.com/17/0707/05/CONHPVJ6002580S6.html，2017-07-17。

建立薄板生产企业、在阿穆尔河畔共青城建立 OSB 板生产企业、在阿穆尔斯克市建立大型原木深加工中心、在太阳区哈尔切潘镇建立胶合板和锯材厂、在别列佐夫镇建立木质纤维板制造企业、建立年产 10 万立方米的木材加工厂。这些项目均以木材加工业为主,其中,阿木尔河畔共青城、阿穆尔斯克的木材加工项目分布在西伯利亚大铁路沿线,交通运输比较便利。

外贝加尔边疆区承接的木材加工项目有:在外贝加尔斯克镇建设原木深加工企业、在赤塔建立木材加工联合工厂。赤塔州的一半土地面积都被森林资源覆盖,木材储量达 20 亿立方米,在当地设立木材加工工厂可以充分利用当地的森林资源。而外贝加尔斯克镇位于中俄蒙三国交界地带,当地开展原木深加工,可以开展对中蒙的木材出口业务。萨哈林州承接的木材加工项目有:在萨哈林州建立原木深加工企业、在内什镇与诺格利基区共同建设 OSB 板工厂;伊尔库茨克州承接的木材加工项目有:在"春斯基"木材加工基地建立完整的木材加工综合体、在乌斯季—库茨基区建立木材加工综合体、在泰舍特建立森工综合体;阿穆尔州承接的项目是在无废料循环技术基础上开发贝阿铁路所在地区的森林资源,建立木质纤维板、OSB 板和干木材料的森工企业综合体;犹太自治州承接了在比罗比詹、下列宁斯阔耶、巴什科沃建立原木深加工企业的项目;堪察加州承接了在米利科夫斯克区建设木材深加工综合体的项目;滨海边疆区承接的项目是在雅科夫列夫区建设木材加工企业。

目前,中国国内各地区有 200 多家中资企业前往俄罗斯远东地区开展林业投资合作,投资总额超过 30 亿美元,建立木材深加工林业工业园达十多个。[①] 这些企业将木材产品运往中国,使俄罗斯成为中国第一大原木进口来源国。[②] 据悉,从俄罗斯进口的木材占中国国内需求的 50% 以上。以中俄托木斯克木材工贸合作区为例,该合作区是 2014 年在中俄两国政府批准的《中俄森林资源合作开发与利用总体规划》框

[①] 《为企业合作搭台,中资在俄建 27 个经贸合作区》,http://money.163.com/17/0707/05/CONHPVJ6002580S6.html,2017 - 07 - 17。

[②] 《数据解读:中国已成俄第一大进口来源地直接投资激增》,http://intl.ce.cn/specials/zxxx/201410/13/t20141013_3691685.shtml,2014 - 10 - 13。

架下建立的,是中俄第一个国家级境外经贸合作区,总投资近4亿美元。在"一带一路"和欧亚经济联盟战略背景下,该合作区的政府资源优势更加显著,已被列为国家"一带一路"134个优先发展项目之一。

此外,中俄林业合作还表现在俄罗斯对于中国中小型装备制造企业木工机械产品的需求持续增多方面。但与此同时,中俄双方林业合作也存在一些问题,除了森林保护方面的法律,俄罗斯方面还采取了一些经济上的限制手段。由于俄罗斯不鼓励原木出口,希望中方在俄境内组建企业对木材进行深加工,因而对原木出口征收较高的出口关税,阻碍了中俄两国原木贸易的未来增长空间。

五 金融合作

近年来,随着中俄贸易的迅速增加,以及中俄双方对本国货币(卢布或人民币)的需求上升,中俄两国在金融合作方面达成了一系列重要共识,签署了多项协议,其中最具影响的是双方就实现本国货币(卢布或人民币)进行贸易结算问题所达成的协议。1997年11月10日,中俄两国签署了《中国人民银行与俄罗斯联邦中央银行关于金融机构业务监管合作的协议》,2002年8月签署了《中国人民银行与俄罗斯联邦中央银行关于边境地区贸易的银行结算协定》,商定作为试点,自2003年开始,在黑龙江省黑河市的中国的银行和在阿穆尔州布拉格维申斯克市的俄罗斯的银行及其在该市的分行之间,除使用自由兑换货币外,也可使用人民币和卢布进行边境贸易结算和支付。双方商定,为使黑河市和布拉格维申斯克市居民之间的贸易和往来便利,位于上述地区的中国的银行和俄罗斯的银行在对等和相互尊重的基础上,在中国法律和俄罗斯联邦法律允许的条件下,可以在各自地区办理人民币和卢布的现钞兑换业务。此后,中俄两国又签署了一系列的补充协定,使双方边贸本币结算服务的银行从上述地区扩展到黑龙江、吉林、内蒙古、新疆以及俄罗斯的滨海边疆区、哈巴罗夫斯克、外贝加尔边疆区、犹太自治州和阿尔泰州等地。2010年12月15日,人民币对卢布交易在莫斯科银行间外汇交易所挂牌,俄罗斯成为首个中国境外实现人民币直接挂牌交易的国家。2013年12月,黑龙江省绥芬河市获批成为卢布使用试点市,又称"中国小币种使用特区",这是新中国成立以来我国首次允许异种外币在国内某个特定地域行使与主权货币（人民币）同等功能的货币。2014年10月13日，俄罗斯联邦银行和中国人民银行签订了价值8150亿卢布的本币互换协议，换算成人民币达1500亿美元，有力地促进了两国的经济往来。

此后，为了推进中俄两国金融领域的务实合作，中俄双方在信息交流、双边本币结算及现钞业务、中俄地方基础设施建设项目融资、全球市场交易业务等金融领域都加强了合作。2015年10月15日，中国哈尔滨银行与俄罗斯联邦储蓄银行成立了中俄首个金融机构合作交流平台——中俄金融联盟，该联盟是中俄两国金融机构组成的非营利性、开放式跨境金融合作组织。[1] 2015年末，俄罗斯央行宣布将人民币纳入俄罗斯的国家外汇储备，使人民币成为被俄罗斯官方认可的储备货币。

2016年4月，中俄双方在海南举办了金融联盟合作创新论坛，中方的哈尔滨银行、海南银行、包商银行、重庆银行等多家金融机构与俄罗斯联邦银行、亚太银行、远东发展基金等共同签署了《支持俄罗斯远东和西伯利亚地区跨越式发展金融合作协议》，以推进中俄金融联盟的成员在俄罗斯远东和西伯利亚地区开展本币结算、投融资等合作。根据该协议，中方的银行机构将为俄方的银行机构拆借人民币，然后再贷给俄方的企业，用于向中国企业支付贸易货款。这不仅能够帮助企业规避汇兑风险，而且可以促进彼此间的经贸往来，同时也能够助推人民币的国际化进程。[2] 2016年6月，中俄两国共同签署了《中国人民银行和俄罗斯联邦中央银行关于在华设立代表处的协议》，这是俄罗斯联邦中央银行在国外设立的首家代表处，有助于加强两国央行间合作，促进双边金融合作与经贸关系进一步发展。

2017年3月22日，中国工商银行在莫斯科宣布正式启动人民币清算行服务，这将进一步便利人民币在中俄经贸与投资中的使用，促进中俄贸易、投资与金融等领域的合作。2017年10月9日，中国外汇交易中心依托大额支付系统，推出人民币对卢布交易同步交收业务。目前，

---

[1] 丁汀：《2016中俄金融联盟合作创新论坛举行》，人民网，http://world.people.com.cn/n1/2016/0408/c1002-28261773.html，2016-04-08。

[2] 陈泊昊：《新形势下中俄经贸合作发展研究》，博士学位论文，东北财经大学，2016年。

共有十余家人民币对卢布市场会员参与同步交收业务，中国银行、工商银行、龙江银行和黑河农村商业银行成为首批参加同步交收项下人民币对卢布交易的银行。这标志着中国外汇市场正式建立人民币对外币同步交收机制，外汇市场基础设施建设取得了新进展。该业务对消除本金交割风险，防范不同交易时区交收时差风险以及提高外汇市场运行效率意义重大。

由此可见，中俄两国之间的金融合作取得了较大成就，合作发展速度较快。但由于双方金融合作的时间不长，因而还存在提高结算效率、增加结算工具等一些需要解决的问题。因此，今后中俄应立足于改善双方贸易、投资的支付结算关系，深化与俄罗斯远东地区金融货币合作，扩大两国货币互换、结算的范围和规模，特别是推动人民币国际化，这对支撑中蒙俄经济走廊的运行，以及大连国际金融中心建设都有诸多益处，也是承接"一带一路"倡议的重要举措。

六　交通基础设施合作

俄罗斯远东地区在铁路、公路、港口、仓储等交通运输及物流信息管理设施陈旧，其他基础设施建设水平也亟待提高，这成为中国参与俄罗斯远东地区合作的重要领域。对俄罗斯而言，中国是其在远东地区基础设施建设领域最大的潜在投资者之一，俄罗斯希望通过引进中国的资金和先进技术来发展远东地区的基础设施。因此，对到俄罗斯投资的中国企业来说，要进行充分的市场考察与调研，把风险降到最低。

俄罗斯的交通基础设施多为苏联时期建造，有数据表明，俄罗斯远东地区公用铁路运营长度仅占全俄铁路运营总长度的13.8%。截至目前，远东地区还没有一条真正国际意义上的高等级公路，铁路密度也不足全俄平均水平的30%，一些州甚至还没有铁路相通。俄罗斯远东地区的交通基础设施已经严重制约了该地区的经济社会发展。目前，俄罗斯远东交通基础设施建设市场需求极大，俄罗斯政府也致力于沿边跨境交通基础设施建设，进一步加大远东地区的开放力度。因此，中俄两国在远东地区铁路、城市轨道等交通基础设施领域具有很大的合作空间。

近年来，中俄两国在交通基础设施领域已经取得了一些大项目的合作进展。目前，中俄共建的黑河—布拉戈维申斯克口岸公路桥已投入运行，中俄两国正在共建同江—下列宁斯阔耶跨境铁路桥和东宁至波尔塔夫卡公路界河公路桥等项目。2014年2月26日，中俄同江—下列宁斯阔耶铁路界河桥开工奠基，2017年，黑龙江同江中俄铁路大桥主体工程基本完工，作为中俄界江黑龙江上的首座跨江铁路大桥，大桥建成后，铁路年过货能力达2100万吨，是连接中俄欧的国际大通道，将极大地便利与俄罗斯的经贸往来，推动两地区经济发展。

黑河市与布拉戈维申斯克市是中俄边境线上唯一一对距离最近、规模最大、规格最高、功能最全的对应城市，最近处只有700米，被称为"两国一城"。早在1988年7月，为改善黑河口岸的通关环境，满足货物运输和人员往来的要求，苏联阿穆尔州政府便向中方提出了共同建设黑河黑龙江大桥的建议。然而，由于种种原因中俄黑龙江大桥始建设项目进展缓慢。1995年6月，中俄两国政府签署黑河—布拉戈维申斯克黑龙江（阿穆尔河）大桥建桥协议。此后，经过中俄双方的不断努力，直到2016年该项目才开工建设，为了解决资金问题，中俄两国地方政府提出成立合资公司，采取"贷款建桥、收费还贷"的模式，合资公司负责大桥建设管理、运营维护、收费还贷。大桥全长19.9千米，已于2019年5月实现合龙。

2015年，吉林省提议修建珲春到符拉迪沃斯托克的跨境高速铁路，这将成为中俄间第一条跨境高速铁路干线，双方的合作不仅可以增强中国高铁的世界知名度，拓展中国高科技产品的出口市场，同时也能带动其他产业的发展，对优化中俄双边贸易结构也能起到一定的补充和促进作用。中俄边境地区如果实现了高铁连接，时速250千米的铁路可以将过去5小时的旅程缩短到1小时左右，不仅能够为两国带来新的商机和旅游收入，而且能够极大地提高两国边境地区的对外开放水平。

2016年12月，俄罗斯政府批准了中国黑龙江省和吉林省与俄罗斯远东港口间的《"滨海1号"和"滨海2号"国际交通走廊构想》，规定保障中国东北省份过境货物"无缝"运至滨海边疆区港口的整套措施。"滨海1号"即哈尔滨、绥芬河—罗杰科沃—符拉迪沃斯托克、东方港、纳霍德卡—亚太地区港口，"滨海2号"即吉林珲春—扎鲁比诺港—日、韩、欧美及中国南方跨境运输通道项目。这两条国际走廊致力于发展和更新沿线港口、口岸、公路和铁路等边境基础设施，优化中俄货运路线和国境程序，发展现代物流中心，提高货运效率，保障远东地区的货运能力，能够进一步提高俄罗斯远东地区融入亚太的一体化水平。预计到 2030 年前，"滨海 1 号"和"滨海 2 号"国际交通走廊年运输粮食和集装箱货物将达到 4500 万吨，港口和陆运公司年收入将增加 910 亿卢布。这是"欧亚经济联盟"与"丝绸之路经济带"对接的重要项目，也是中国东北与俄罗斯远东地区协同发展的重要作用点。

此外，2017 年 10 月，中俄两国总理定期会晤期间，在中俄两国总理的共同见证下，中国交通运输部、中国铁道建筑总公司与俄罗斯铁路公司和俄罗斯交通部共同签署了高铁合作备忘录，中俄双方将推进构建北京至莫斯科的欧亚高速运输走廊，优先实施"莫斯科—喀山"段。"莫斯科—喀山"项目西起莫斯科，向东南延伸到鞑靼共和国的喀山，项目最终甚至可以延伸至北京，战略意义巨大。一方面，该项目符合"一带一路"的建设要求，有利于真正建设成为"新丝绸之路"，方便各国间的贸易往来；另一方面，也保障了中国稀缺资源的进口，利于油路、气路的畅通。目前，中俄双方已成立联合工作组，专门负责筹划和推动两国在高铁领域的合作。中俄两国的高铁合作，不仅可以提高中国高铁的世界知名度，拓展中国高科技产品的出口市场，而且能够以此带动其他产业的发展，同时对优化中俄双边贸易结构也能起到一定的补充和促进作用。

尽管中俄两国尤其是中国东北地区与俄罗斯远东地区在交通基础设施领域合作取得较大成果，黑龙江省对俄各口岸也均已开通，但仍存在基础设施简陋、检验设施落后、配套设施不全、装卸仓储力不足、电子化水平不高等问题，不仅制约了口岸整体功能的发挥，而且也难以满足未来开拓欧洲和东北亚市场的需要。因此，应统筹规划对俄贸易口岸布局，重点加强边境口岸基础设施建设。在双方的合作中，应进一步加强与俄罗斯谈判、协商力度。继续推进双方现有基础设施合作项目，如绥芬河至格罗捷科沃铁路复线以及连接东宁至俄罗斯东方港铁路，洛古河—波科洛夫卡黑龙江界河公路大桥建设项目等，同时还要研究利用东方港、纳霍德卡港开展国际货物运输的途径，打通新的出海通道。此外，还要进一步提高松花江、黑龙江航运设施的通航能力，提高江海联运效率，扩大黑龙江省内部公路、铁路的运输联通能力，为实现与俄罗斯远东地区物流通道的畅通打下坚实基础。

七 科技合作

俄罗斯是世界科技大国，科技实力雄厚，不仅基础科学研究在世界上占有重要地位，而且应用科学研究在世界上也占有举足轻重的地位。俄罗斯在航空航天、生物工程、卫星导航、核技术、新材料等关系到国家实力的 50 项重大技术中有 20 项具备全球领先水平，尤其是军工、宇航等领域可与美国相媲美。俄罗斯东部地区科技实力较强，科技潜力巨大，具有发展高科技产业的绝对优势。随着对外政策和对外贸易战略的不断调整，俄罗斯加大了对东部地区的开发力度和资金投入，既为该地区高科技发展提供了良好的条件，也为该地区国际高科技转移奠定了基础。俄罗斯东部地区的高科技水平和巨大的科技潜力是以俄罗斯科学院西伯利亚分院、俄罗斯科学院远东分院的科技水平为核心的，这两个分院的科技水平代表了该地区的最高水平。俄罗斯科学院西伯利亚分院是世界著名的科学城，其规模和实力可与日本的筑波、美国的硅谷相比。

随着中俄全面战略协作伙伴关系的顺利发展，两国间高层交往密切，政治互信日益加深，推动双方在很多领域的合作取得了丰硕成果。中俄科技合作关系也得到了全面发展和深化，两国科技合作的框架已初步形成，不仅在 70 多个基础科学领域有合作项目，而且在航空航天、新材料开发、农业技术等实用性科技领域也展开了卓有成效的合作。

在科技全球化背景下，中俄科技合作不断谋求创新，高新技术的产业化是两国的共同愿望。2019 年 11 月，中国驻俄罗斯大使张汉晖在接受俄罗斯国际科技合作协会专题采访时表示，"中俄创新合作具有良好的传统。20 世纪 50 年代，两国的科技工作者就在一起工作。中国能够建立完备的科学技术基础和体系得益于苏联的帮助。近 30 年中俄科技创新合作取得了巨大成就，为两国的经济发展和人民福祉做出了很大贡献。当前，中俄创新领域互利合作面临重大机遇，双方已经达成了一些合作协议，两国在创新领域的合作有基础、有传统、有优势，未来可在基础科学和应用科学领域开展新的联合项目，包括共同实施科技和创新合作项目"。[①]

[①]《驻俄罗斯大使张汉晖接受专题采访谈中俄科技创新合作》，https：//www.fmprc.gov.cn/web/zwbd_673032/gzhd_673042/t1714347.shtml。

早在1998年，烟台中俄高新技术产业化示范基地便问世。建设这一基地的目的是把中俄科技合作的重点转向高新技术，探索一种区域开展对俄科技合作的有效方式，使科技成果实现产业化、商品化、国际化。最终得出经验，为其他地区提供示范和借鉴，进而带动全国的对俄科技合作，增强我国整体的科技实力和综合国力。随后，类似的科技合作基地陆续建立，如浙江巨化中俄科技园和黑龙江中俄科技合作及产业化中心。

1999年，中俄两国总理在定期会晤期间签署了《关于在〈中华人民共和国政府与俄罗斯联邦政府科学技术合作协定〉框架下的知识产权保护和权利分配议定书》，从此涉及科技合作知识产权问题的解决有了法律基础，两国得以在平等互利、优势互补的基础上实现科技成果共享。2000年11月，两国签署了《中华人民共和国科技部与俄罗斯联邦科技部关于在创新领域合作的谅解备忘录》，备忘录规定中国将在俄罗斯建立"中俄科技园区"，并且各自选出5个地方作为"孵化器"（科技合作创新中心），共同开发对口科技合作产品。2003年莫斯科首家科技园建立，由中俄两国政府共同投资，中国科技部和俄罗斯工业科技部共同主管。哈尔滨工业大学八达集团公司和莫斯科动力学院科技园分别作为中俄两国的承建单位，负责实施科技园的建设与运营。

东北地区各省十分重视对俄罗斯的引智工作，众多俄罗斯的专家和学者来到东北地区工作，并做出了许多贡献。东北地区也派出代表团对俄罗斯进行访问，就引进俄罗斯专家项目、人才交流等问题与俄罗斯有关部门进行交流和沟通，并签订专家和人才交流合作协议。目前，东北三省的对俄技术合作已初具规模，形成了本地对俄科技合作的体系，部分技术实现了产业化和商业化的目标，取得了良好的经济效益和社会效益。双方在平等互利原则的基础上，取得了重要成果。

辽宁省是东北地区唯一沿海、沿边又沿江的省份。双方的合作历史悠久，早在苏联援助时期展开的156个项目中辽宁省就占据24个。自1993年以来，辽宁省与俄罗斯远东地区十几个州建立了友好关系，双方人员合作往来密切，目前有许多俄罗斯留学生在辽宁省学习。辽宁省建设了一批对俄科技合作基地平台，包括辽宁生产力促进中心的"辽宁中俄技术转化中心"；沈阳理工大学的"沈阳中俄科技合作基地"；

大连高新技术产业园区的"大连中俄高新技术转化基地";中科院沈阳分院的"中俄辽宁科技园"。① 沈阳作为辽宁省的省会,是辽宁省经济、政治、科技发展的中心城市。近年来,沈阳在本地区举办了俄罗斯高新技术展览会、东北亚高新技术博览会、中国国际人才交流大会等,在俄罗斯举办了沈阳科技项目推介洽谈会以促进中俄科技合作相互交流,取得了一定成绩。

1991年7月,沈阳自动化研究所就与俄罗斯科学院远东分院海洋技术研究所签订了合作备忘录。1992年,双方达成合作开发6000米无缆自治水下机器人的协议。1995年,在双方和国内有关单位的共同努力下,6000米水下机器人"CR-01"研制成功,1997年被两院院士评为当年中国十大科技进展之一。1999年,双方又在此基础上,开始共同设计技术改进型的水下机器人"CR-02",并已完成大洋应用试验。此项目的成功使我国重大海洋装备水平位于世界前列。

大连作为辽宁省经济发展的"排头兵"与俄罗斯科技合作意义深远。为加强同俄罗斯的科技合作,2001年11月大连市科技局成立了大连市俄罗斯技术转化中心,负责大连市企事业单位与俄罗斯开展科技合作与交流的有关协调、管理和服务工作,成为大连市对俄罗斯科技合作的窗口与桥梁。大连市科技局每年安排专项经费,对与俄罗斯开展科技合作的大连企事业单位进行资助,形成了有专设机构、专门人员、专项经费开展对俄科技合作的格局。大连市俄罗斯技术转化中心以对接项目、推进对俄科技合作产业化为重点,以创造氛围、开辟渠道、搭建平台为手段,积极向大连市推介、引进适合本地经济结构调整与发展的俄罗斯高新技术。中心不仅聘请俄罗斯专家来大连讲学,创办、合办科技企业,举办大连市与俄罗斯高新技术项目洽谈会、展览会和经济技术高级研讨会,而且积极扶持大连的中俄合资企事业单位的发展,出台了大连市中俄合资企业的相关政策和扶持与俄罗斯之间科技经济合作政策,为双方科技人员、科研部门及各企业提供服务。

2004年8月4日,大连市俄罗斯技术"孵化器"在开发区未来科

---

① 付亚男、周逢良:《浅谈辽宁省对俄科技合作的对策和措施》,《科协论坛(下半月)》2012年第8期。

技园落成。至此,大连市第一家中俄技术"孵化器"投入运营。2004年9月29日,中俄高新技术转化基地在大连高新区海外学子创业园揭牌,由大连市国际人才交流协会、俄罗斯科学院西伯利亚分院、大连科思特固态化学材料有限公司三方共同以市场化方式运作,实现了诸如在贵重金属废水电化学回收处理技术、环保高强度阻燃稻壳板制备技术等高科技项目的合作,它的成立实现了高新技术的转化,促进了科技进步和人才培养,同时也促进大连市与俄罗斯的合作交流和引智工作进入新的阶段。目前,已成功从俄罗斯科学院西伯利亚分院引进了多项科技项目,如定影废液再生及银离子智能电化学回收设备、多功能超音速冷喷涂智能装置、绿色高强度阻燃人造稻壳板制备技术等。这些高新技术具有原创性、先进性、环保性、节能性和可操作性,每项技术都具有设备、工艺和产品相结合的配套优势,在传统产业改造、老产品更新换代、节能及环保等方面具有显著的经济与社会效益。[1]

吉林省拥有与俄罗斯科技合作的潜在实力。截至2014年,该省从事科技活动的人员为7.73万人,科技研发机构738个,全省技术市场交易额达到28.58亿元,科技产出列全国第17位,优势领域主要集中高分子、稀土化学、新材料、计算机软件、新能源汽车、光学仪器、生物医药等。吉林省与俄方取长补短、优势互补,通过共同研究、联合设计、合办联合实验室、共建科技园区等合作形式,成为中俄科技合作的典范,带动一大批俄罗斯科研成果实现产业化,实现了新兴产业的迅速发展。[2] 最值得一提的是,2006年成立的长春中俄科技园。该园区的合作方有吉林省政府和俄罗斯联邦新西伯利亚州政府,还有中国科学院以及俄罗斯科学院西伯利亚分院参与合作。园区目前已签订多项科技合作协议,成长为国际科技交流中心、国际技术转移示范平台和高科技企业孵化基地"三位一体"的园区。技术交流层面,双方组建了8个中外联合实验室。技术转移方面,设立了诸多办事处,高效便捷。技术孵化领域,与俄罗斯、乌克兰、白俄罗斯等国家合作,打造出了50多个重

---

[1] 刁秀华:《大连市与俄罗斯东部地区的科技合作走势》,《俄罗斯中亚东欧市场》2008年第9期。

[2] 《吉林省与俄罗斯科技合作纪实》,http://www.chinaeast.gov.cn/2010-09/30/c_13536679.htm。

点国际项目，同时引进和孵化了 45 家高新技术企业，使整个园区实现工业产值约 10 亿元人民币。

近年来，双方还确定了六大合作重点领域，分别是光电子信息技术、生物技术、新材料、科学仪器与精密装备、化学化工和农业。并且合作的主体也不仅仅局限于政府之间，民间组织、高等院校的合作也备受瞩目。如长春理工大学大功率半导体激光器项目的实现，就是双方科技合作的显著成果，推动了吉林省光电子技术的飞跃发展。正在进行的医学光纤内窥镜产品产业化项目成功后，将打破日本在此行业对我国的控制和垄断。同时在引进人才方面，自 2000 年以来，吉林引进了许多俄罗斯专家，仅 2000—2005 年就引进了 180 余名专家。作为中俄科技交流的纽带，这些专家学者发挥了巨大作用，如从 2003 年起瓦西里院士就致力于对华农业合作项目，促成了俄罗斯与吉林省科研单位在燕麦、黑麦育种、马铃薯品种筛选、养蜂技术等领域签署了多项合作协议，对于吉林省西部生态环境改善、种植结构调整、农产品加工升级具有积极的促进作用，进一步增强了中国农业科技实力。中俄双方的科技合作不仅推动了吉林省科技、军事实力的增强，也加快了吉林省对外合作的步伐。

黑龙江省对俄罗斯科技合作潜力巨大。黑龙江省与俄罗斯直接接壤，边境线长达 3000 多千米，一类口岸 25 个，独特的地理优势使双方的合作更是东北地区对俄科技合作的重中之重。双方最早的科技合作要追溯到"一五"时期，当时苏联给中国援助的 156 个项目中有 22 个在黑龙江省。目前，黑龙江省具备一定的科研实力，省内有高校 59 所，各类科研机构 900 个，技术人员 120 万，已经形成了集产、学、研于一体的科技合作模式：以哈尔滨工业大学为代表的一批国家重点院校是主要的合作研发机构，以哈尔滨高新技术开发区为代表的一批国家级开发园区是国际科技合作的载体，以哈尔滨飞机制造集团公司为代表的一批企业将科技合作的成果落地转化，进一步产业化，真正发挥技术改善民生的力量。黑龙江省与俄罗斯地区间科技合作已经涉及国民经济的各个领域，科技合作的方式也不断创新，取得了巨大的成果。

在对俄农业科技合作方面，2001 年 6 月 16 日，黑龙江省对俄农业科技合作中心在黑龙江省农科院正式挂牌成立。早在 20 世纪 80 年代末，黑龙江省农科院便开展了实质性的对俄科技交流与合作，先后与苏联科学院系统及农科院系统所属的20多个科研单位建立了科研联系与合作关系，引入多项俄罗斯先进技术，引进并交换小麦、大豆、玉米、马铃薯、沙棘、黄瓜、亚麻等种质资源300多份；有众多的俄罗斯农业科学家来到黑龙江省农科院讲学并进行技术指导，同时，该农科院也选派一批批年轻专家、学者赴俄罗斯培训，在与俄方共同开展的研究课题中，有多个被列入中俄政府间合作项目或农业部重点引进项目。

从科技合作规模来看，黑龙江省共有十余家科技合作基地可以为中俄科技合作服务，并且黑龙江省与包括俄罗斯科学院远东分院在内的200多家俄罗斯独联体国家的科研单位、大专院校、企业建立了联系，与100多家单位建立了合作关系，专家人才的交流每年超千人，合作领域涉及航空航天、船舶海洋、先进材料、能源化工等诸多领域。如黑龙江省东林华兴集团建立了中俄现代农业产业合作区，是中俄最大的农业科技合作的项目，主要种植物大豆、玉米、小麦单产连续多年排在俄罗斯滨海边疆区的第一名，促进了当地相关的产业发展。从信息平台的建设来看，黑龙江省建立了中俄科技合作的平台网，中俄科技合作信息网以及东方一号网。这些网站是中俄科技合作的重要媒介，为地方与民间合作奠定了扎实的基础。从中俄技术交流的平台来看，不能不提的就是哈尔滨国际科技成果展交会（简称哈科会），自2006年举办以来，已经成功举办多届，并于2015年走向国外，累积展出项目7071项，签订合作协议742项。这一会议不仅丰富了对俄科技合作的资源，拓宽了合作渠道，而且从更高层次、更广领域加快了产学研体系建设。[1]

值得一提的是，近年来，中俄两国不断加大创新领域战略性大项目的合作，培育经济合作的新增长点。当前，中俄两国不断扩展高科技领域的合作，中俄双方在宽体客机研制、信息通信和节能环保等领域已经展开比较密切的合作，实施了一批重大合作项目，落实《中俄关于经

---

[1] 胡亚枫：《黑龙江对俄经贸科技合作潜力巨大》，http://finance.sina.com.cn/20141026/235920644580.shtml。

济现代化领域合作备忘录》，在制药、船舶和运输机械制造等领域进行有效合作。在航天航空合作领域，2013年中俄两国签署了《2013—2017年中俄航天合作大纲》，要求在航天基础科学研究领域如火箭发动机研发等方面进行合作研究，进一步深化两国在航天领域的长期互利合作。2014年，中俄双方签署了《中国卫星导航系统委员会与俄罗斯联邦航天局在卫星导航领域合作谅解备忘录》，要求推动双方民用航空和航空制造领域的合作，扩大双方卫星导航、航空发动机、航空工艺与材料制造等领域的合作。

2016年6月27日，中国科技部与俄经济发展部在莫斯科正式签署了《关于在创新领域开展合作的谅解备忘录》，标志着中俄创新对话机制正式建立。

在核能核电领域，中俄一直长期保持着友好稳定的合作关系。从双边合作来看，最著名的当属田湾核电站项目，该项目坐落于江苏省连云港市，双方于1997年签署合同，是中俄在核能领域开展的高科技合作，是两国间迄今最大的技术经济合作项目。从多边国际合作来看，2006年中国、欧盟、美国、俄罗斯、日本、印度、韩国7个国家（地区）共同启动了ITER项目，即"国际热核聚变实验堆计划"，这个类似于人造太阳的装置对世界的影响程度是不可估量的。中俄也抓住历史机遇，成立了"中俄超导离子医学中心"联合实验室。

在航天航空领域，目前中俄两国将火箭发动机、电子元器件、卫星导航、对地观测、月球研究和开发及深空探测等作为双方合作的优先方向，且将合作的重点项目集中于远程宽体客机、重型直升机等民用航空制造领域。俄罗斯生产的重型运载火箭发动机、液氧煤油火箭发动机在经济性、可靠性、环保性等方面闻名于世，这种大推力火箭发动机能够满足中国未来重型和超重型运载火箭的发射需要，俄方对中国深空探索项目很感兴趣，并时刻关注中国新型长征运载火箭的进展情况。[①]

---

① 《俄罗斯对拓展俄中航空航天合作充满期待》，http://world.people.com.cn/n/2015/0918/c157278-27605699.html。

第四节 中俄两国区域经济合作的利弊因素分析

一 有利因素

（一）政治关系成熟牢固

目前，中俄两国关系正处于历史上最好的时期，这为双方合作提供了良好的政治保证。20世纪90年代以来，中俄关系的发展取得了显著成果。1992年中俄确立了"睦邻友好和互利合作关系"；1994年双方就构建面向21世纪的新型伙伴关系达成共识；1996年双方决定发展"面向21世纪的战略协作伙伴关系"，并建立起两国领导人定期会晤的机制；2001年7月中俄签署睦邻友好合作条约，条约将中俄世代友好、永不为敌的和平思想用法律形式固定下来；2004年10月，中俄两国元首批准了《中俄睦邻友好合作条约》，标志着两国睦邻友好关系的确立和战略协作关系的进一步加强。

此后，中俄战略协作伙伴关系不断深化，取得了长足进展。2013年3月，中国国家主席习近平和俄罗斯总统普京签署了《中华人民共和国和俄罗斯联邦关于合作共赢、深化全面战略协作伙伴关系的联合声明》，批准实施了《〈中华人民共和国和俄罗斯联邦睦邻友好合作条约〉实施纲要（2013—2016年）》，标志着平等信任、相互支持、共同繁荣、世代友好的中俄全面战略协作伙伴关系提升至新阶段。2017年7月，两国元首签署了《中华人民共和国和俄罗斯联邦关于进一步深化全面战略协作伙伴关系的联合声明》，批准了《〈中华人民共和国和俄罗斯联邦睦邻友好合作条约〉实施纲要（2017—2020年）》。2019年6月，中俄两国元首签署联合声明，宣布将两国关系提升为"新时代全面战略协作伙伴关系"。中俄关系的这一发展，既有世界格局和国际关系方面的背景，又有两国战略上、政治上、经济上诸多方面的各自需求与考量，是一种必然的发展趋势。这种良好的中俄战略协作伙伴关系无疑能够为中国参与俄罗斯远东地区开发及其相互交流合作提供良好的政治保证。

（二）地缘优势

区域经济合作首先是基于地缘关系的合作。从地理位置看，中俄两国毗邻而居，拥有 4300 多千米的共同边界。中国东北地区与俄罗斯远东地区山水相连，黑龙江省与俄罗斯远东地区共有长达 3045 千米的水陆边界线，占中俄边境线总长度的 74%，具有合作的良好地缘优势。凭借这种地理优势，经过多年来的开发与建设，该省已经开通了 25 个一类开放口岸，其中包含 17 个对俄边境贸易口岸，形成了水陆空健全、陆海空联运、客货运兼有的过境通商方式，成为中国对俄贸易的第一大省。黑龙江省正在实施建设"哈牡绥东"对俄贸易加工区战略，按照境内境外互动和口岸内陆互动的原则，不断提升进口资源落地加工率和本地产品的出口比重。在中国境内和俄罗斯境内分别设立了工业园区，在中国境内共有 8 个重点园区；在俄罗斯境内共建设了包括乌苏里斯克、华宇、跃进、米哈等在内的 6 个园区，其中乌苏里斯克经贸合作区为国家商务部批准建设的首批 8 个境外经贸合作区之一。乌苏里斯克果菜批发市场已成为俄罗斯远东地区最大的蔬菜集散中心，其产品已辐射到符拉迪沃斯托克、哈巴罗夫斯克等各大城市。[①]

（三）互补性优势

中国东北地区拥有丰富的自然资源、巨大的存量资产、良好的产业基础、明显的科技优势、众多的技术人才和较为完备的基础条件，是一个极富后发优势的地区，具有与俄罗斯东部地区广泛开展交流合作的基础和条件。

1. 资源互补

俄罗斯远东地区丰富的资源为双方的合作开发提供了现实基础。俄罗斯远东地域广阔，是资源和能源的"聚宝盆"，尤其是天然气、煤炭、石油等燃料动力资源，以及森林资源、水资源的蕴藏量均占全俄的 80% 以上，金属矿的蕴藏量也占相当的比重。在俄罗斯东部经济部门结构中，开发利用自然资源的部门占有相当大的比重。丰富的自然资源成为该地区未来经济发展的基础。西伯利亚与远东地区各州、边疆区都把开发利用自然资源确定为重点发展产业，并提供自然条件较好的林地、矿山、油气田、渔场等资源向外国投资者租让。这为包括中国东北地区

[①] 王志刚：《东北亚区域经济合作背景下黑龙江省对外开放研究——以牡丹江沿边开放为视角》，博士学位论文，东北财经大学，2013 年。

在内的外国投资者进入该地区开发利用自然资源提供了良好的条件。

以能源合作为例，该合作涉及两国中长期经贸和投资合作的很大一部分。俄罗斯时任外交部发言人米哈伊尔·卡梅宁曾在2006年3月接受俄新社记者采访时称，能源合作是中俄经贸领域最重要和最大型的项目之一。他认为，中俄能源合作的发展态势具有蓬勃稳定的特点。从双方利益追求来看，中俄能源合作符合两国的共同利益，可谓是一个"双赢"互利的合作。

从中国方面看，解决石油安全问题是中国经济可持续发展的一个重要保障。随着中国经济的发展，能源缺口将进一步扩大。中国石油供给和需求之间的矛盾在国内已难以完全解决，必须借助国际石油市场来解决。随着中国石油消费和对外依存度的增加，迫切需要增加能源进口渠道，以实现石油进口多元化的能源战略，这就迫使中国必须寻找稳定安全的能源供应基地。而无论从经济、政治，还是运输安全的角度看，与俄罗斯的合作均有利于减轻中国巨大的油气缺口给油气安全带来的沉重压力，满足中国能源多元化的要求，保障国家的能源安全。

从俄罗斯方面看，石油天然气工业成为俄罗斯经济的主导部门和出口创汇的重要基础，在经济社会发展中具有不可替代的作用。俄罗斯之所以能摆脱自苏联解体以来困扰多年的经济危机并进入经济恢复性增长阶段，可以说在很大程度上是得益于石油天然气工业。自1999年以来，俄罗斯的经济增长主要得益于能源出口的拉动。由于国际油价的大幅攀升，丰富的油气资源给俄罗斯带来了巨额的财富。巨额的石油美元也使俄罗斯政府在2001年10月首次提前偿还了向IMF的借款。对俄罗斯来说，向中国出口石油不仅是俄罗斯经济发展的需要，而且也为其提供了参与国际市场竞争的新机遇。

2. 资金互补

中俄两国合作具有资金互补的优势。俄罗斯未来经济工作的重要任务之一就是加快西伯利亚和远东地区的经济发展，尤其是远东地区开发被视为整个俄罗斯经济振兴的关键，由于缺乏建设资金，迫切希望中国扩大对该地区能源、交通、通信、基础设施等领域的投资。随着俄罗斯远东和东西伯利亚地区与中国经济联系的日趋紧密，特别是中国已拥有一定规模的外汇储备和境外投资能力，因此，俄罗斯积极寻求与中国实现区域发展战略的对接。另外，中国已成为全球重要的投资来源国和技术设备出口方，近年来双方原有经济结构互补的优势已逐渐从经贸领域扩展到金融和科技领域，这些都成为中国参与俄罗斯远东地区开发合作的有利因素。

3. 市场需求互补

在市场需求方面，俄罗斯远东地区工业基础虽然雄厚，但技术的更新改造明显不足，很多工业设备严重老化。再加上受西方经济制裁的影响，部分国家对俄罗斯禁止出口军民两用技术装备，这就导致俄罗斯多个行业相继出现了零部件缺货和进口受阻的局面。因此，俄罗斯对华的技术商品需求也在不断上升。这为中国装备制造企业拓展俄罗斯市场创造了良机。2012年俄罗斯正式加入WTO以后，中俄两国的贸易环境逐渐变得更加便利、公正、透明，双方经贸结构的互补性也得到了显著增强，合作潜力巨大。

4. 技术互补

俄罗斯远东地区在军事国防、光化学技术、航空航天技术、电子技术、激光技术、信息技术、煤炭化工技术等方面处于世界领先水平。俄罗斯远东地区科研能力较强，那里有俄罗斯科学院远东分院，但由于存在资金不足与人才外流的问题，直接影响了科技成果的产业化。近年来由于西方国家对俄罗斯进行经济的制裁，在某种程度上使俄罗斯企业寻求对华合作的意愿明显增强。与此同时，中国东北地区近些年高新技术产业取得了长足发展，再加上西方发达国家设置技术贸易壁垒等阻碍因素影响，已具备加大与俄罗斯远东地区进行科技合作的现实可能性。目前，东北地区与俄罗斯远东的科技合作水平还有待于进一步加强与提高，东北地区应利用地缘优势与新时代中俄全面战略协作伙伴关系，重视与远东地区的科技合作，尤其是在高科技、军工和宇航技术领域的合作，加大投资力度，在实现远东技术的产业化的同时，为两地人民带来福祉。

（四）交通优势

交通运输等基础设施是区域经济一体化条件下承载产业互动和区域联动的重要载体，特别是作为经济发展大动脉的铁路发挥着无以替代的特殊作用。目前，中国东北地区交通发达，已形成由水陆空立体交通组成的综合运输体系。该地区是全国铁路分布密度最高的地区，公路干线密布，对俄运输通道网络已经形成。以黑龙江省为例，该省对俄直通公路里程为6342.8千米，其中高速公路为388.4千米，一级公路为585.6千米，二级公路为3007.5千米；对俄水运通航里程为2981千米，其中能通行千吨级船舶的三级以上航道为2586千米。当前，黑龙江省已开通的对俄国际道路运输线路共有67条，其中客运33条，货运34条。2017年，经该省各边境口岸出入境车辆13.1万辆次，完成客运量93.3万人次，完成货运量155.3万吨。①江海联运为黑龙江省物资外运增加了出海通道，提高了沿江地区运输与物流效率。同江—下列宁斯阔耶、饶河—波克洛夫卡口岸、黑河—布拉戈维申斯克口岸浮箱固冰通道均正式开通。这三对口岸浮箱固冰通道的成功运营，开创了黑龙江省边境水运口岸对外开放和冰上汽车运输的新模式。黑龙江省绥芬河市对公路和铁路两个口岸进行了改造，大力提高通关能力，使其成为交通便捷的国际化口岸。航空领域，哈尔滨与俄罗斯远东地区南萨哈林斯克、哈巴罗夫斯克、符拉迪沃斯托克3个城市之间已实现通航。

自东北老工业基地振兴战略实施以来，在公路方面积极推进公路网建设，在铁路方面大力推进电气化改造，积极筹划建设东北东部铁路大通道。而俄罗斯远东地区在交通基础设施领域的建设不足，有利的地缘优势使中俄双方具有建设国际通道的现实基础。俄罗斯犹太自治州与黑龙江省正共同建设同江—下列宁斯阔耶黑龙江界河铁路大桥。大桥建成后将实现双方口岸互联互通，能够有力地促进双方经贸往来，大桥两侧将建起新的工业园区、农业园区，推动彼此经济的发展。

此外，东北地区烟大铁路轮渡、东北东部铁路通道和哈大客运专线的建设，以及双循环背景下东北地区新的对外开放格局的形成，将在能源、交通、物流及旅游等多方面使东北地区形成合力，从而对中国东北地区和俄罗斯远东地区的经济发展产生巨大的拉动作用，极大地提升整个东北对俄经贸合作的能力。

（五）人文优势

中俄两国合作具有有利的人文条件。东北地区的教育事业较为发

---

① 狄婕：《黑龙江大桥等紧锣密鼓建设力保对俄开放更畅通》，《黑龙江日报》2018年2月7日。

达，在全国有重要的影响。东北地区高等学府与科研院校较多，专业齐全，有近100个学科或研究方向是全国唯一或在全国居于领先地位。近年来，黑龙江省在引进俄罗斯人才、开发智力资源方面有了较大进展。由于哈尔滨市与俄罗斯有源远流长的交往历史，因而双方相互信任，彼此友善，为开展合作提供了前提条件。该市拥有一大批既懂科技，又懂俄语和从事中俄科技交流的人才，他们主要分布在各大学、科研院所及大企业当中。哈尔滨工业大学、黑龙江大学、东北林业大学、哈尔滨师范大学等培养了大量的俄语人才，其中，黑龙江大学在全国俄罗斯语言研究和人才培养方面发挥着不可替代的作用，为东北地区的振兴及与俄罗斯东部地区的合作提供了人才与智力支持。

在中俄两国人文合作中，双方设立了中俄（俄中）人文合作委员会，由两国的副总理分别担任主席。目前，双方人文合作涵盖教育、文化、卫生、体育、旅游、媒体、电影、青年、档案等领域。以教育为例，中国在俄留学人员达2.5万人，俄罗斯在中国留学人员有1.5万人，两国提出到2020年互派留学生总规模达到10万人的目标。当前两国高校合作异常活跃，已签署了约1000份合作协议，组建了中俄工科大学联盟、中俄经济类大学联盟、中俄医科大学联盟等高校合作联盟平台，积极开展教学、科研、学术交流、人才培养等全方位交流与合作。

二　不利因素

尽管中国与俄罗斯东部地区的合作存在上述诸多有利条件，双方合作的潜力也很大，但双方合作的进程和成效不仅与两国的合作潜力不符，且明显滞后于两国日益巩固的政治关系。在双方的合作中，一些领域（如水资源、核能、新材料、生物技术等）的合作潜力尚未充分挖掘出来。在能源领域，前些年的"安大线"及斯拉夫石油公司股权拍卖的风波等都暴露出两国在能源合作上的分歧，备受关注的中俄石油管道合作项目也是几经波折而建成的。总的来看，这些问题的出现既有中俄双方各自的原因，也有国际因素的影响。

（一）合作的制度环境有待完善

中俄两国都处在由计划经济向市场经济的转轨时期，两国与市场经济发展相配套的经济法律制度还有待进一步完善，市场经济运行机制也尚未完全建立起来。尤其是俄罗斯远东地区市场经济体制不完善，缺少现代化的外商管理体系，金融体系不健全，各种政策及法律制度仍存在许多漏洞。首先，俄罗斯对外经济合作的措施和政策极为多变，并且上下存在矛盾。出于对战略性资源保护等心理，俄罗斯就有关能源的开采问题一直持保守态度，致使中俄两国的合作意见并不一致。而俄罗斯对中国外资的态度是上热下冷的，上层政府的态度非常友好，但是一些地方州区对中国却持有抑制和戒备的态度。其次，在法律法规方面，俄罗斯地方性法律、法规仍需健全，一系列中央政府制定的刺激投资的土地划拨政策实施一直停滞不前，并且各个地方性法律法规的差别很大，容易导致法律执行结果无法预料，加大了投资的风险性。可以说，俄罗斯远东地区既未建立正常的市场经济秩序，也缺少必要的竞争环境。在这种情况下，中国参与俄罗斯远东地区经济合作的规范化运作受到很大影响，缺乏长期合作的必要计划和步骤，现有合作规划也难以按计划如期执行。中方许多企业也因缺乏对俄罗斯远东地区开发实情的了解及对双方区域经济合作特殊性的认识，在具体经贸和投资合作方面的准备不足。

（二）远东地区投资环境欠佳

俄罗斯远东地区投资环境差，一是从行政效率来看，行政手续审批效率较低，各地区缺乏协助外国投资者的公开行政窗口，海关程序烦冗，存在执法不规范现象，外资企业需要花费大量资金用于简化手续和缩短审批期限。项目资金容易前往俄罗斯，但是项目却无法真正落地、落实。二是从腐败现象来看，随着俄罗斯加大对远东地区的投资力度，远东地区的腐败现象时有发生，不仅损害了政府的权威和公信力，而且严重影响了投资者的信心和积极性，阻碍了远东地区的经济发展。三是从经济犯罪来看，俄罗斯远东地区的经济犯罪活动较多，甚至出现与官员勾结的情况。这些情况都极大地增加了中国对俄罗斯远东地区开展投资合作的风险，使中国参与该地区开发合作面临很大阻力。因此，双方投资合作的潜力尚未完全释放出来，相互投资规模仍较小，投资领域有待扩大，支撑性、长远性的投资合作项目不多，推进中俄区域经济合作不断深化的大项目合作进展缓慢。

此外，中俄双方在远东地区的贸易渠道还有待畅通，生产合作、技术合作等现代合作方式也需要不断加强。双方的经济技术合作以军事、航空航天项目居多，市场前景广阔的民用技术合作有待进一步加强。

（三）俄对华政策始终有所保留

在中俄经济合作中，一些人始终存在对中国的某种"担忧"，再加上俄罗斯各利益集团纷争十分复杂，从各自利益出发、相互牵制，在对华政策方面对政府施加影响，从而使俄罗斯政府在对华经济合作方面的决策受到影响，政府往往会因此而表现得犹豫不决，进而增加了政策的变数。以能源合作为例，中方在以往的合作中曾屡遭俄方的排斥。如在2002年12月18日俄罗斯斯拉夫石油公司国有股权拍卖时，中国石油天然气公司因受排挤而被迫于拍卖前退出，结果俄罗斯金融寡头阿布拉莫维奇的西伯利亚石油公司取得了该石油股份。除了斯拉夫石油公司股权拍卖的风波外，在中俄石油管道及天然气管道建设方面，也存在类似的情况，前些年石油管道由最初的"安大线"到"安纳线"，再到最后"泰纳线"，天然气合作历经10余年的谈判及东西两条管线的修建，以及中俄在远东地区共建跨江跨界桥梁的问题，无不充斥着俄罗斯各方利益集团的博弈，并在一定程度上影响了当局的决策。

（四）俄有些人对中国的偏见依然存在

在俄罗斯尤其是远东地区，仍存在"中国威胁论""中国扩张论""中国商业移民"等宣传及言论，一些俄罗斯人对快速发展和正在崛起的中国仍存有疑虑，担心中国进行"人口扩张"和"资本扩张"。在俄罗斯的中央报刊及远东和西伯利亚地区的报刊上时常有谈论"中国威胁"的文章，认为中国公民在俄罗斯的活动对其国家安全造成了威胁。尽管近年来中俄两国毗邻地区的区域经济合作发展速度较快，使"中国机遇论"在俄罗斯远东地区渐渐成为社会舆论主流，但"中国威胁论"仍在一定范围内存在，这种情况势必对中俄两国区域经济合作带来不利的影响。

第五节　本章小结

本章对中俄区域经济合作问题进行了较为深入的分析，涉及的内容涵盖了两国区域经济合作的主要方面。本章试图通过以上的分析研究，对俄罗斯东部开发条件下中俄区域经济合作的重要特点和基本经验作一简要概括和归纳总结。

第一，中俄两国稳固的政治基础是推进经济合作关系发展的强大动力。中俄两国经济合作植根于深厚的政治关系基础，在由"全面战略协作伙伴关系"进入"新时代全面战略协作伙伴关系"的高水平运行中得以快速发展。在这一进程中，中俄两国元首分别于2013年签署的《中华人民共和国和俄罗斯联邦关于合作共赢、深化全面战略协作伙伴关系的联合声明》、2014年签署的《中华人民共和国与俄罗斯联邦关于全面战略协作伙伴关系新阶段的联合声明》、2017年签署的《中华人民共和国和俄罗斯联邦关于进一步深化全面战略协作伙伴关系的联合声明》和2019年签署的《中华人民共和国和俄罗斯联邦关于发展新时代全面战略协作伙伴关系的联合声明》，这四个政治文件具有十分重要的意义，是中俄关系的"压舱石"，也为两国良好政治关系与紧密经济合作关系的良性互动奠定了政治基础。而在中俄两国区域经济合作层面，两国共同签署的《中华人民共和国东北地区与俄罗斯联邦远东及东西伯利亚地区合作规划纲要（2009—2018年）》，及此后的《中俄在俄罗斯远东地区合作发展规划（2018—2024年）》，是两个接续性的经济合作文件，对推动中国东北地区与俄罗斯远东地区的经济合作具有特别重要的意义。

第二，加强和完善中俄合作的机制建设是推动中俄经济合作关系顺利有序发展的强有力保障。在两国政府层面，为使中俄两国政府间合作机制有效运转，促进各领域的全面合作，中俄两国建立了总理定期会晤机制，以及中俄投资合作委员会、中俄能源合作委员会、中俄经济合作战略性项目高级别监督工作组等合作机制。而由中俄两国元首商定成立的中国东北地区和俄罗斯远东地区地方合作理事会，对加强政策对接，拓展合作领域，改善营商环境，共同推动中俄两地区经济合作的快速发展，发挥了至关重要的作用。在地区层面，建立和完善中俄地区合作推进机制，加强中俄两国毗邻地区地方政府间的经济合作协商对话，建立地方领导人定期会晤机制；定期举办中俄毗邻地区合作高峰会议或论坛，推动合作机制的高效运行。在提升合作质量和水平层面，中俄两国区域经济合作注重不断完善磋商机制，通过谈判和协商，在海关程序、标准一致化、监管环境等方面强化合作；建立稳定、有效的协调管理机制、信息交流机制和健全的经济合作运作机制。这类机制建设为中俄两国区域经济合作尤其是东北地区与俄远东地区经济合作提供了有力保障。

第三，中国东北振兴与俄罗斯远东地区开发形成了较强的互补关系，中俄两地区的发展能够互相借重。俄罗斯实施远东地区开发战略，是倚重中国实施东北老工业基地振兴战略；而借助俄罗斯远东地区开发，能够促进中国东北老工业基地振兴和发展。俄罗斯远东地区丰富的自然资源和雄厚的科技实力与中国东北地区对俄罗斯资源尤其是油气资源和技术的需求，两者互补且互相借重。一是资源和资金互补。加快东部地区特别是远东地区开发，虽是俄罗斯经济振兴的战略重点，但一直受资金短缺"瓶颈"的严重制约，因而俄罗斯迫切希望中国扩大对远东地区各领域的投资。事实上，中国正不断加大对俄罗斯该地区的投资。而俄罗斯则以其丰富的自然资源来满足中国东北振兴的需求。二是技术和市场需求互补。俄罗斯远东地区虽工业基础雄厚，但技术和设备的更新改造严重滞后，除资金外，对东北的先进装备制造技术和设备也有旺盛的需求。而东北的装备制造企业实施"走出去"战略，也十分需要拓展俄罗斯远东地区市场，特别是强化在航空航天、核能、军工和重大装备制造等高科技和现代化装备制造领域的深度合作。三是交通互联互通为中国东北地区与俄罗斯远东地区的互补性合作提供了保障。交通运输等基础设施是承载产业互动和区域联动的重要载体，特别是作为经济发展大动脉的铁路发挥着无以替代的特殊作用。俄罗斯正在建设中的"滨海1号"和"滨海2号"国际交通走廊，也成为连接中国东北地区与俄罗斯远东地区的重要国际大通道。目前，两个毗邻地区已形成由水陆空立体交通组成的综合运输体系。

第四，中国东北地区与俄罗斯远东地区的合作领域不断拓展。《中华人民共和国东北地区与俄罗斯联邦远东及东西伯利亚地区合作规划纲要（2009—2018年）》规定的200项重点合作项目多为能源、交通、木材加工、电力行业、装备制造业、采掘业和农业等传统行业。《中俄在俄罗斯远东地区合作发展规划（2018—2024年）》则确定了在俄罗斯远东地区开展中俄经贸合作的七个优先领域：天然气与石油化工业、固体矿产、运输与物流、农业、林业、水产养殖和旅游业。总体而言，中国东北地区与俄罗斯远东地区的合作领域，正从资源开发性领域向航空航天、核能、军工、重大装备制造等高科技领域和现代化装备制造领域拓展。两地区"优势互补、互利共赢"的合作局面正在形成。

第四章

新时期东北地区对俄远东地区开放合作高地建设

新时期打造"一带一路"北向通道,将东北地区建设成中国向北开放的重要窗口,建设东北地区对俄罗斯远东地区的开放合作高地,打造中俄合作的"桥头堡",一是要建设中国东北地区的辽宁自由贸易试验区和黑龙江自由贸易试验区与俄罗斯远东地区的跨越式发展区和符拉迪沃斯托克自由港的开放合作新高地。二是要实现东北地区对俄罗斯远东地区的"陆海冰"交通互联互通,全力构建内外联运、陆海互济的全面开放新格局。三是要深度融入中蒙俄经济走廊建设,将其打造成"一带一路"向北开放和全方位深化与俄罗斯和蒙古国合作的重要通道。中国东北地区对俄罗斯远东地区开放合作高地的建设,能够进一步提升中俄毗邻地区的区域经济合作水平,无论对东北老工业基地的振兴,还是对俄罗斯远东地区的发展,都具有重要的战略意义。

第一节 东北地区打造对外开放合作高地的深刻含义

党的十九大报告指出,要以"一带一路"建设为重点,坚持"引进来"和"走出去"并重,遵循共商共建共享原则,加强开放合作,形成陆海内外联动的开放格局。在 2018 年 9 月俄罗斯远东符拉迪沃斯托克市召开的第四届东方经济论坛上,习近平主席提出加强东北亚地区合作的四点主张,强调中方将与有关国家一道,"加强在俄罗斯远东及东北亚地区合作，推动实现本地区多元化、可持续发展，不断做大共同利益蛋糕，携手开创远东和东北亚更加美好的明天"，不仅引领了东北亚区域合作的方向，而且有利于深化中国同东北亚各国的关系，不断加强区域交流与合作，拓展东北亚各国互利共赢的空间。2018 年 9 月 28 日，习近平总书记在沈阳主持召开的深入推进东北振兴座谈会上的重要讲话中指出，东北地区对外开放进展不快，步伐慢，融入共建"一带一路"大格局尚未形成。面对全国开放大格局与国际局势变化大环境，要以战略眼光谋划对外开放，深度融入共建"一带一路"，建设开放合作高地。强调东北地区要加强与俄、日、韩等国在在经贸投资、互联互通、产能科技及金融等领域合作，要打造中俄合作的"桥头堡"，加快中俄滨海国际交通走廊等重大跨境基础设施项目，加强制造业合作。这是习近平总书记站在全国"一带一路"大格局的背景下，对东北地区共建"一带一路"的精准定位，也是东北地区的历史使命和责任担当，为东北地区深度融入共建"一带一路"，建设开放合作高地，指明了奋斗方向，提供了根本遵循。在 2019 年 8 月中央财经委员会第五次会议上习近平总书记强调，东北地区要主动调整经济结构，推进产业多元化发展，打造对外开放新前沿，实现全面振兴。可见，近两年来习近平总书记不断为中国东北地区准确"把脉"并开出"良方"，成为东北地区深度开展对东北亚尤其是俄罗斯远东地区开放合作的重要战略引领，标志着中国东北地区与俄罗斯远东地区经济合作进入新时期和新的发展阶段。

　　为了加快东北地区的经济发展，中国大力支持东北地区扩大高水平对外开放，深度融入共建"一带一路"，不断扩大东北地区沿海经济带和沿边开发开放的力度，打造中国向北开放的重要窗口和东北亚地区合作中心枢纽。随着东北地区深度融入共建"一带一路"的力度不断增强，东北地区全方位振兴的步伐不断加快，东北地区的潜能不断释放，对外开放与合作的新高地正在加速打造。中国东北地区不仅工业和农业基础雄厚，而且具有沿边沿海的地理优势，在经济、科技、文化等方面对外尤其是对东北亚地区交流频繁，具备成为东北亚合作中心的条件和基础。中国东北地区与东北亚各国的合作不仅有利于发挥与东北亚区域经济的互补优势，实现共赢发展，而且有利于共建"一带一路"倡议

第四章 | 新时期东北地区对俄远东地区开放合作高地建设

同东北亚国家发展战略的对接,打通海上丝绸之路的北向新通道。

黑龙江省与俄罗斯有2900多千米边境线,在中国对外开放格局中占有特殊地位。黑龙江省拥有中俄原油管道、中俄东线天然气管道、中俄首座跨江铁路大桥、中俄首座跨境公路大桥等一批中俄两国重大项目。2019年3月20日,中俄首座跨江铁路大桥——中俄同江—下列宁斯阔耶铁路桥全线贯通,实现了中国国内东北地区铁路与俄罗斯远东地区至西伯利亚铁路的相连,该桥的开通不仅使东北地区增加了一条连俄通欧的国际大通道,也为中俄双方乃至中欧贸易往来开辟了新通道。2019年5月31日,中俄首座跨境公路大桥黑河—布拉戈维申斯克黑龙江(阿穆尔河)大桥实现合龙,标志着中俄双方建成了一条新的国际公路大通道,实现了中俄两国地方城市间的互联互通。该项目是黑龙江省主动对接"一带一路"倡议,积极参与中蒙俄经济走廊建设,落实"打造一个窗口、建设四个区"的发展定位,推进实施三桥一岛建设的重要跨境基础设施。为了加快形成中俄合作全方位开放新格局,满足双方日益增长的经贸需求,中俄双方将建立桥头跨境经济合作区。中俄双方这两条跨江界桥的开通对东北地区深度融入"一带一路"建设发挥了重大作用,有助于推动中俄两国全面战略协作伙伴关系持续向前发展。

当前,中国高度重视图们江区域的合作与发展,为吉林开放发展带来了重大机遇。图们江区域作为东北亚地区的核心区域和中国对北开放的窗口,是"一带一路"、东北振兴、长吉图沿边开发开放三大战略的交汇点、衔接点和关键点,具有重要的战略地位。为了维护国家主权和边疆地区的繁荣稳定,目前正在加快图们江区域海洋经济合作示范区建设。吉林的珲春地处中俄朝三国交界,区位优势得天独厚,正依托"一带一路"建设,逐渐摆脱近海而不临海造成的发展"窘境",不断加强与东北亚地区的国际合作。2018年,吉林珲春经俄罗斯扎鲁比诺港至韩国釜山的"铁海联运"航线全年运行了7个航次,运输货物为573标箱。此外,吉林省与俄罗斯远东地区的水产合作不断发展,由俄罗斯远东地区的堪察加经扎鲁比诺港到珲春的水产航线正日趋成熟。

为了加速开放步伐,近年来吉林省不仅发展口岸经济,而且不断加强通道建设,通过"中欧班列"打通向欧洲伸展的新通道,助力东北地区的全面振兴。"长满欧"班列全程约 9800 千米，单程运行时间为 14 天，与海运相比能够节省 20 多天，该线路从长春出发，经满洲里铁路口岸出境，途经俄罗斯西伯利亚、白俄罗斯布列斯特、波兰华沙，最终到达德国的纽伦堡，该线路提高了中国东北地区参与经济全球化的程度。此外，2019 年 8 月，在长春举办了第十二届中国—东北亚博览会，使东北地区的开发开放更进一步吸引了全球投资者的目光，也为"一带一路"沿线商人寻找商机创造了更多机会。

中国东北建设面向东北亚的开放合作高地，必须要深度融入"一带一路"，全力构建内外联动、陆海互济的全面开放新格局。辽宁省是东北地区唯一具有沿海沿边优势的省份，是中国面向东北亚地区的陆海双重"门户"。近两年，辽宁省正在决策创建"一带一路"综合试验区，提出要充分发挥辽宁在东北亚中转枢纽的优势，以及与东北亚各国人缘相亲和经贸互补等优势，探索共建"东北亚经济走廊"。鉴于远东开发已确定为俄罗斯 21 世纪的优先发展方向，辽宁"一带一路"综合试验区建设总体方案提出首要任务就是深耕俄、日、韩，引领构建东北亚经济走廊，特别是要紧紧把握俄罗斯对远东地区赋予开发开放特殊政策的历史机遇，强化陆海空互联互通，推进装备制造业、能源、农业、林业、渔业等领域的互补发展，打造中俄合作的"桥头堡"。这是辽宁深度开展对俄罗斯远东地区开放合作的重要引领。大连在深耕日韩经贸合作打造对外开放新高地的同时，正在加强与黑龙江、吉林两省的联动沟通，为申建自由贸易港创造条件，形成把大连自由贸易港建成东北区域自由贸易港的战略共识，着力打造东北地区对外开放的新高地。

总之，作为"一带一路"倡议中向北开放的重要窗口，东北地区是中国向北开放战略和俄罗斯远东开发战略的交会点，要紧紧把握历史机遇，深入贯彻落实习近平总书记的讲话精神，推动东北地区深度融入共建"一带一路"，本着政府引导、企业主体、市场运作的原则，在优势互补、合作共赢的基础上，以《中俄在俄罗斯远东地区合作发展规划（2018—2024 年）》为指导，充分发挥对俄罗斯尤其是远东地区合作的地缘优势、资源优势、产业优势，以及交通运输、陆海联运、港口等方面的优势，务实推进与俄罗斯远东地区的基础设施、经贸投资、资源开发合作，全力构建内外联动、陆海互济的全面开放新格局，把东北地区建成对俄罗斯远东地区开放合作高地和"桥头堡"。

第二节 构筑对俄远东地区开放合作新高地的有利条件

一 东北地区新一轮振兴与俄远东开发战略同步实施

中国东北地区与俄罗斯远东地区毗邻,近些年来中俄两国在该区域的经贸合作异常活跃,且合作成果丰硕。尤其是2009年9月中俄两国共同签署的《中华人民共和国东北地区与俄罗斯联邦远东及东西伯利亚地区合作规划纲要(2009—2018年)》,极大地推动了中俄两地区经贸合作关系的发展。如今,新形势下中俄两国的地区合作又有了新的发展基础和平台。中国东北地区新一轮振兴与俄罗斯远东地区开发新战略的同步实施,为双方地区经济合作对接提供了新机遇。东北老工业基地的振兴与俄罗斯远东开发是紧密联系在一起的。中国东北地区与俄罗斯远东地区不仅是中俄两国战略方向的目标区域,同时也是双方重点经济合作区域。

从中国方面来看,2003年,党中央、国务院作出实施东北地区等老工业基地振兴战略的重大决策,此后相继出台并实施了一系列的政策措施,促进东北老工业基地的调整、改造和振兴,取得了一定的成效。然而,受国内外各种因素的影响,近几年东北地区经济下行压力逐渐加大,经济发展面临着增速偏低、主要经济指标仍在筑底、供给侧结构性改革有待深化等新的困境与挑战。国家对此高度关注,为了扭转这种局面,出台了新一轮东北等老工业基地振兴战略。仅在2016年,党中央、国务院就对东北振兴密集出台了一系列政策措施和规划:2016年4月,《中共中央国务院关于全面振兴东北地区等老工业基地的若干意见》印发,这是当前和今后一个时期加快老工业基地全面振兴的纲领性文件,标志着新一轮东北振兴战略的全面启动实施;2016年8月,印发了《推进东北地区等老工业基地振兴三年滚动实施方案(2016—2018年)》;2016年11月,印发了《国务院关于深入推进实施新一轮东北振兴战略加快推动东北地区经济企稳向好若干重要举措的意见》;2016年12月,出台了《东北振兴"十三五"规划》。这些文件的出台标志着东北振兴进入新的历史时期，同时也为新一轮东北振兴战略全面启动实施提供了政策保障。尤其是《中共中央国务院关于全面振兴东北地区等老工业基地的若干意见》提出，要加强与周边国家基础设施互联互通，努力将东北地区打造成为我国向北开放的重要窗口和东北亚地区合作的中心枢纽。推动丝绸之路经济带建设与欧亚经济联盟、蒙古国草原之路倡议的对接，推进中蒙俄经济走廊建设，加强东北振兴与俄罗斯远东开发战略衔接，深化毗邻地区合作。① 这为东北地区加快与俄罗斯远东地区的开发合作提供了便利条件和政策保障，有利于两地区在交通、能源、基础设施等领域实现务实合作。党的十九大明确提出要深化改革加快东北等老工业基地振兴，为东北老工业基地新一轮振兴吹响了进军号角，促进东北振兴取得新突破。这些均为中俄两国东部地区的合作增添了新的推动力。

从俄罗斯方面来看，为了加大远东地区开发力度，近几年俄罗斯着手建立跨越式发展区并设立了符拉迪沃斯托克自由港。2014年4月，俄罗斯远东发展部制定了跨越式经济发展区规划。2014年12月末，俄罗斯出台了《俄联邦社会经济跨越式发展区联邦法》。2015年7月，俄罗斯出台了《俄罗斯联邦符拉迪沃斯托克自由港法》。这标志着俄罗斯远东地区开发新战略的全面实施。俄罗斯远东地区各种新举措的实施为中俄双方带来巨大的经济合作机遇。目前，俄罗斯在远东地区已建立了20个跨越式发展区②，给中俄毗邻地区的对接合作带来巨大的发展空间。

2015年，中国国家主席习近平与俄罗斯总统普京在莫斯科签署了《中华人民共和国与俄罗斯联邦关于丝绸之路经济带建设和欧亚经济联盟建设对接合作的联合声明》。自2016年以来，中国为推动东北老工业基地新一轮振兴出台了一系列政策措施，尤其是党的十九大报告提出"深化改革加快东北等老工业基地振兴"，要以"一带一路"倡议为重点，坚持"引进来"和"走出去"并重，遵循共商共建共享原则，加

---

① 《中共中央国务院关于全面振兴东北地区等老工业基地的若干意见》，中央政府门户网站，www.gov.cn，2016-04-26。

② "Всего на Территории Дальнего Востока Создано 20 ТОР"，https：//erdc.ru/about-tor/，2020-05-02。

强创新能力开放合作，形成陆海内外联动、东西双向互济的开放格局。拓展对外贸易，培育贸易新业态新模式。实行高水平的贸易和投资自由化便利化政策，创新对外投资方式，促进国际产能合作，加快培育国际经济合作和竞争新优势。这些新举措不仅为中俄两国的地区合作提供了新的发展基础和平台，而且为中俄两国东部地区的合作注入了新的活力。

中国东北地区新一轮振兴和俄罗斯远东开发战略，是中俄两国为振兴各自地区而实施的国家战略和对外释放的强烈信号。这为两国的两个毗邻地区通过合作相互倚重和借力发展提供了可能，形成了一种相互促进和共同发展的关系。正如中俄许多有识之士所一致认为的，俄罗斯经济发展和繁荣有赖于东部大开发，而东部大开发有赖于同中国特别是中国东北地区的经济合作。东北地区新一轮振兴战略的实施对俄罗斯远东地区尤其是跨越式发展区来说也是一次历史性重大机遇。同样，中国的经济振兴寄希望于东北地区，而东北地区的发展和振兴也寄希望于同俄罗斯特别是俄远东地区的合作。这种相互依赖、相互依存、相互推动、互利互惠的合作，得到了中俄两国领导人的充分肯定和双方人士的普遍认同。

二　设立自由贸易试验区助推东北地区开放合作高地的构建

在经济全球化和区域经济一体化并行不悖发展的形势下，中国东北地区与俄罗斯远东地区实现区域经济一体化、建立次区域自由贸易区是一种必然的选择，这有利于促进两个相邻地区经济的互动发展。随着全球区域经济一体化的加速推进和中俄两个相邻地区经贸合作关系的快速发展，这两个地区内的次区域自由贸易区或类似的跨国共营经济合作区酝酿建立或得以建立。特别是有跨国经济特区之称的中俄黑河—阿穆尔州边境经济合作区备受关注。

2017年4月1日，中国（辽宁）自由贸易试验区在沈阳揭牌。同年4月10日，辽宁自由贸易试验区（大连片区）在金普新区揭牌，标志着大连片区由申办阶段正式转入建设阶段。辽宁自由贸易试验区的实施范围119.89平方千米，涵盖大连片区、沈阳片区和营口片区。按区域布局划分，大连片区重点发展港航物流、金融商贸、先进装备制造、高新技术、循环经济、航运服务等产业，推动东北亚国际航运中心、国际物流中心建设进程，形成面向东北亚开放合作的战略高地；沈阳片区重点发展装备制造、汽车及零部件、航空装备等先进制造业和金融、科技、物流等现代服务业，提高国家新型工业化示范城市、东北地区科技创新中心发展水平，建设具有国际竞争力的先进装备制造业基地；营口片区重点发展商贸物流、跨境电商、金融等现代服务业和新一代信息技术、高端装备制造等战略性新兴产业，建设区域性国际物流中心和高端装备制造、高新技术产业基地，构建国际海铁联运大通道的重要枢纽。此外，辽宁自由贸易试验区还积极推进与东北亚地区的全方位经济合作，构建连接亚欧的海陆空大通道，建设现代物流体系和国际航运中心。

2019年8月26日，中国（黑龙江）自由贸易试验区获批，共涵盖哈尔滨片区、黑河片区和绥芬河片区。在功能划分上，哈尔滨片区重点发展新一代信息技术、新材料、高端装备、生物医药等战略性新兴产业，科技、金融、文化旅游等现代服务业和寒地冰雪经济，建设对俄罗斯及东北亚全面合作的承载高地和联通国内、辐射欧亚的国家物流枢纽，打造东北全面振兴全方位振兴的增长极和示范区；黑河片区重点发展跨境能源资源综合加工利用、绿色食品、商贸物流、旅游、健康、沿边金融等产业，建设跨境产业集聚区和边境城市合作示范区，打造沿边口岸物流枢纽和中俄交流合作重要基地；绥芬河片区重点发展木材、粮食、清洁能源等进口加工业和商贸金融、现代物流等服务业，建设商品进出口储运加工集散中心和面向国际陆海通道的陆上边境口岸型国家物流枢纽，打造中俄战略合作及东北亚开放合作的重要平台。

从区域布局和功能来看，中国辽宁自由贸易试验区和中国黑龙江自由贸易试验区的成立，既有利于推动东北全面振兴和全方位振兴，也有利于东北地区建成向北开放的重要窗口，打造对俄罗斯特别是远东地区及东北亚区域合作的中心枢纽。

三　东北亚区域经济合作渐入佳境

东北亚地区面积辽阔，资源丰富，经济联系十分紧密，交流合作空间巨大，是最具发展潜力、最富经济活力的区域之一。随着国际区域合作的不断加强，东北亚区域内各国合作愿望也日益强烈并酝酿着新的合作态势。合作共赢是当今世界经济发展的必由之路，是不可逆转的世界趋势，加强东北亚地区区域经济合作是保持亚洲地区强劲发展势头的重要战略，也是实现人类命运共同体的唯一选择。东北亚区域经济合作已经提出很久，但由于各国的经济发展、对外战略等不同，东北亚区域一直是大国力量交会、博弈、冲突之地。而朝鲜和韩国关系的缓和以及朝鲜加快自身经济发展的举措，为东北亚地区区域经济合作提供一个相对稳定的环境。特别是"一带一路"建设助推东北亚区域经济合作。目前，域内各方对加强地区合作均有强烈愿望。"一带一路"的实施促进了东北亚地区合作，为地区合作注入了新内涵，东北亚地区是"一带一路"建设的重要方向，"一带一路"所秉承的"共商共建共享"原则为东北亚区域经济合作提供了一个新的解决方案。因此，加强东北亚地区区域合作既是时代的呼唤，也是大势所趋。

在此背景下，欧亚经济联盟和蒙古国与"一带一路"建设对接渐入佳境。2018年，中国商务部在哈萨克斯坦阿斯塔纳经济论坛期间与欧亚经济联盟签署了《中华人民共和国与欧亚经济联盟经贸合作协定》，这标志着"一带一路"倡议与欧亚经济联盟的对接合作。蒙古国的"发展之路"计划与"一带一路"倡议的利益重合，蒙古国和中国均多次表示要加快推动"一带一路"倡议同蒙古国"草原之路"计划的对接。韩国和日本对"一带一路"倡议表现出越来越浓厚的兴趣。韩国政府已多次表示，要将"新北方政策"与"一带一路"倡议对接，并提出对接方案。日本政府也在公开场合多次表示期待"一带一路"倡议为东北亚地区以及世界的繁荣和稳定做出积极的贡献。日本首相安倍晋三在2017年12月初东京举行的日中两国经济界会议上明确表示，可以与中国倡导的"一带一路"构想大力合作，甚至提出将其"自由开放的印度太平洋战略"对外政策（"印太"战略）与"一带一路"倡议联系起来并加以推进。[①] 可见，"一带一路"建设有利于加深国家之间的经济联系，有助于推动东北亚区域经济一体化的发展，促进国家之间的思想文化交流，加深国家间的互利互信，减少国家之间的冲突和敌对，推动东北亚地区的经济发展和互联互通。

从东北亚地区来看，东北亚区域合作的发展推动了中俄双方的合

[①] 《改变对华牵制战略？日媒称安倍欲同时推进与中印合作》，参考消息网，http://www.cankaoxiaoxi.com/world/20171218/2248130.shtml。

作。随着经济全球化的发展和欧盟、北美自由贸易区等区域经济合作组织的成立，为避免被全球化进程边缘化和实现同发达国家的区域组织相对抗，东北亚区域合作日渐提上日程。虽然该区域的经济合作还处于起步阶段，但由于东北亚地区各个国家或地区的资源禀赋不同，经济发展水平不同，便于开展垂直分工和水平分工，其合作空间非常大，有望成为全球第三大经济合作区域。目前，该区域的图们江经济圈、环黄渤海经济圈、环日本海经济圈已成为经济增长极，而中日韩自由贸易区的设立已被提上日程，将会进一步促进该区域经济的发展。

俄罗斯远东地区处于亚洲的东北部，东临太平洋，与日本隔海相望，与蒙古国、朝鲜、中国东北地区接壤，是东北亚地区的重要组成部分。参与东北亚区域经济合作，便于俄联邦政府实施东北亚地缘战略，不仅可以助其成为世界多极中的一极，还可以为远东地区的发展创造稳定的周边环境；不仅可以扩大俄罗斯原材料出口市场，还可以利用该区域内经济较发达地区的资本和科技，解决其国内的资金压力和人口资源不足等问题。

中国东北地区地处东北亚地区的中心地带，与俄罗斯远东地区、朝鲜接壤，与韩国和日本隔海相望。地理位置的优势有助于中国东北地区成为东北亚地区的物流中心和交通枢纽。东北亚区域是中国东北地区的重要贸易伙伴，不仅是其主要的进出口市场，还是其外资的主要来源地，是促进东北地区外贸发展的重要动力。可以说，东北亚区域经济的发展在一定程度上是东北经济振兴的促进因素之一。

俄罗斯远东地区和中国东北地区都离不开东北亚区域经济合作的发展。中俄两国正积极融入东北亚区域经济合作中，以促进国内经济的发展。而俄罗斯远东地区和中国东北地区的经济发展也有利于东北亚区域经济合作的不断深化。

第三节 新时期东北地区新一轮振兴与俄远东地区开发有效对接合作

俄罗斯远东地区开发与中国东北老工业基地振兴的互动与协调发展，对中俄两国而言是优势互补和互利共赢的。充分利用双方的地缘优势和经济上的互补性,大力开展深层次的区域经济合作,无论从现实来看还是从长远来看,都是中俄双方发展全面经济合作关系的重要步骤和重大举措。俄罗斯远东地区丰富的自然资源使这一地区成为俄重要的原料供应和出口基地。以此为基础,积极推进中俄两国的区域经济合作,大力开展中国东北地区新一轮振兴与俄罗斯远东地区开发的有效对接,既有利于俄罗斯远东地区的开发,也能够有力地支持中国东北地区新一轮振兴战略的实施。

一 俄罗斯远东开发与中国东北振兴的互动发展

(一)参与远东地区开发有利于实现东北地区新一轮振兴

随着区域经济一体化进程的不断加快,随着东北老工业基地振兴这项伟大而艰巨的历史性战略任务的实施,进一步开放和加快合作终将是中俄双方的必然选择与大势所趋。积极参与俄罗斯东部尤其是远东地区的经济开发与合作对中国特别是东北地区的经济发展具有重要的现实意义,是中国区域经济合作战略中不可缺少的重要组成部分。尽管俄罗斯尤其是东部地区的经济发展较为缓慢,但俄罗斯依然是个庞大的经济体,其经济发展潜力巨大。为了加快远东地区的经济发展,近年来俄罗斯出台了各种不同的规划战略,实施了许多积极的政策措施。尤其是正在实施的东部开发战略,给中国东北地区带来许多新的合作机遇。

如前所述,为了尽快改变俄罗斯远东地区经济发展滞后状况,缩小远东地区与俄罗斯西部地区及周边国家的发展差距,加快远东与外贝加尔地区的经济社会发展,2007年11月,俄罗斯政府颁布实施了《远东和外贝加尔地区2013年前社会经济发展联邦专项纲要》。此后,俄罗斯又陆续出台了《2025年前远东和贝加尔地区经济社会发展战略》、《中华人民共和国东北地区与俄罗斯联邦远东及东西伯利亚地区合作规划纲要(2009—2018年)》、《2025年前远东和贝加尔地区社会经济发展战略》、《2020年前西伯利亚社会经济发展战略》、《俄联邦远东和贝加尔地区社会经济发展国家规划》、《俄罗斯联邦社会经济跨越式发展区联邦法》、《俄罗斯联邦符拉迪沃斯托克自由港法》、《2016—2025年南千岛群岛(萨哈林州)发展纲要构想》以及《2013—2025年远东文化和旅游业发展纲要》等文件。俄罗斯出台的各项有关东部地区开发的规划政策表明,从远东地区开发建设的实际需要出发,自然资源的开采和加工仍是东部地区开发的重点，将会投入巨额资金来支持该地区的经济建设，在促进远东与外贝加尔地区经济综合发展的进程中，要消除基础设施方面的制约因素，提升过境交通运输能力。

上述这些规划纲要的实施促进了中俄两国尤其是边境省份多领域的合作。黑龙江省、吉林省、内蒙古自治区及南方一些省市都对此表现出积极的参与态度。尤其是黑龙江省依托地缘、人缘优势，早在20世纪80年代就开始了对俄合作开发的研究。此后，黑龙江省与罗斯俄远东地区的合作领域逐年拓宽，规模逐步扩大，已由最初的农业种植、养殖、建筑、森林采伐及木材加工向合资合作、科技人才引进、高新技术成果转化方向发展。面对俄罗斯加入WTO和中国沿边开放的新形势、新机遇，东北地区尤其是黑龙江省作为全国对俄沿边开放的"桥头堡"和枢纽站，不断构筑开放型经济发展的新格局和巩固对俄经贸合作的大省地位，目前黑龙江省已成为中国对俄贸易第一大省。该省对俄贸易和对俄投资分占中国对俄贸易和对俄投资比重的1/4和1/3，已在俄罗斯建设15个境外园区，初步形成了境内外园区和产业基地相结合的发展体系。

目前，中俄两国边境区域经贸合作已形成了很好的对接关系，随着黑河与俄罗斯布拉格维申斯克市友好协作关系的不断深入，双方正努力打造"中俄双子城"。黑河正利用其独特的地理位置和资源来发展优势产业，通过参加"两国一城"建设，与俄方共同打造远东地区中心城市和超级"桥头堡"，即通过区域经济一体化，使黑河与布拉格维申斯克市实现互利"双赢"。

在能源方面，中国东北地区与俄罗斯相邻，背靠俄罗斯东西伯利亚和远东两大油气区，而且距西西伯利亚大油气区也不是很远，因而东北地区可以从俄罗斯三个大油气区得到油气供应。在电力方面，黑河利用从俄罗斯进口的电力辟建专署供电区，发展高载能产业，利用从俄罗斯进口的石油及石油产品开展石化产品的综合加工生产；在加工业方面，将利用俄罗斯丰富的能源、木材、矿产等资源，开展对俄进出口产品综合加工生产。

可见，东北地区作为中国参与俄罗斯东部尤其是远东地区经济合作的前沿与主要力量，正在利用俄罗斯东部开发的机遇，进一步扩大双边贸易和投资规模。而俄罗斯正在大力实施向东部倾斜的经济发展规划，使东部地区的开发力度不断加大。俄罗斯大力推行的东部开发战略十分注重中国的参与，不断表达与中国在西伯利亚及远东地区合作开发的意愿，并将远东开发规划与东北振兴规划相衔接。俄罗斯西伯利亚联邦区积极吸引中国投资者参与该地区的加工工业、冶金业、机械制造和建筑业等行业的发展，并希望建设经俄罗斯阿尔泰共和国直通中国的公路和输气管道。这为东北地区的企业带来了巨大的商机，同时也为东北地区企业"走出去"提供了良好的契机。在中俄两国共同出台的《中华人民共和国东北地区与俄罗斯联邦远东及东西伯利亚地区合作规划纲要（2009—2018年）》中，俄罗斯东部地区与中国东北地区有许多对接项目。今后，东北地区将充分利用政策规划的导向作用，扩大与俄罗斯东部地区的开发与合作，促进东北地区经济健康、稳步、持续、快速发展。

总之，东北地区要实现新一轮全面振兴就需要不断提高经济的外向度，需要充分利用国内外有利的市场和资源。东北地区新一轮振兴离不开开放的国际国内环境，尤其是离不开与周边国家及地区的合作与交流，而俄罗斯东部特别是远东地区便是其中重要的合作区域，这是应对经济全球化挑战，加快东北地区新一轮振兴的重要途径。俄罗斯东部尤其是远东地区是东北振兴不可或缺的舞台，双方的区域合作能够对东北老工业基地的振兴起到积极的促进作用。

（二）东北地区新一轮振兴能够助推俄远东地区开发

中国振兴东北地区等老工业基地战略的出台，使该地区逐步成为中国经济的新增长点。振兴东北老工业基地战略是在全球化背景下推进东北地区社会、经济等各个领域全面、协调、可持续发展的重要举措。从东北地区经济运行状况看，国家振兴东北老工业基地战略已经产生了巨大的政策效应和投资效应，工业结构得到了优化升级，企业联合重组的步伐有所加快，技术创新能力正日益提高，工业总体实力得到增强。所有这些为加强区域合作与交流、实现互利共赢的目标创造了有利条件。再加上中国东北地区是传统的老工业基地，不仅资源丰富、重工业基础雄厚，而且还是苏联时期援建中国重大项目最多的地区，为中俄两国区域合作提供了条件。从这一角度看，中国振兴东北战略的实施对俄罗斯远东地区的开发可谓千载难逢的良机。

对于俄罗斯远东地区来说，东北老工业基地振兴战略的实施为其开发带来了新的历史发展机遇。中国是东北亚地区经济增长速度最快的国家，俄罗斯加强与中国的经济合作就是"搭上了中国经济增长的高速列车"，并驶入经济增长的"快车道"。为了振兴东北老工业基地，中国鼓励体制创新和机制创新，取消行业垄断，扩大金融、保险、商贸、旅游等服务领域的对外开放，这为包括日本、韩国、俄罗斯等国在内的东北亚地区企业提供了市场。远东地区是俄罗斯连接东北亚的"桥头堡"，无论从地缘优势和现实经济利益看，该地区都将成为东北亚区域合作潜力巨大的地区。

中国东北老工业基地振兴已初见成效，而且中国为振兴东北地区投入了大量资金。在东北老工业基地振兴中，辽宁省、吉林省和黑龙江省确定的以机器制造业、重化工业、军工工业为主导的装备制造业的改造与结构调整，可为俄罗斯东部地区特别是远东地区提供多层次的合作渠道、机会和空间。由于俄罗斯远东地区的装备制造业和重化工业等较为发达，能够与东北老工业基地的产业结构调整和装备制造业的振兴形成互动发展的格局。参与东北地区合作可为振兴俄罗斯特别是东部地区的机器制造业提供良好的发展前景，并有利于促进中俄两个地区经济合作的不断深化。

俄罗斯出台的东部开发战略，把西伯利亚和远东地区的开发和发展提升到保障全俄经济发展战略的重要地位，并实施相关联邦专项规划，确定石油天然气开采及运输、石油加工和石油化工、水电和核电等能源产业为优先发展产业，跨境交通运输通道和石油天然气运输网络也被列为优先发展领域。同时，俄罗斯不断表达与中国在远东及西伯利亚地区合作开发的意愿，在2009年5月召开的东部地区发展及边境地区合作会议上，俄罗斯总统特别强调俄东部开发与中国东北振兴的结合。俄罗斯目前在吸引中方投资建厂、引进中方技术和管理、发展木材加工和扩大出口等方面有较大的需求。而中国东北地区的新一轮振兴需要大量的能源和原材料，且该地区的许多大中型企业也具备对俄罗斯进行投资的条件。中俄这两个毗邻地区可以以互利"双赢"的方式在资源开发上进行投资合作，从而推动中俄区域经济合作向纵深发展。

第四章 新时期东北地区对俄远东地区开放合作高地建设

从实际情况看，俄罗斯的确对东北振兴十分关注，试图以中国东北地区的发展为契机，使远东地区的开发步入快速发展的轨道。中俄两国领导人也表示努力共建双方边境区域经济合作开发的振兴带。早在2007年3月"中国年"开幕式期间，俄罗斯总统普京就与中国国家主席胡锦涛进一步达成共识。普京总统表示，要与中方共同商讨和制订远东与西伯利亚地区的开发计划，实现中国东北老工业基地振兴与俄罗斯远东地区开发的战略对接。随着远东地区开发进程和中俄两国互办"国家年"的相继启动与展开，俄方计划出台一系列有利于促进中方投资和远东地区开发的优惠政策，同中方协商制订中俄两国投资合作整体规划，继续鼓励中国企业投资俄罗斯基础设施、加工制造、高新技术、木材深加工、能源资源开发等项目。[1] 普京总统在2012年初总统竞选时表示将要"借中国的东风，扬俄罗斯发展的帆"。可见，中国是俄罗斯远东地区发展战略中要借重的主要外部力量之一。

不仅如此，俄罗斯的有识之士也提出，俄罗斯的繁荣有赖于西伯利亚和远东地区，而西伯利亚和远东地区的繁荣有赖于同中国的合作。俄罗斯远东地区的地方官员也意识到，远东地区对中国边境地区经济已形成较高的依存度，远东地区的经济发展离不开中国，因而与中国边境地区经贸合作的积极性明显提高，这是近期中俄区域合作的关键推动力。俄罗斯哈巴罗夫斯克边疆区行政长官伊沙耶夫曾多次访问中国，他早在2004年6月28日在太平洋盆地经济理事会第37届国际大会上曾公开表示："中国是一个无法阻止的强大火车头，我们应当坐上这个火车头并一同驾驭局势。"俄罗斯萨哈共和国副总统亚历山大·阿基莫夫、滨海边疆区副主席戈尔恰科夫等都多次访问中国，意在寻求与中国特别是与东北地区更广泛和更深层次的经贸合作。

随着《中华人民共和国东北地区与俄罗斯联邦远东及东西伯利亚地区合作规划纲要（2009—2018年）》的实施，中俄双方的经济合作日益步入新的发展阶段。中国东北地区与俄罗斯东部地区的合作具有广阔的发展前景。在中俄地区合作规划中，俄罗斯远东地区提出在原有的采掘业基础上发展加工业，以提高产品的附加值。而俄罗斯远东地区的劳

---

[1] 吴绮敏、吕鸿：《胡锦涛主席会见俄罗斯总统普京》，《人民日报》2007年6月9日。

动力成本比较低，相比之下，俄罗斯远东地区的原材料加工品具有价格优势。例如，在中俄产业对接中，俄罗斯远东地区承接了20多个木材加工项目。在林木区采伐木材后，可直接就地加工，然后再出口到中国东北地区。对于俄罗斯远东地区而言，木材加工可以使当地企业提高产品附加值。此外，中国东北地区发电主要为火力发电，难以满足自身用电需求。而俄罗斯远东地区正在进行电力基础设施建设，随着中俄电力合作的开展，俄罗斯远东地区的电力资源便可源源不断地输往东北地区，缓解远东地区的电力供应压力。可见，随着双边产业分工和合作的开展，贸易创造效应将不断增加，相互贸易依赖不断加深。

二 东北地区新一轮振兴与俄远东跨越式发展区建设的对接合作

2016年以来，中国出台了东北老工业基地新一轮振兴的新举措，而俄罗斯也出台了《俄罗斯联邦社会经济跨越式发展区联邦法》，提出建立跨越式发展区以进一步推进远东地区的开发。在中国东北和俄罗斯远东这两个毗邻地区，几乎同步实施的东北老工业基地新一轮振兴战略和远东跨越式发展区建设，为中俄两地区的经济合作与互动发展提供了新机遇。博鳌亚洲论坛2017年年会发布的《亚洲经济一体化报告》及相关专家认为，"一带一路"倡议促进了亚洲经济体的本土化合作，为亚洲区域经济合作注入了"新动能"，呈现出多层面跨境合作共同发力的趋势，从而加速了亚洲区域经济一体化发展进程。在此背景下，地处东北亚的中国东北地区和俄罗斯远东地区作为参与"一带一路"建设与"欧亚经济联盟"建设对接合作且相毗邻的两个地区，区域经济合作得到了快速发展。在这一进程中，东北老工业基地振兴与俄罗斯远东跨越式发展区建设的对接合作值得关注。

东北地区具有与俄罗斯远东跨越式发展区开展合作的良好基础和条件。东北地区工业基础雄厚，目前已形成了工业门类齐全、比较完整的工业体系，以数控机床、专用设备、汽车、船舶和飞机制造为代表的机械工业在全国占有举足轻重的地位。俄罗斯东部地区装备制造技术实力雄厚，大功率电机、矿山开采、煤深加工、纳米材料等领域技术水平处于世界前列。因此在装备制造业领域，中俄双方可以依托能源、工程和农业等领域的投资合作，加大能源装备、工程机械、农业机械等的联合研发和生产，推动东北地区与远东地区战略性大项目合作，重点扶持一批电站成套设备、数控机床、重型装备企业建立配套产业群，推动东北地区汽车及配件、通信设备、家电等机电产品的对俄出口，加快调整对俄出口产品结构，促进装备制造业企业投资，培育、组织优势企业前往俄罗斯远东地区深入参与国际经济合作与竞争。同时，不断加大高端装备制造投资合作力，包括附加值高的飞机、航天技术、3D打印和机器人技术以及医疗工程设备等，鼓励东北地区企业赴俄罗斯远东地区进行投资，利用当地的科技人才，实现从技术研发到科研成果转化。

值得一提的是，辽宁是我国制造装备的核心产业区域，装备制造业区域集中度较高，已形成以沈阳、大连为核心的装备制造业发展格局，在机床、输变电设备及冶金矿山设备制造等领域的技术已经达到世界先进水平。从沈阳看，沈阳正在以智能制造为主攻方向，全力打造《中国制造2025》的先行区和具有国际竞争力的先进制造业基地。被誉为中国"机床之乡"的沈阳拥有中国最大的机床研发制造企业——沈阳机床（集团）有限责任公司，它不仅代表着中国机床工业发展的最高水平，而且许多技术工艺达到了国际先进水平。早在2014年，拥有完全自主核心控制系统的i5智能机床面就实现了全球首发。该机床不仅具有世界领先的加工精度、质量和效率，更具颠覆意义的是，它智能且可互联，作为互联网智能终端，实现了操作、编程、维护的智能化，最大限度地满足了市场"私人定制"的个性化需求。如今，沈阳机床正携手凤城打造辽宁首个"智造谷"。

从大连看，作为全国高端产业集聚发展窗口的大连湾临海装备制造业聚集区，拥有国际尖端钻井平台生产技术和船舶重工海洋工程项目，集中了大连重大装备行业一半以上的产能，汇集了中国一重、中远船务、德国林德机械、德国舒勒、挪威德瑞斯、大连船舶重工海洋工程等国内外著名装备制造业的龙头企业，在核电装备、石化装备、锻压设备、海洋工程等领域形成领先优势。该区域正在建设国际一流的世界级重大装备制造业基地，发展核电设备、海洋工程、石油化工设备、修造船等大型临海临港装备制造业，不断推动现代渔业、海洋生态环保、冷链物流等优势产业集群化。

可见，装备制造业是辽宁的主导产业之一，具有"走出去"的技术与资金优势。辽宁省可针对俄罗斯远东各跨越式发展区的具体特点和发展目标，结合国家"一带一路"建设和东北老工业基地新一轮振兴战略，全方位推进辽宁与俄罗斯远东跨越式发展区的对接合作。找准双方对接合作的契合点和具体领域，有的放矢地开展合作。要鼓励辽宁企业尤其是那些实力强大的装备制造企业入驻俄罗斯远东跨越式发展区开展投资合作，大力推进航空航天装备、高端船舶和海洋工程装备等辽宁传统优势先进装备制造业与俄罗斯跨越式发展区的合作，实现辽宁装备制造业的产业和资金优势与俄方市场空间和资源优势的有机结合。具体来看，辽宁省在装备制造业领域可参与以下俄罗斯远东地区跨越式发展区的建设：

第一，开展与俄罗斯远东地区以制造业发展为主的工业园区型跨越式发展区的对接合作。这类跨越式发展区面向俄罗斯国内外招商，如纳杰日金斯卡娅跨越式发展区和哈巴罗夫斯克跨越式发展区。工业园区型跨越式发展区由地方政府主导，临近铁路、公路和机场，交通、电网、给水等基础设施较好。纳杰日金斯卡娅跨越式发展区是作为一个工业集群建立的，其发展方向定为高技术产业，产品主要面向亚太国家市场。纳杰日金斯卡娅还处于符拉迪沃斯托克自由港区域内，同时享有跨越式发展区和自由港的双重优惠政策。哈巴罗夫斯克跨越式发展区确定的发展目标是以先进制造业和机械产品生产开发为主。

辽宁省应发挥装备制造业优势明显和装备制造业区域集中度较高的特点，进入急需中资的俄罗斯远东地区以制造业发展为主的工业园区型跨越式发展区，与其对接合作。尤其是沈阳正在全力推进以智能制造为主攻方向的先进制造业发展，沈阳机床（集团）有限责任公司打造的辽宁首个"智造谷"也落地凤城，这些有利条件为沈阳发挥机器制造领域的优势，利用俄罗斯跨越式发展区的区位优势和优惠政策开展对俄罗斯的投资合作，从而获取丰厚的回报，提供了现实可能性。

第二，开展与俄罗斯远东地区以传统优势产业为龙头的跨越式发展区的对接合作。共青城跨越式发展区是俄罗斯远东制造业中心，主要从事与飞机制造相关产业，世界著名的苏霍伊飞机制造厂就位于此。被誉为"中国歼击机摇篮"的沈阳飞机工业（集团）有限公司（以下简称沈飞集团）具备强大的飞机装配和系统集成能力，是中国创建最早、规模最大的现代化歼击机设计、制造基地，曾创造了中国航空史上的多个"第一",拥有国际先进水平的飞机装配、整机试验、可靠性试验、飞行试验的技术及设备和先进完整的航空产品制造生产线。目前中俄两国民用大飞机的合作项目已启动,沈飞集团公司应抓住难得的机遇,利用其拥有的各类干线、支线飞机大部件制造能力,以及所具备的通用飞机和民用产品研制能力,大力开发共青城跨越式发展区的民机市场,开展民机零部件转包等生产项目的合作,积极扩大与该跨越式发展区在航空领域尤其是大飞机制造领域的合作。

第三,开展与俄罗斯远东地区特定产业型跨越式发展区的对接合作。俄罗斯造船产业一直处于低迷状态,除军用舰船外,俄罗斯的民用船只多为韩国和中国制造。为振兴造船业,提高市场竞争力,俄罗斯政府加大了对该行业的支持力度,并将滨海边疆区的巨石跨越式发展区确定为以发展造船业及相关产业为主的跨越式发展区,特别是发展大吨位船舶制造,在远东地区创建工业和造船集群,制造排水量为35万吨的船只、破冰船、特种船等。入驻巨石跨越式发展区的企业享受利润税、财产税、土地税、保险费及关税上的优惠。在所有跨越式发展区中,俄罗斯对该跨越式发展区的投资规模最大,正在建设的"星辰"现代化造船厂不仅是滨海边疆区和远东地区的大项目,也是俄联邦最重要的项目之一。因此,辽宁省可依托造船大省优势,充分发挥大连湾临海装备制造业聚集区区位优势、开放优势和重大装备制造业基础优势,加强对俄罗斯的合作。被誉为"中国造船业旗舰"的大连船舶重工是中国首家跻身全球造船企业前五强的世界著名造船企业,是目前国内唯一有能力提供产品研发、设计、建造、维修、改装、拆解等全寿命周期服务的船舶企业集团,也是国内唯一汇聚军工、造船、海洋工程装备、修/拆船、重工五大业务板块的装备制造企业集团。俄罗斯滨海边疆区的巨石跨越式发展区以发展造船业及相关产业为主的战略定位和发展目标,为大连船舶重工与之对接合作提供了新契机和契合点。大连船舶重工应当充分发挥自身的资金、技术和人才优势,乘我国鼓励装备制造业企业"走出去"的东风,面向俄罗斯远东地区大市场,与巨石跨越式发展区在造船及相关产业领域开展有效合作。

此外,东北地区要加快对俄罗斯远东跨越式发展区建设的考察了解与对接合作。俄罗斯将远东地区作为今后俄经济发展的重点地区之一,而跨越式发展区建设则是远东地区发展的重要支撑,受到俄罗斯总统普京的高度重视。应加快对俄罗斯的投资合作考察,对辽宁省与俄罗斯远东和西伯利亚地区保持友好往来的10个州和边疆区,以及其他各省主要城市与俄罗斯远东地区"结对"建立友好城市关系的远东城市展开深入的考察。尤其是对俄罗斯远东地区那些设有跨越式发展区的州(区)和城市进行重点考察,例如,俄罗斯符拉迪沃斯托克市是大连的友好城市,也是俄罗斯符拉迪沃斯托克自由港区域内的中心城市,并与纳杰日金斯卡娅跨越式发展区和巨石跨越式发展区相接。这为大连市特别是辽宁自贸试验区(大连片区)与俄罗斯符拉迪沃斯托克自由港,以及与俄罗斯纳杰日金斯卡娅跨越式发展区和巨石跨越式发展区的对接合作提供了十分有利条件和现实可能性。

三 东北地区新一轮振兴与俄符拉迪沃斯托克自由港建设的对接合作

经过多年的发展,中俄地区间逐步形成了相对密切和具有比较优势的合作区域,其中,黑龙江省与俄罗斯远东地区、吉林省与俄罗斯滨海边疆区、内蒙古与俄罗斯外贝加尔边疆区都已形成比较坚实的合作基础。作为东北地区唯一与俄罗斯没有地域接壤的省份,辽宁历来重视与日本和韩国的经贸合作,对俄罗斯远东地区的合作还有待进一步加强。辽宁自由贸易试验区与俄罗斯符拉迪沃斯托克自由港的设立给两者的对接合作带来了新机遇。

辽宁省大连市和俄罗斯远东地区的符拉迪沃斯托克市优越的地理位置为辽宁自贸试验区(大连片区)与俄罗斯符拉迪沃斯托克自由港开展对接合作提供了可能。按区域布局划分,大连片区重点发展港航物流、金融商贸、先进装备制造、高新技术、循环经济、航运服务等产业,推动东北亚国际航运中心、国际物流中心建设进程,形成面向东北亚开放合作的战略高地。对辽宁自贸试验区(大连片区)的这种区域布局和功能划分:一是突出并注重发挥大连作为东北亚重要港口城市、重要国际航运中心和国际物流中心的作用;二是意在加快东北老工业基地的结构调整,推进与东北亚地区的经济合作;三是与中国倡导的区域全面经济伙伴关系协定(RCEP)和亚太自贸区协定(FTAAP)相契合,形成对外开放的新格局。基于辽宁自贸试验区(大连片区)上述功能划分、任务和发展目标,加强与俄罗斯远东符拉迪沃斯托克自由港的对接合作不失为一种现实的选择。

第一，辽宁自贸试验区（大连片区）与俄罗斯远东符拉迪沃斯托克自由港开展对接合作，符合辽宁自贸试验区（大连片区）的区域布局和功能划分，特别是重点发展港航物流和航运服务产业，推动东北亚国际航运中心、国际物流中心建设进程，形成面向东北亚开放合作的战略高地，这是辽宁自贸试验区（大连片区）十分明确的功能定位和发展目标，而与符拉迪沃斯托克自由港开展对接合作显然有利于这一目标的实现（见图 4-1）。

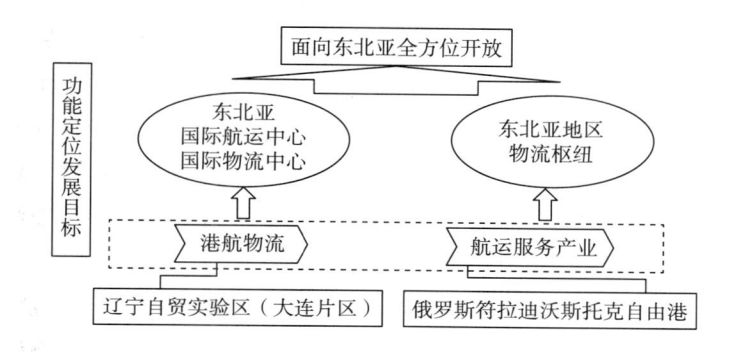

图 4-1 辽宁自贸区（大连片区）与俄罗斯符拉迪沃斯托克自由港功能定位

第二，中国东北地区与俄罗斯远东地区毗邻，东北地区的大连市和俄罗斯远东地区的符拉迪沃斯托克市优越的地理位置为辽宁自贸试验区（大连片区）与俄符拉迪沃斯托克自由港开展对接合作提供了可能。大连港既是中国东北地区，也是东北亚地区的重要港口；符拉迪沃斯托克港既是俄罗斯远东地区和太平洋沿岸的重要港口，也是东北亚地区的主要港口之一。这两个港口城市和港口占据东北亚地区的优越地理位置，由海路和陆路两条通道相连接。陆路通道：大连—绥芬河—波格拉尼奇内—符拉迪沃斯托克，即在俄罗斯远东地区进入"滨海 1 号"国际交通走廊。大连至符拉迪沃斯托克的陆路通道全长约 1500 千米；海上通道：由大连港到符拉迪沃斯托克港的距离为 1100 海里。中俄陆海联运通道项目还被列入由中国政府与俄罗斯政府共同签署的《中国东北地区与俄罗斯远东及东西伯利亚地区合作规划纲要（2009—2018 年)》的重点项目。

第三，辽宁自贸试验区（大连片区）和俄罗斯符拉迪沃斯托克自由港的功能定位有大致相同或相似之处，如都提出面向东北亚全方位开放；发展港航物流和航运服务产业等。辽宁自贸试验区（大连片区）将其功能定位和发展目标设定为建成东北亚国际航运中心和国际物流中心；俄罗斯符拉迪沃斯托克自由港的功能定位也是要发展成为东北亚地区的物流枢纽。因此，辽宁自贸试验区（大连片区）和俄罗斯符拉迪沃斯托克自由港有诸多对接合作的契合点。

第四，大连市与俄罗斯符拉迪沃斯托克市是友好城市。两市早在1992年就建立了友好城市关系。多年来，大连市和符拉迪沃斯托克市交往频繁，人文交流和经贸合作密切。因而辽宁自贸试验区（大连片区）与俄罗斯符拉迪沃斯托克自由港的对接合作具有现实基础。

通过以上对辽宁自贸试验区（大连片区）与俄罗斯符拉迪沃斯托克自由港对接合作的可能性和可行性的分析，可以有效找准辽宁自贸试验区（大连片区）和符拉迪沃斯托克自由港功能定位中的相同点或相似之处，有的放矢地开展对接合作，尤其是全面推进投资合作。一方面，符拉迪沃斯托克自由港实行"单一窗口"过境服务和24小时口岸工作制，实现了入关通关的便利化，通关效率大为提高。另一方面，符拉迪沃斯托克自由港实行税收优惠政策，减免关税，改善管理服务制度，主要目的是吸引外资，尤其是吸引来自中国东北地区的投资。对此，俄罗斯总统普京参加2017年9月在俄罗斯远东城市符拉迪沃斯托克举办的"东方经济论坛"时曾满意地表示，过去两年，远东地区引进外资总额约达90亿美元，"其中80%来自中国朋友"。[1] 因此，在这一领域，辽宁自贸试验区（大连片区）与符拉迪沃斯托克自由港对接合作大有可为。

今后，在辽宁自贸试验区（大连片区）与符拉迪沃斯托克自由港的对接合作中，应发挥辽宁的自身优势，启动与符拉迪沃斯托克自由港的能源、港口和渔业合作（见图4-2）：一是以大连成熟的炼油技术优势和资金优势，在符拉迪沃斯托克自由港内的纳霍德卡港投资建设大型

---

[1] 吴焰、曲颂：《远东"超前开发"见证中俄走近》，《环球时报》2017年11月21日。

炼油厂,享受自由港的各种优惠政策。生产的成品油经海上运输由纳霍德卡港运至大连港,满足中国东北地区的需求;或满足俄罗斯远东地区的需求;或从纳霍德卡港输出到第三国。二是进一步推进港口领域的合作。政府应积极推动企业参与俄罗斯远东港口的开发和利用,如鼓励民营企业到俄罗斯远东的符拉迪沃斯托克港、纳霍德卡港、东方港、波谢特港等购买或租赁码头等。重点扶持大连港与符拉迪沃斯托克自由港在物流领域的对接合作,共同打造东北亚地区的物流中心(枢纽)。三是加强与符拉迪沃斯托克自由港的渔业合作,俄罗斯正在建立划定和提供鱼类养殖区互联网服务平台,俄联邦总统普京批准远东渔业区开启新模式,借助专门的互联网服务划定和提供鱼类养殖区,并起草实施上述新模式的俄联邦政府令草案,制订俄罗斯远东水产养殖新企业潜在投资者清单(俄罗斯、亚太地区国家、欧洲、美国等250家公司),与俄罗斯驻亚太地区、北美洲和欧洲国家的商务代表处建立联系。[①] 因此,可以利用新互联网服务到远东地区发展水产养殖业,特别是在深海捕捞和海产品加工领域的合作,并实现俄罗斯远东丰富的渔业资源与大连港先进冷链体系的对接合作。

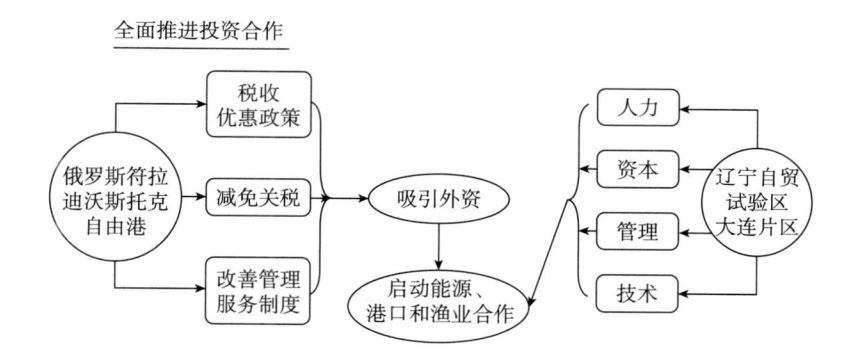

图4-2 辽宁自贸区(大连片区)与俄符拉迪沃斯托克自由港投资合作

---

① "Об Итогах Деятельности Министерства Российской Федерации по Развитию Дальнего Востока в 2016 Году и Задачах на 2017 год", https://minvr.ru/.

第四节　新时期中俄区域经济合作面临的新挑战

第一，从俄罗斯方面来看，外部因素对其影响较大，由乌克兰危机导致的欧美各国对俄罗斯实施的多轮经济制裁，给脆弱的俄罗斯经济造成巨大损失，使俄罗斯经济发展的不确定性增强。再加之国际市场油价暴跌，卢布大幅贬值，更使俄罗斯经济雪上加霜。而且俄罗斯东部与西部地区经济发展不平衡现象严重，俄罗斯远东地区自然条件恶劣，生存和工作环境艰苦，人口数量持续减少，开发资金严重短缺，道路交通、供电供热、电信、住房等基础设施建设长期滞后。这些因素可能会给中俄两国的区域合作尤其是东北地区新一轮振兴与俄罗斯远东地区开发建设的对接合作带来一定的困难甚至增加变数。

第二，从俄罗斯东部地区投资环境来看，中国东北地区参与俄罗斯远东地区投资合作环境仍有待改善。中俄在东北地区和远东地区的相互投资规模仍较小，相互投资的领域也比较单一，支撑性、长远性的投资合作项目不多。具体而言，一是中国东北地区与俄罗斯远东地区在合作开发中存在的最大阻力，是远东地区投资合作政策环境差，投资风险较高，使双方投资合作的潜力未能完全释放。二是中俄双方的合作尚未建立稳定、有效的协调管理机制和信息交流机制，而这种机制是保证彼此合作对接的前提条件。三是东北地区与俄罗斯远东地区合作尚缺乏必要的制度保证与合作组织，尚未形成统一健全的运作机制及固定的发展模式，导致合作风险较高。四是俄罗斯的行政手续审批效率有待于提高，各地区协助外国投资者办事的行政窗口有待于进一步加强与完善，海关程序、外商投资手续需要简化，审批期限需要缩短。五是在硬环境层面，远东地区在铁路、公路、港口、仓储等交通运输及物流信息管理设施陈旧，其他基础设施建设水平也亟待提高，这是中国与俄罗斯合作的重要领域。因此，对到俄罗斯进行投资的中国企业来说，要进行充分的市场考察与调研，把风险降低到最低。今后，中俄双方的贸易渠道还有待于进一步畅通，利用《俄罗斯联邦社会经济跨越式发展区联邦法》和符拉迪沃斯托克自由港建设所提供的新的发展机遇和平台来促进东北地区与俄罗斯远东地区的合作，仍是中俄双方所面临的一个重要课题。

第四章 | 新时期东北地区对俄远东地区开放合作高地建设

第三,在"一带一路"倡议与"欧亚经济联盟"建设对接合作的大背景下,虽然中国东北地区与俄罗斯远东地区这两个相毗邻地区的区域经济合作得到了快速发展,使远东地区的"中国机遇论"成为社会舆论主流,但"中国威胁论"仍有一定市场。一些人认为,中国的经济发展对俄罗斯将构成威胁,认为"一带一路"倡议与俄罗斯主导的欧亚经济联盟具有很多重合之处,甚至存在冲突。还有人认为,中国与俄罗斯的经济合作是出于"经济扩张"和"人口扩张"之目的,因而对中国企业存在严重的排斥心理。俄罗斯科学院远东分院的调查显示,超过一半的远东居民把中国视为俄罗斯东部安全的主要威胁。这些排斥和戒备心理,极大地影响着中俄两国在战略层面、制度层面和优先领域等方面进行有效的合作。在具体项目中,俄方经常通过配额、许可证、质检标准等手段和方式限制中国在相关地区的投资、贸易,俄罗斯地方政府对于中俄合作项目的推进力度也明显不足,经常发生拖延问题。尽管俄罗斯官方已经认可"一带一路"倡议,但是真正做到消除民众和地方政府的错误认知还需要中俄双方作出很多努力。凡此种种,不仅可能影响中俄两国的区域经济合作,还可能对东北老工业基地新一轮振兴与俄罗斯远东地区开发的对接合作产生负面影响。

第四,从国际竞争因素的影响来看,中国参与俄罗斯远东地区的开发合作一直伴随国际竞争因素的影响。在中国参与俄罗斯资源尤其是能源开发合作方面,美国和其他西方垄断资本对中国形成了"抢占"之势。当中国还在同俄罗斯就能源合作进行谈判之时,美国埃克森和美孚石油公司、日本三菱公司都购买了俄罗斯萨哈林石油公司的股份。日美两国还联合投资了俄罗斯萨哈林油气资源,其中在萨哈林1号项目上,日本萨哈林石油和天然气发展公司在其中持股30%,该项目于2005年10月开始采油,2006年10月开始出口石油。在萨哈林2号项目上,日本三井公司拥有12.5%的股份,日本三菱公司拥有10%的股份,该油气项目已于1999年投产。而对萨哈林3号项目,日本也有意参与开发。通过参与萨哈林油气资源的开发,不仅减少了日本对中东石油的依赖性,还大大降低了运输成本。

不仅如此,在中俄石油管道的修建上,还存在曾经闹得沸沸扬扬的中日能源之争等问题。为了实现能源市场的多元化和国家安全,俄罗斯把亚太地区逐渐纳入视线范围，希望通过开展与东北亚地区的能源合作，拓宽国际能源市场。1994年，俄罗斯石油企业向中方提出了修建从西伯利亚到中国东北地区石油管道的建议，即"安大线"，西起俄罗斯伊尔库茨克州的安加尔斯克油田，向南进入布里亚特共和国，绕过贝加尔湖后向东，经过赤塔州，进入中国后直达大庆。2002年，日本提出了修建一条从东西伯利亚经过远东地区到太平洋港口的石油管道，即"安纳线"（安加尔斯克—纳霍德卡输油管线）。为了协调"安大线"和"安纳线"之争，2003年俄罗斯将"安大线"和"安纳线"合二为一，在安加尔斯克—纳霍德卡干线上建设一条到中国大庆的支线，并决定通向中国的管道线路优先开工。但此后这些方案都被搁置，最终俄罗斯提出的"泰纳线"方案得以实现。

在俄罗斯远东地区的能源开发中，欧盟、印度等国也都表现出积极参与的态势，希望能够从中获得油气开发的一席之地。通过以上分析可知，在今后中俄之间的经济合作尤其是资源合作中，仍将面临来自世界其他国家的竞争。不过，从当前国际局势来看，由乌克兰危机导致的欧美对俄罗斯实施的多轮经济制裁，给俄罗斯经济造成了巨大损失，使俄罗斯经济发展的不确定性增强。再加之国际市场油价暴跌，卢布大幅贬值，更使俄罗斯远东地区经济雪上加霜，这种情况也给中国参与远东地区开发合作提供了新的机遇。

除上述域外因素外，从中国方面看，也存在不利于中俄两国开展区域经济合作的因素。如在能源合作领域，一方面，曾因中国没有长期的能源发展战略，使俄罗斯公司无法了解中国能源发展的前景，难以做出符合市场前景的预测；另一方面，由于中国的能源协调管理机制不力，曾因缺乏相应的政府机构和适应国际经济合作的决策机制，不仅导致了决策慢、反应迟缓，而且出现了国内多家公司在国外相互竞争的局面，某些个别公司甚至还垄断了一些资源的开发，这些都在一定程度上影响了中俄能源合作的正常进展。在科技领域，中国对俄罗斯的科技合作曾在认识上存在不足之处。20世纪90年代以来，随着俄罗斯综合国力的衰退，中国实业界和一些部门对俄罗斯的科技实力曾存在过错误的估计，认为俄罗斯的总体科技水平比西方落后15—20年，只有西方国家的先进科技成果才值得引进。在这种思想的支配下，中国在确定对外科技合作伙伴时，总是把美国、欧盟和日本放在优先地位，而对与俄罗斯的科技合作往往重视不够，因而付出了一定代价。

第五，从国际政治因素来看，东北亚区域中，中国和朝鲜是社会主义国家，俄罗斯、日本、韩国、蒙古国是资本主义国家。两种政治制度和意识形态难免会相互对立与触碰，尽管中俄两国区域合作是在经济领域的合作，但是东北亚各国政治上的分歧不可避免地会影响到双方的经济合作。

第五节 构筑"一带一路"北向通道下深化中俄区域经济合作的新思考

长期以来，开发西伯利亚和远东地区，一直是俄罗斯具有战略远见的政治家的共同梦想，时至今日，这个梦想也未曾动摇。对于俄罗斯远东和西伯利亚大部分地区来说，中国已经成为一个重要的商业伙伴。正如俄联邦总统驻远东联邦区全权代表萨福诺夫所认为的，边境经贸合作能够成为发展远东南部地区的推动力，并能更好地刺激经济各领域的发展。因此，只要我们审时度势，积极采取应对措施，就能够把握住机遇，开创中俄两国区域经济合作的新局面。今后一个时期，在"一带一盟"对接合作以及打造"一带一路"北向通道的大背景下，依据新时代中俄全面战略协作伙伴关系的发展，以及两国推动毗邻地区战略互动与规划对接的要求，立足中俄两国未来长期合作发展趋势，基于各方合作优势与潜力，尤其是中国东北地区新一轮振兴战略与俄罗斯远东地区开发新战略对接合作，大力发展中俄两国的区域经济合作。为此，应在以下几个方面做出不懈努力：

一 强化双方区域经济合作的互动

一方面，中国东北地区与俄罗斯东部地区特别是远东地区的经济合作必须减少或消除政策和体制方面的障碍与制约因素，双方应以"优势互补、互利共赢"为合作理念和合作基础，通过采取包括放宽限制以及鼓励政策和优惠政策在内的各种有效措施，促进区域内各类生产要素的合理流动与组合。着力形成双方毗邻地区经济互动发展的新模式，逐步建成具有较强竞争力和较大投资吸引力、互惠互利和合作共赢的中俄区域经济合作体。

另一方面，完善中国东北地区与俄罗斯东部地区特别是远东地区的区域经济合作机制，推动双方合作的互动发展。一是不断完善合作的协调机制，充分发挥中俄两国毗邻省州领导定期会晤机制的作用，加强双方在经济合作问题上的沟通与交流，协调并及时解决合作中出现的各种问题，保障区域经济合作的顺利进行。二是完善合作的促进机制，以中俄区域经贸合作的互补性和同构性为基础，从两国相邻地区的自然资源状况、劳动力资源分布、产品结构和市场需求的实际出发，形成并不断完善区域经济合作新的以互动为基础的促进机制，以实现中俄双方区域经济合作利益的最大化。

二 改善经营方式

中国参与俄罗斯远东地区开发的主体是企业，政府职能的发挥依然需要依靠企业来执行。目前，中方企业在远东地区开发依然存在一些问题，经营方式有待规范和改善。中国对俄罗斯进行投资的主体大多为民营中小企业，许多企业初次涉足海外投资，缺乏境外投资经验。由于条件有限，信息渠道不够畅通，再加上缺乏对俄罗斯特别是远东地区投资环境的先期周密调研，对俄罗斯的外贸政策、海关制度、涉外法律法规以及市场供需情况和基础设施保障水平等了解不够深入，使一些企业的投资和经营活动具有一定的盲目性，导致在俄罗斯境内的业务活动经常遭遇损失和困难。一些民营小企业的投资往往只着眼于眼前利益，缺乏长远的战略目标，不仅使投资企业招致俄方执法部门的查处，而且影响中国企业的声誉。因此，政府应大力倡导企业主体改变对俄经营管理活动，加大对不良企业与人员的监督、惩治力度。对于赴俄企业来说，首先，要引进、培养专业人才，提高从业人员素质。其次，需要树立制定全局发展战略和正确投资理念，充分做好风险评估，切忌盲目投资、开发。中小企业可以寻求抱团出海，或者寻求民间商会、海外投资者协会等社会组织的帮助，构建海外投资安保体系，提升与当地社会的谈判能力。最后，要注重加强本土化经营，了解俄罗斯的国情与政治生态，以规范、合法的方式从事国际贸易和投资项目，实现并加快中俄经济合作的转型升级。以实际行动表明中方的非政治性诉求，注重培养社会责任感，在环保、带动就业等方面为当地民众做出贡献，培养利益"共同体"认识，实现远东地区的绿色、可持续开发。

此外，企业要扩大对俄贸易和投资的范围和领域，需要提高诚信度和创新技术水平，改善出口商品质量，提高自身产品竞争力。一方面，要制订品牌建设发展规划，创立自主品牌，关注在俄罗斯注册商标、宣传品牌、申请专利的政策信息；另一方面，要加大资金投入，对产品进行技术创新和深度开发，注重培育和扶持核心技术和自主知识产权，打造物美价廉的名优产品。

三 积极参与俄远东"一区一港"建设

俄罗斯在整体经济规划上已经把东部地区提升到保障全俄经济发展战略的重要地位。为了加快东部地区的发展，俄罗斯在远东地区实施跨越式发展区和建立符拉迪沃斯托克自由港的举措，制定各种优惠政策，积极发展远东地区基础设施，明显加大对远东的开发力度和政策的倾斜力度，提供税收减免、土地、基础设施建设等方面最优惠的条件。同时，全面发展东部地区的港口经济，加大对国外招商引资的力度，力争将该地区建成俄罗斯的东大门，斥巨资全面推进俄罗斯远东与西伯利亚地区自然资源的开发和物流渠道的疏通。今后几年，该地区将有一系列大型投资项目开始实施。因此，中国尤其是东北地区要充分利用这一有利契机，积极参与俄罗斯东部地区的开发建设。

俄罗斯远东跨越式发展区建设离不开中国东北地区的深度参与，除了地缘优势外，东北地区的人才、技术和资金优势可以弥补俄罗斯远东跨越式发展区这些方面的不足。首先，目前有 11 个跨越式发展区被设置在毗邻中国的俄罗斯境内，中国企业入驻和发展具有一定的地缘优势。其次，为了加大对远东地区的开发力度，俄罗斯在建立远东跨越式发展区和符拉迪沃斯托克自由港的同时，制定各种优惠政策。这些新举措的实施为中俄毗邻地区的对接合作提供了巨大的发展空间。最后，跨越式发展区和自由港内的产业类型涉及农业、第二产业、服务业、交通物流和旅游业等，有利于中俄产业合作的发展。因此，应抓住机遇，以跨越式发展区和自由港为合作平台，调整和制定相关政策、法律和机制，推动中俄双边经贸合作的发展。在自由港建设方面，政府应积极推动企业参与俄罗斯远东港口的开发和利用。可以鼓励民营企业到俄罗斯远东的符拉迪沃斯托克港、纳霍德卡港、东方港、波谢特港等购买或租赁码头等。

值得一提的是，俄罗斯远东滨海边疆区的东方石化公司跨越式发展区确定的目标是发展石化工业及与之相关的服务业；萨哈林州是俄罗斯远东地区石油和天然气资源丰富的地区，该州建有两个跨越式发展区。但这些跨越式发展区均面临缺少资金和技术的共同问题或者说发展"瓶颈"。而中国东北地区的资金基础相对雄厚，有资料显示，就GDP规模而言，东北地区的哈尔滨、长春、沈阳和大连已分别超过了下述国家：哈尔滨—保加利亚、长春—多米尼加、沈阳—苏丹、大连—芬兰。① 因此，东北地区可加强对俄罗斯远东地区跨越式发展区的投资。此外，东北老工业基地中的大庆、辽阳和大连应充分利用成熟的炼油技术优势和资金优势，在俄罗斯远东上述跨越式发展区投资建设大型炼油厂及相关企业，享受各种优惠政策。

四 利用互补优势，巩固现有合作

（一）加强能源合作

能源合作是当前和今后一个时期中国参与远东地区开发的重点领域，既是中俄两国的现实需求，也是国际能源合作趋势下的必然选择。为了保证本国的能源安全，近年来俄罗斯不断谋求能源出口的多元化，而中国也正在实施能源进口的多元化和"走出去"的战略，因此，中俄两国的能源安全战略存在利益上的结合点，要抓住当前的有利时机，推动中俄能源合作不断深化发展，努力使其发展成为"一带一路"倡议走深走实的标杆。

能源合作是中俄关系中最为关键、涉及范围最广的重点领域。当前，俄罗斯油气行业存在诸多亟待解决的问题。一是石油勘探开采设备老化、开采技术落后，需要大量资金才能得以进一步开发。二是在国际金融危机的影响下，俄罗斯本国货币汇率极不稳定，大量外资撤出，股市大幅下跌，导致国内几大石油公司陷入债务危机，油气行业发展面临更加严峻的挑战。三是目前的国际局势来看，低成本的页岩气开发技术正在给俄罗斯的天然气出口带来威胁，乌克兰危机爆发也使欧洲与俄罗斯的政治经济关系十分紧张，不仅直接影响俄罗斯石油的出口，而且中

---

① 《俄媒：35个中国城市富可敌国》，《环球时报》2017年11月13日。

国能源进口也因西方势力遭遇重重阻碍。因此，传统能源进出口合作模式已无法满足新时期中俄两国的能源需求，中俄双方可致力于开展更加多元化的能源合作，推动深层次的能源技术合作。换言之，新能源技术开发与利用、非传统油气勘探与开发合作将成为符合中俄两国国情和世界能源格局的新选择。

从石油和天然气合作来看，一方面应继续"推进阿穆尔—黑河边境油品储运与炼化综合体"、哈巴罗夫斯克边疆区可再生资源综利用等项目，进一步扩大传统能源进出口合作，积极推动中俄天然气管道建设，提高中俄原油管道输送能力。俄罗斯政府批准了"建设东西伯利亚与远东天然气开采、运输和供应统一系统纲要"，其目标是实现远东天然气化和扩大对亚太地区国家的天然气出口。因此，应抓住机遇，通过各种渠道扩大俄罗斯石油天然气的进口，满足中国东北乃至华北地区不断增长的市场需求。另一方面，要不断深化能源合作，逐渐实现从资源开发合作走向资源加工合作的转变，鼓励中国有实力的大企业通过多种方式进入俄罗斯远东地区，进行资源勘探开发与深加工领域的合作，鼓励双方能源投资合作向勘探、开采、深加工、储运、销售等全产业链延伸。依托东北地区的资源加工业基础，通过在俄罗斯开办资源加工企业或引进俄罗斯的资源进行加工的方式，推进双方资源加工产业合作的发展。

当前，可发挥中国尤其是东北地区资金和技术上的优势，对俄罗斯东部地区能源领域进行投资合作。一是采取并购、控股等方式，参与萨哈林州、萨哈共和国油气勘探与开发等。可以能源加工领域为合作重点，推动企业与俄罗斯远东大型炼油中心开展能源精深加工合作，发挥辽宁省辽阳及大连成熟的炼油技术和资金优势，在符拉迪沃斯托克自由港内的纳霍德卡港投资建设大型炼油厂，享受自由港的优惠政策。生产的成品油可经陆上运往大庆或由纳霍德卡港海上运至大连港，以满足东北地区的需求；或满足俄罗斯远东地区的需求；或从纳霍德卡港输出到第三国。二是积极参与俄罗斯远东地区石油天然气化学工业项目。目前俄罗斯希望中方投资的项目有：阿穆尔州阿穆尔天然气处理厂附近的聚乙烯与甲醇生产；滨海边疆区纳霍德卡矿物肥料厂附近的醋酸生产；哈巴罗夫斯克边疆区对二甲苯生产；滨海边疆区聚乙烯薄膜生产；阿穆尔州聚

181

乙烯管生产；滨海边疆区注塑成型塑料产品生产；符拉迪沃斯托克自由港组装生产用于制造、储存、运输和卸载液化天然气的设备。三是积极参与北极地区天然气开发项目，在参与开发亚马尔液化天然气项目的基础上，积极参与亚马尔半岛以东吉丹半岛的"北极液化天然气–2号"项目以及"伯朝拉""什托克曼"等北冰洋沿岸液化天然气项目的开发。

从电力资源来看，俄罗斯拥有欧洲最大、世界第四大的电力系统，自身供电充足，特别是俄罗斯远东和西伯利亚地区有丰富的煤炭和水力资源，具备发展电力的自然优势。因此，中方参与俄罗斯远东地区合作还要着重开展电力能源的合作，特别是大力推进中俄大型跨国输电项目以及电力基础设施领域的合作。此外，太阳能、地热能、海洋能、生物质能等新兴产业也是未来中国参与远东地区能源领域开发的对象。

今后，中国应积极动员各方力量，实施政府扶持、企业运作和科研保障等并行举措，积极推动大型石化国有企业有针对性地对俄罗斯远东地区能源开发项目进行投资，在将过剩的生产设备投入俄罗斯远东地区油气开发建设的同时，引进一些先进的油气加工和石化技术。同时，应充分利用资金优势，积极投资远东地区能源企业，加强与俄罗斯远东地区能源公司的合作，深化能源技术合作，对设备进行技术升级改造，发展精细化工产业，延长能源产品加工链条。中俄双方可以通过共同开发能源技术与合作，推动能源合作关系，共同实现能源创新。

（二）扩大农业合作

俄罗斯西伯利亚和远东地区土地资源十分丰富，人均耕地面积达0.94公顷，而中国这一指标则仅为0.10公顷，俄罗斯远东地区人均耕地面积是中国的9.4倍。俄罗斯远东地区播种面积达250多万公顷，种植的农产品皆为绿色生态产品，牧草和干草区为400多万公顷。总的来看，俄罗斯远东地区地广人稀，农业发展落后，农业劳动力严重短缺，有一半的耕地处于闲置状态，大量农业用地亟待出租。该地区粮食、蔬菜、肉、奶等农产品自给率较低，其中蔬菜仅为58%、谷物为79%、肉类为25%、牛奶为44%，这为投资者创造了较多的机会。

为了振兴远东地区农业，俄罗斯正采取措施吸引更多的资本投资农业。而中国的人均农业土地资源已经到了危险的临界点。从农业劳动力方面看，俄罗斯东部地区面临人口危机，农业劳动力严重匮乏。而中国不仅是农业大国，也是人口大国，劳动力资源尤其是农业劳动力资源位居世界前列。可见，中俄双方在农业方面有着较强的互补性，双方的农业合作不仅有利于远东地区的农业开发，而且有利于缓解中国耕地面积逐年减少、人口不断增多所带来的压力。

东北地区是中国最大的农业主产区和粮食生产基地，农产品丰富，农牧业的生产技术和农副产品加工技术先进，拥有大量农业科技人员和娴熟的农业劳动力，农业创新技术发展较快，农业现代化水平相对较高。同时，东北地区土地资源少、剩余劳动力较多。可见，东北地区和远东地区在土地、劳动力、资金、技术等农业生产要素方面具有很大的互补性，为开展跨国次区域农业合作提供了必要性和可行性，双方在农业领域的开发合作潜力巨大，合作前景广阔。

中国东北地区参与远东地区农业开发，不仅有利于俄远罗斯东部地区农业技术进步和农业快速发展，改善和提高俄罗斯远东地区农副产品的供应，而且有利于保障中国农产品供给和粮食安全，推动中国国内农业产业结构升级。近些年，东北地区和远东地区在农业领域的合作较为成功，双方的农业合作方式主要采取的是由俄罗斯远东地区提供土地和部分农业机械设备，中国东北地区提供技术、种子和部分机械设备并输出劳务的模式。今后，双方的合作除了采取这种常规的模式外，还要重点打造跨境农业国际化优势产业集群。

目前，扩大对华农业原料、产品和粮食出口，以及丰富农业深加工产品对华出口是中俄两国在远东地区经贸合作的优先方向，俄罗斯将向中国投资者提供所需土地、融资优惠政策和必要保障。由 Rusagro 与 Mercy Agro 滨海公司参与的滨海边疆区养猪综合体建设工程，滨海边疆区本地甜菜制糖业与甘蔗加工厂现代化改造工程，一次性储量为 5 万吨的滨海边疆区农产品批发集散中心建设工程等都是急需中方投资的项目。因此，东北地区企业应抓住机遇，发挥技术与资金优势，加大对俄罗斯远东地区上述项目的投资，同时发展生态农业合作，力争在农业合作领域取得新突破。为此，需要采取以下一系列政策措施：

一是东北地区应大力发展外向型农业，在国内外建立一批高技术、高效益的农产品出口生产加工基地，发展农业龙头企业，提高参与俄罗斯远东地区农产品市场的国际竞争能力。

二是抓住机遇，积极参与远东地区以农工产业或农业及加工为主要发展目标的跨越式发展区建设，包括滨海边疆区的"米哈伊洛夫斯基"、哈巴罗夫斯克边疆区的"拉基特诺耶"、阿穆尔州的"叶卡捷林诺斯拉夫卡"和"别罗戈尔斯克"跨越式发展区，以及犹太自治州的"斯米多维奇斯克"跨越式发展区等，这些跨越式发展区农业资源较为丰富，政府对农业也十分重视，给予了农业生产者诸多优惠政策和补贴。

三是不断扩大彼此间农产品贸易，发展生态农业合作，加大对俄罗斯远东地区食品工业的投资，建立起农业生产与销售"一条龙"的产业链。同时，要积极推动进中国东北地区与俄罗斯远东地区在农业种植、养殖、加工、仓储、物流等领域的合作，加快建设新的粮食陆地走廊的合作步伐。尤其是黑龙江省在市场、技术、资金等方面存在较大优势，今后应把对资本、技术密集型现代化绿色大农业的投资作为参与俄罗斯远地区农业合作的重点。

四是中国东北地区各政府要积极与俄罗斯远东地区各政府签订长期农业合作协议，通过国家层面敦促俄罗斯方面进一步放开对外国劳务进入的限制，以便扩大双方农业劳务合作的开展，必要时需要打造统一的、高效的劳务信息服务平台和农业科技交流平台。

（三）推进渔业合作

东北地区尤其是辽宁省与俄罗斯远东地区在渔业领域合作具有较高的契合度。俄罗斯远东地区渔业资源非常丰富，占全世界海产品40%的份额，占全俄海洋鱼总量的90%以上[1]，渔产品捕捞生产具有较好前景。中俄双方在海上养殖、滩涂养殖及底播增值等方面具有较大的合作与发展潜力。其中，哈巴罗夫斯克边疆区每年渔产品捕获量为14.1万吨，品种包括枪乌贼、帝王蟹、狭鳕、大马哈鱼、虾夷扇贝、海参等。[2] 尽管俄罗斯远东地区渔业资源丰富，但渔业资源的加工能力却较为薄弱，资源利用率低。中国东北地区特别是辽宁省拥有较长的海岸线和丰富渔业资源，在渔业养殖、捕捞方面极具优势，目前双方在渔业方

---

[1] 崔亚平：《俄罗斯远东渔业的现状与未来》，《欧亚经济》2011年第1期。
[2] 《辽宁省同俄罗斯远东地区渔业企业再次合作》，http：//www.shuichan.cc/news_view-225120.html，2014-11-19。

面的合作还停留在以贸易为主的初级阶段，今后在渔业产品精细加工领域的投资合作较有前景。

俄罗斯远东地区水产养殖优势显著，拥有亚太地区市场价值高且畅销的海参、扇贝等水产养殖品种，日本海和鄂霍次克海南部俄罗斯沿岸附近拥有15万多公顷适宜水产养殖的闲置海域。俄罗斯远东地区萨哈林州南区跨越式发展区以渔业资源深加工为主，堪察加边疆区堪察加跨越式发展区以水产养殖加工项目为主。当前，俄罗斯欢迎中国投资者投资远东地区的水产养殖项目，并提供必要的支持。东北地区的大连在水产养殖尤其是特色水产养殖技术方面具有诸多经验与优势，在双方的合作中，可以发挥水产养殖龙头企业在藻贝类、海珍品养殖、苗种培育和水产品加工等领域的自身优势，积极开展双方渔业合作，特别是在深海捕捞和海产品加工领域的合作，实现俄罗斯远东地区丰富且无污染的渔业资源与大连港先进冷链体系的对接合作，充分发挥大连渔业生产基地和水产品集散地的优势，扩大对日韩等东北亚地区国家的水产品出口份额。

（四）继续扩大资源领域合作

继续参与俄罗斯东部地区的资源尤其是矿产、林业等方面的合作，通过开展区域资源合作，提高资源的配置效率和使用效率，实现区域经济的协调发展。尽管俄罗斯远东地区拥有丰富的自然资源，矿物原料、森林、煤炭等储量巨大，是俄罗斯重要的原料供应基地，但却存在开采能力不足、技术落后、加工企业严重缺乏、辅助性和服务性设施落后等问题。因此，以俄罗斯远东地区有利的自然条件为基础，积极推进中俄区域经贸合作，既有利于俄罗斯远东地区的大开发，也能够有力地支持中国东北老工业基地振兴战略的实施。

在矿产资源合作方面，中国东北地区应抓住机遇，推进对俄罗斯远东地区的矿产资源投资。俄罗斯远东地区蕴藏着巨大的矿产储量，其中包括630多吨金矿、6000多吨银、33.7万吨铜、110万吨锡、142亿吨褐煤、79亿吨石煤、12亿吨铁矿石及其他50多种矿物。根据《中俄在俄罗斯远东地区合作发展规划（2018—2024年）》，俄罗斯欢迎中国投资者开发远东地区的矿产资源。

东北地区有许多资源枯竭城市，东北地区的资源枯竭城市有20个，占全国资源枯竭城市（共69个）的29%。这些城市具有矿产资源制造业发展的技术基础，因而可在资源枯竭城市和俄罗斯东部资源丰富的产地之间开展合作。鉴于东北地区每年需要进口大量的铁矿砂、煤炭等矿产资源来满足生产之需，政府可鼓励并组织相关资源开发企业赴俄罗斯远东地区对金、银、钨等矿产资源的储备和分布、矿床的开发运营、设备与物流成本以及当地政策情况进行考察，培育发展对俄罗斯矿产资源加工基地，并与俄方企业洽谈，共同组建合资公司，联合开发中下游资源性产品，向深加工和精加工方面发展。对于落地加工商品进口额达到一定规模和增幅较大的项目，给予重点扶持。同时，鼓励相关企业积极参加俄罗斯远东地区举办的"中国投资者日"活动，深入了解相关推介活动以抓住有利时机进行投资。尤其是抚顺、阜新可发挥自身优势，积极参与俄罗斯远东地区以大型焦煤矿开发为主的萨哈（雅库特）共和国南雅库特跨越式发展区的项目。这种合作不仅有利于继续发展枯竭城市的资源产业，而且还能提高资源来源地的资源利用效率，有利于实现中俄双方资源领域的共同发展。

在森林资源方面，俄罗斯远东地区的木材加工业十分薄弱。而东北地区黑龙江省与吉林省在森林采伐及加工利用方面占据绝对优势，双方具有极大的互补性。针对当前俄罗斯远东市场对中国的木工机械需求增加的情况，应加快东北地区的木材机械出口。俄罗斯远东和外贝加尔地区拥有丰富的森林资源，年实际采伐量达6000万立方米。为应对国家不断上调原木出口关税，同时不断下调锯材出口关税这一变化，俄罗斯远东企业不得不寻求对出口木材进行初级加工之路。以滨海边疆区为例，该边疆区是远东地区主要的木材出口地，占远东地区木材出口总量的65%。该边疆区正在规划在丘古耶夫卡镇建设刨花板加工企业、在达利涅列琴斯克市建立中密度板企业、在普拉斯顿镇建立胶合板等加工企业。由于远东地区采伐能力远大于加工能力，因而为大力发展木材加工业，就需要大量的林业设备和木工机械。[1] 这无疑给东北地区木工机械对俄罗斯东部地区的出口带来了利好信息。因此，东北地区相关企业

---

[1] 曲伟：《2009年黑龙江省经济形势分析与预测》，黑龙江教育出版社2009年版，第216—217页。

应把握住这一机遇。

（五）加强双方科技合作

俄罗斯是公认的科技大国、科技强国。从其雄厚的科技基础和国家所采取的一系列发掘科技潜力的政策措施来看，俄罗斯基本保留了一支在质量上和数量上都具有比较优势的科研队伍，并在众多科技领域仍然保持世界领先水平。俄罗斯东部尤其是远东地区在军工、飞机制造、船舶修造、动力工程、金属加工技术、新能源、以纳米科技为主导的新材料以及信息技术、生物技术等方面，具备雄厚的科研基础和实力。中国作为全球最重要的制造业基地，在轻工、电子、家电、农业、通信、高铁等领域技术较为成熟，为中国输出本土技术奠定了一定的基础。"中国＋俄罗斯"科技合作是现实的选择，中俄两国可以相互取长补短，彼此借力，共同提高科技能力和国际竞争力。

一方面，中国东北地区正面临着新一轮振兴之势，面临着整体的技术改造和产业升级需求，因此对先进技术工艺有巨大市场需求。早在苏联时期，俄罗斯就与东北地区开展了多项技术援助合作，可以说东北老工业基地的创建离不开俄罗斯的支持。如今东北老工业基地的振兴面临着产业结构调整、对技术和装备落后的企业进行技术改造和购并重组的重任，这不仅需要大量资金，还需要引进先进技术。俄罗斯远东地区在军工、飞机制造、船舶修造、动力工程等方面拥有的技术与东北老工业基地的需要相吻合，引进这些先进技术在国内实现转化和产业化具有现实基础和可能性，不仅有利于东北老工业基地产业结构调整和改造，而且也符合双方的利益。

另一方面，促进和加强中俄毗邻地区深层次的经济技术合作，是振兴东北老工业基地和远东大开发的应有之义。对俄罗斯东部地区的科技合作是中国东北地区与俄罗斯经济技术合作的重要组成部分。为了充分发挥双方经济技术的互补优势和提升东北地区科技产业国际化水平，东北地区应大力推进对俄科技合作的创新升级。实际上，俄罗斯也是中国技术输出的重要广阔市场，如将高铁产品技术推广到俄罗斯，不仅可以使俄罗斯感受科技合作的双向共赢特点，还可以改变俄罗斯国内对"一带一路"倡议的偏见。因此，应该通过大力实施"引进来"和"走出去"战略，全方位地提升对俄科技合作的层次和水平。

具体而言，东北地区应利用独特地缘优势，抓住时代新机遇，坚持"政府推动、市场运作、中俄双方高技术支持"的运营模式，扩大合作方式，创新升级合作领域，打造高等院校、科研院所、大型企业3支对俄罗斯远东地区科技及产业化合作队伍，充分发挥两地区科技产业的互补优势。首先，可以设立专门的小组或部门负责对俄罗斯远东地区科技合作与交流工作，并依据不同地区经济、科技条件和水平制定不同的中长期合作战略和目标。同时，建立和完善科技合作的中介机构和咨询评估机构，给予财政支持和经费鼓励，增强双方在科技领域的沟通、咨询、衔接和转化功能，推进俄罗斯远东地区科技项目成果产业化。尤其是要推广黑龙江等省份对俄科技合作的成功经验，促进全国其他省份与俄罗斯的科技合作。其次，东北地区应建立双边科技合作协调机制，共建科技示范园和先进技术示范推广基地等，针对俄方航天航空、军工、生物制药、激光、核电等领域的尖端技术开展R&D合作，投资建立高技术企业和研发中心。通过联合承担科研项目、实施科研规划、共同开展重大、关键技术攻关等方式加强双方的科技合作。最后，促进中国高校和科研院所与俄罗斯科学院远东分院及其他远东高校之间的技术交流与合作，积极创办中俄联合大学和联合研究所，加强双方科技人员的往来、交流与培养力度。除科研人员定期交流外，还可以通过直接聘请、合作研究、讲学、合作开发等多种渠道积极引进俄罗斯人才，同时扩大国内科研人员、高校教师赴俄罗斯远东地区进行访问、进修的规模。

（六）扩大双方劳务合作

随着俄罗斯东部地区大开发战略的实施，在基础设施建设、能源及原材料开采、特大城市建设等方面将会实施许多大型项目，从而将会产生大量工作岗位的需求。尤其是在俄罗斯远东和西伯利亚地区的石油、天然气和木材等资源开发领域，劳动力短缺现象特别严重，几乎达到了50％。但由于俄罗斯东部地区难以与俄罗斯西部发达的经济、优越的生活相媲美，因而吸引本国居民向东迁移的难度比较大，尽管俄联邦政府出台了鼓励人口生育政策，但也难以解决远东地区人口缺乏的燃眉之急。在这种情况下，接收外来移民成为快速且有效的方式，尤其是开展中俄劳务合作被视为最为有效的对策之一。

俄罗斯远东地区开发和发展纲要的实施，需要大量的劳动力。但苏联解体以来，俄罗斯人口总量一直处于缓慢下降之中，1989—2014 年，俄罗斯人口总数下降了约 300 万。截至 2019 年 8 月 1 日，俄罗斯人口总数约为 1.467 亿，劳动力缺口约为 1000 万人。同全俄情况一样，俄罗斯远东地区人口也一直呈现出下降的趋势，从苏联解体时的 810 万人下降到 2015 年的 620 万人。俄罗斯远东地区不仅人口稀少，而且人口老龄化趋势明显，人口流失严重，直接导致该地区劳动力资源的不足，严重影响了该地区工农业及其他行业的发展。据统计，1991—2015 年，俄罗斯远东地区人口流失 190 万人，大量人口向外迁移至俄罗斯西部地区。2015 年，远东地区人口占俄罗斯总人口比重从 1991 年的 5.4% 下降到 4.2%。近年来，随着远东地区开发力度的加强、跨越式发展区和符拉迪沃斯托克自由港的建立，以及远东地区新的移民政策的实施，使远东地区的人口出现了增加的趋势，到 2019 年 1 月 1 日，远东联邦区的人口达到了 818.9 万人。[①] 尽管如此，从整体上来看，远东地区的人口形势依然严峻。

根据《2013 年前远东和外贝加尔地区社会经济发展联邦专项纲要》，计划投资 10 万亿卢布开发远东地区，优先发展基础设施，建设新的公路、桥梁，完善铁路、公路及管道，改建海港和发展航空运输。其中交通和能源建设投资比重占全部投资的 58% 和 28%。远东管委会第一副主任维科托·米亚斯尼科曾指出："迄今为止，很多大项目的建设还没有启动。随着施工进度的加快和建筑作业量的增加，需要的劳动力将会越来越多。"据俄罗斯专家推测，要完成俄罗斯远东地区的开发任务，需要补充 250 万个劳动力，而依靠远东地区或整个俄罗斯都很难解决这个问题。因此，随着俄罗斯对远东地区开发力度的加大，将会加大对劳动力的引进力度。2018 年 4 月，普京在例行的记者会上宣布，将给那些愿意来远东地区定居的人无偿赠送土地（每人 1 公顷）。虽然同 2016 年 5 月颁布的《俄罗斯远东地区土地免费配发法案》中规定的一样，这次同样会面向俄罗斯公民，但此次赠送对象将主要针对外国移民，尤其是中国和日本的移民。这是俄罗斯移民政策的一次重大转折，

---

① Федеральная Служба Государственной Статистики，"Российский Статистический Ежегодник – 2019"，C. 63.

也是俄罗斯经济和人口政策的一次重大转折。普京表示，日本人、中国人早就建议开发这些土地，这些土地的开发不仅能够为俄罗斯供应农产品，而且还可以向其他国家出口，有利于解决远东地区经济增长乏力和土地资源浪费的问题。俄罗斯远东地区的阿穆尔州、犹太自治州、堪察加半岛、马加丹州、滨海边疆区、亚库特区、萨哈林区、哈巴罗夫斯克州、楚科奇自治区均被列为送地计划的范围内。在这种情况下，中国尤其是东北地区存在对远东地区扩大劳务输出的可能性。

中国东北地区与俄罗斯远东地区在地缘上具有优势，双方劳动力资源存在一定互补性。当前，中国东北尤其是黑龙江省与俄罗斯远东地区劳务合作，大多集中在建筑装修、农业种植、森林采伐、木材加工等领域，大多进行一些简单的体力劳动，技术性不强，劳务人员整体年龄偏高，且文化素质偏低。随着远东地区的开发，以及当地建筑市场和基础设施建设的发展，为双方的劳务合作提供了良好契机。为此，一方面，要发挥中国尤其是东北地区劳动力的资源优势，有步骤地建立对俄劳务人员培训基地，加强对劳务人员的技能培训和语言培训，注重把一般劳动力加速培养成具有较高知识与技能的知识型劳动力，不断优化劳务人员结构，提高劳务合作的技术含量，打造中国的劳务品牌。另一方面，要与俄罗斯远东地区相关部门密切联系，不断了解俄罗斯远东地区的劳务需求信息，把这些信息定期发布在对俄合作信息平台上，以便选派符合俄罗斯方面需要的劳务人员参与远东地区的开发建设。此外，未来在加大对俄罗斯远东基础设施建设等传统领域劳务输出的同时，还要加强建筑业的对外工程承包形式的劳务合作，不断拓宽双方劳务合作的渠道和领域。

五 加快实现东北地区对俄远东地区"陆海冰"交通互联互通

交通互联互通是东北地区建设对俄罗斯远东地区开放合作高地的重要基础和先决条件，构建"陆海冰"大通道是当务之急。从中国东北地区与俄罗斯远东地区的交通基础设施来看，双方边境道路、桥梁、港口等基础设施建设较为滞后，尚不能完全满足双方经贸合作发展的需要。因此，两者对接合作首要的是开展交通基础设施建设领域的合作。

（一）建立陆海联运通道和推进国际交通走廊建设

有资料显示，2017年1—10月，从黑龙江绥芬河市发往俄罗斯远东符拉迪沃斯托克的陆海联运班列共 55 列，集装箱 6410 个，是 2016 年同期的 2.75 倍。① 由于辽宁自由贸易试验区已成立，可将黑龙江省正打造的绥芬河—波格拉尼奇内—符拉迪沃斯托克陆海联运通道延伸至大连片区，即建立贯穿东北地区到俄罗斯符拉迪沃斯托克自由港的陆海联运通道（全长约 1500 千米）。这条通道经由俄罗斯远东"滨海 1 号"国际交通走廊进入符拉迪沃斯托克自由港，再经由自由港内的符拉迪沃斯托克港或纳霍德卡港，使陆海联运货物直达日本和美国等国家。这是东北地区辐射俄罗斯远东地区并将触角伸向东北亚地区、向北通往国际海路的既经济又有效的直接通道。同时，推动长春—珲春—扎鲁比诺的对俄海运通道建设，力争在珲春—扎鲁比诺—束草和珲春—扎鲁比诺—新潟航线稳定运营的基础上，开辟更多的对俄、朝、日等国家的陆海联运新航线。要以深度融入中蒙俄经济走廊为重点，加快推进"辽满欧""辽蒙欧"陆海联运通道建设。将大连港"辽满欧"通道建设成中蒙俄合作走廊的主通道，助推"丝绸之路"经济带与欧亚经济联盟对接。通过"辽满欧"通道将商品从营口港和大连港通过铁路运往满洲里，再出境前往俄罗斯和欧洲各国。通过"辽蒙欧"将货物从丹东港、锦州港和盘锦港运往内蒙古自治区的二连浩特口岸，出境后经蒙古国到达俄罗斯，再途经俄罗斯运往欧洲各国。积极谋划丹东港经珲春口岸连通俄罗斯远东符拉迪沃斯托克港的"辽珲俄"铁路新通道，构建中俄国际道路运输 TIR（大连—新西伯利亚）大通道，畅通"陆上丝路"欧亚陆桥大通道。

（二）贯通大连港到俄罗斯符拉迪沃斯托克港海路，发挥海运优势

大连港是"陆上丝绸之路"及"海上丝绸之路"的海陆重要交会点，腹地广阔，拥有巨大的货物吸纳量，与符拉迪沃斯托克港的距离为 1100 海里，通过这一海上通道运输货物，能够大大节约运输成本并缩短运输时间。而符拉迪沃斯托克自由港实行全方位开放、"单一窗口"过境服务和 24 小时口岸工作制，通关效率提高，利于辽宁与俄罗斯远东地区海上运输通道的开辟。中国大连和俄罗斯远东符拉迪沃斯托克港都提出面向东北亚地区实行全方位开放，发展港航物流和航运服务业，

---

① 吴焰、曲颂：《远东"超前开发"见证中俄走近》，《环球时报》2017 年 11 月 21 日。

都将建设东北亚国际航运中心作为发展目标。因此，大连港可与符拉迪沃斯托克自由港在国际航运中心建设上开展对接合作。

（三）积极参与"冰上丝绸之路"建设

"冰上丝绸之路"是指穿越北极圈，连接北美、东亚和西欧三大经济中心的北极海运航道，主要包括经过俄罗斯海域的东北航道、经过加拿大海域的西北航道和穿越北冰洋中心海域的中央航道等。"冰上丝绸之路"横贯北极，连接欧亚，不仅成为欧亚互联互通的新机遇，也是世界各国共同应对危机与挑战、促进地区和平与稳定的重要途径。

"冰上丝绸之路"成立之初主要以北极航道合作为主。早在2013年9月，中国第一艘商用集装箱船就从上海通过北方航线抵达荷兰的鹿特丹。截至目前，已有数以百计的中国集装箱和油轮通过了北方航线。随着气候条件的变化，预计到2030年，北极航线的冰雪有可能将会全部融化，因此将会实现全年通航。北极航道一旦全部开通，北极地区将成为另一个重要能源产地和能源出口地。因此，北极航道的商业价值将会在未来持续不断地得到提升。

近年来，随着北极航道的逐步开通，"冰上丝绸之路"正在从倡议、理念逐渐变为现实。作为"一带一路"在北极地区的延伸，"冰上丝绸之路"在科学研究、航道利用、经贸合作等方面不断取得新进展。2017年5月，在北京举行的"一带一路"国际合作高峰论坛上，俄罗斯总统普京明确表示"希望中国能利用北极航道，把北极航道同'一带一路'连接起来"。2017年6月，在中国国家发展和改革委员会等部委发布的《"一带一路"建设海上合作设想》中，将"冰上丝绸之路"纳入"一带一路"倡议总体布局。2017年7月3日，中国国家主席习近平与俄罗斯总统普京提出开展北极航道合作，共同打造"冰上丝绸之路"，实现双方互利共赢。2017年11月，中俄两国再次就打造"冰上丝绸之路"深入交换了意见，达成了如下一些新共识：一是包括中远海运集团已完成多个航次的北极航道的试航；二是两国交通部门正在商谈中俄极地水域海事合作谅解备忘录，以不断完善北极开发合作的政策和法律基础；三是两国企业积极开展北极地区的油气勘探开发合作，正在商谈北极航道沿线的交通基础设施建设项目。2018年1月，在《中国的北极政策》白皮书中发出了"愿意依托北极航道的开发利用，与各方共建'冰上丝绸之路'"的倡议。至此,"冰上丝绸之路"建设从理念进入行动阶段。

在2019年6月中俄两国共同签署的《中华人民共和国和俄罗斯联邦关于发展新时代全面战略协作伙伴关系的联合声明》中提到,将推动中俄北极可持续发展合作,在遵循沿岸国家权益基础上扩大北极航道开发利用以及北极地区基础设施、资源开发、旅游、生态环保等领域合作。为了积极响应中俄联合声明,2019年6月7日,中远海运集团与俄罗斯诺瓦泰克股份公司、俄罗斯现代商船公共股份公司以及丝路基金有限责任公司在俄罗斯圣彼得堡签署了《关于北极海运有限责任公司的协议》,各方将建立长期的伙伴关系,为俄罗斯联邦北极区向亚太区运输提供联合开发、融资和实施的全年物流安排,并组织亚洲和西欧之间通过北极航道的货物运输。

东北地区要参与建设和开发"冰上丝路"陆海双向发展带,支持大连、营口等主要港口稳定运营"辽海欧"北极东北航道,夯实东北地区尤其是辽宁港口经北冰洋至欧洲新的海上运输通道,助力欧亚互联互通。

六 扩大东北地区对俄远东地区港口物流合作

(一)港口领域合作

在港口领域合作方面,大连港既是中国东北地区也是东北亚地区的重要港口;符拉迪沃斯托克港既是俄罗斯远东地区和太平洋沿岸的重要港口,也是东北亚地区的主要港口之一。这两个港口城市占据东北亚地区的优越地理位置,由海路和陆路两条通道相连接。两者的对接合作符合辽宁自由贸易试验区(大连片区)的区域布局和功能划分,特别是重点发展港航物流和航运服务产业,推动东北亚国际航运中心、国际物流中心建设进程,形成面向东北亚地区开放合作的战略高地,这是辽宁自由贸易试验区(大连片区)十分明确的功能定位和发展目标。与符拉迪沃斯托克自由港开展对接合作显然有利于这一目标的实现。

2015年11月9日,东北地区的大连港集团与俄罗斯远东运输集团在莫斯科签署了战略合作协议。2016年4月,双方签署了合作备忘录。根据协议,大连港集团对位于符拉迪沃斯托克自由港内的俄罗斯远东运输集团纳霍德卡港的码头堆场、港口设备、冷库等基础设施改造,以及集装箱中转站的设立和大连至纳霍德卡港海上运输航线的开辟等开展可行性研究，并就相关基础设施的经营与远东运输集团进行股权合作洽谈。鉴于辽宁自由贸易试验区（大连片区）已进入建设阶段，应大力推动这一进程。通过对俄罗斯远东运输集团纳霍德卡港码头的改造，提升港口吞吐能力，使纳霍德卡港货物吞吐量由目前的 47 万吨提高到 300 万吨，推动远东运输集团的业务向俄罗斯远东地区、中国东北地区和欧洲延伸。

今后，辽宁应把握机遇，把港口合作作为合作龙头和可首牵的"牛鼻子"，继续支持大连港集团与俄罗斯远东运输集团的合作，推动大连港集团对纳霍德卡港的码头堆场、港口设备、冷库等基础设施改造和集装箱中转站建设。支持辽宁港航与油气企业以港产区结合方式，联合参与北极东北航道大陆架沿线港口和油气产区建设，形成"冰上丝路"境外互利共赢合作区。

扎鲁比诺港是俄罗斯远东地区的另一个重要港口，该港是一个天然不冻港，现有码头 4 个，年吞吐能力为 120 万吨，与吉林省珲春口岸仅相距 60 千米。扎鲁比诺港主要转运来自吉林省、黑龙江省的粮食、煤炭、木材和杂货。2010 年 8 月，长吉图办与俄方特洛伊茨海港有限公司共同组建了扎鲁比诺港国际合资有限公司，吉林省东北亚铁路集团向扎鲁比诺港口投资，进行基础设施改造建设和设备现代化升级工作。2014 年 2 月，吉林省东北亚铁路集团成立海丝路国际海运公司，并于 2015 年 5 月 20 日正式开通珲春—扎鲁比诺港—釜山铁海联运航线，航线自开通运营以来，呈现出货量充足、种类繁多的局面，进口货物包括食品、饮料、化妆品、厨房用品、生活用品、机器配件、服装辅料等，出口货物包括明太鱼、菌棒、矿泉水、服装、木制品等。吉林省珲春市凭借有利的区位优势，实施"借港出海"战略，实现了中俄双方在港口领域的深入合作。目前，吉林省已与俄罗斯苏玛集团签订协议，将扎鲁比诺港建设成为年吞吐能力达 1000 万吨以上的大型海港，码头将增加到 19 个，双方已在项目建设规模、融资方式、运营管理等方面达成共识，并努力推进该协议的执行力度，将该港建设成为以集装箱运输为主的东北亚—欧盟最大的国际货港之一，力争按计划投入使用。

第四章 新时期东北地区对俄远东地区开放合作高地建设

（二）物流领域合作

中国东北地区要加强与俄罗斯远东地区间的跨境运输合作，共同打造东北亚地区的物流中心（枢纽），辐射带动中国东北地区和俄罗斯远东地区的发展。积极推进中国东北地区的对外开放国际大通道建设，以边境口岸为支撑，建立以绥芬河、东宁、黑河、同江4个口岸为主，以哈尔滨、牡丹江、佳木斯等腹地物流系统为依托的中俄边境口岸物流体系。重点建设绥芬河—符拉迪沃斯托克和珲春—卡梅绍娃亚铁路，加强东北亚区域合作交通物流体系以及国际物流中心的建设。大力推进哈尔滨空港和华南城物流园区，以及齐齐哈尔、牡丹江、佳木斯、大庆的综合物流园区的建设。推动吉林珲春与俄罗斯远东地区扎鲁比诺港的联动发展，加快扎鲁比诺港珲春物流中心的建设。同时，还要加强仓储设施建设，提高对俄罗斯重点边境口岸的快速通关和换装能力。

目前，中国提出将辽宁自由贸易试验区（大连片区）建成东北亚地区乃至全球的国际物流中心。而俄罗斯将符拉迪沃斯托克自由港划分为四个功能区块：物流区、工业区、科技产业区和旅游商贸娱乐区，其中，物流区为四个功能区块之首，这与俄罗斯欲将符拉迪沃斯托克自由港建设成为东北亚地区物流枢纽的目标密切相关。可见，两者的这一功能定位和发展目标相似。因此，大连港可与符拉迪沃斯托克自由港在物流领域开展对接合作，南北呼应，共同打造东北亚地区的物流中心（枢纽），辐射带动中国东北地区和俄罗斯远东地区的发展。

此外，还要加快推进沈阳国际陆港至车里雅宾斯克州南乌拉尔物流园的"中俄经贸物流东方快车"项目的实施。积极参与俄罗斯远东地区运输物流领域的项目建设，如萨哈（雅库特）共和国勒拿河公路大桥建设工程、东方港港口装煤综合体建设工程、纳霍德卡海港改造工程、雅库茨克国际机场改造工程、马加丹国际机场改造工程、哈巴罗夫斯克国际机场改造工程、滨海边疆区阿尔乔姆市货车生产和配送厂等，这些都是当前俄罗斯欢迎中国参与的项目。

七 深化跨境电商领域的合作

在互联网经济大背景下，电子商务已经成为贸易的一种重要补充形式。当前俄罗斯的网购人群较多，六成以上的人口具有网购经验，其中有2500万为跨境电商消费者，2016年的跨境电商交易量在30亿美元左右。预计，2020年俄罗斯的跨境电商规模达到60亿美元。① 俄罗斯欲打造全球最大绿色电商，对与中国发展电子商务合作非常感兴趣。随着"一带一路"倡议的深入发展，两国边境地区将会不断实施更为便捷的通关手续，因而电商将不失为进入俄罗斯远东市场的一种捷径。中国特别是东北地区应抓住以互联网为合作基础的发展机遇，开展与俄罗斯远东地区电子商务领域的长久合作，将东北地区尤其是黑龙江省打造成为中国对俄跨境电商航空物流前沿，加大对电子商务小企业的支持力度，创新两地区的贸易合作模式。充分发挥哈尔滨对俄罗斯远东地区的区位优势，积极开通方便快捷的对俄航线，着力解决跨境电商物流问题，缩短物流时间、提高服务质量，大力促进对俄罗斯远东地区的货运业务发展。为了保障跨境电商领域进出口商品的质量，提升产品信誉度，避免逃税、交易违禁品等非法行为的发生，在与俄罗斯远东地区开展跨境电商合作的同时，还要注重跨境电商海关监管制度的建设。

八 加大金融合作力度

随着中国与俄罗斯远东地区双边经贸合作的发展，双方的金融合作将会更加密切，同时也将会对金融服务水平提出更高的要求。新时代背景下，中国与俄罗斯远东地区在油气、电信和航天领域的合作日益深化，同时俄罗斯对中国各种大型装备的进口不断增多，这些项目不仅涉及的金额巨大，而且耗时较长，对金融领域的需求也显著上升。因此，中俄两国应积极推动金融领域的深入合作，促进双方投资和贸易的便利化。今后，中方应立足于改善双方贸易、投资的支付结算关系，不断深化与俄罗斯远东地区金融货币合作，扩大两国货币互换、结算的范围和规模，特别是推动人民币国际化，对支撑中蒙俄经济走廊的运行，以及大连国际金融中心建设都有诸多益处。

由于资金融通是"一带一路"倡议很重要的一个方面，俄罗斯远东地区又是共建"一带一路"倡议的天然辐射地区。从这一角度来看，中俄双方金融合作也是承接"一带一路"倡议的重要举措。在此背景下，一方面，中俄双方应共同建立国家担保机制，对投资商所投项目提

---

① 《俄机构调研："一带一路"让中俄跨境包裹交货缩短一半时间》，http://news.ifeng.com/a/20170413/50934439_0.shtml。

供一部分的国家担保，特别是针对项目的基础设施建设给予资金上的担保，为其提供国家信用，以降低企业的投资风险。另一方面，还要发挥丝路基金、亚洲基础设施投资银行、金砖国家开发银行等金融平台作用，尤其是开展与俄罗斯远东发展基金的对接合作，该发展基金属于政府引导基金，作为国家级大型基金，是俄罗斯远东地区发展最重要的资金来源之一。该基金通过创建共同投资平台和直接投资基金，为远东区域建设引入众多国际投资，优先发展高科技、矿业、农业、建筑、旅游等领域的项目。因此，中国应加强与该基金的合作，加大对重点项目的资金支持力度，保障资金融通的顺畅。

九　扩大旅游领域合作

旅游业作为一种无烟产业，具有经济和文化双重属性，是国家或地区间社会经贸关系的重要黏合剂。旅游业发展不仅能够带来外汇收入，而且还能够带动文化产业、农业、休闲养老等相关产业的发展。中俄旅游合作具有广阔的前景，推动旅游业发展不仅是俄罗斯远东地区和东北地区经济结构转型的内在要求，也是两地区实现经济复苏的重要契机。目前，中俄两国对于区域旅游合作的重视程度仍有待于加强，尚未充分认识到旅游产业的巨大发展潜力及其在两国毗邻地区合作中的重要作用，需要出台一系列措施推动两地区旅游合作进一步发展。

俄罗斯远东地区是欧洲文化在亚洲的"前哨"，拥有很多独特的自然和文化历史遗址，包括堪察加的火山和喷泉、萨哈林的山脉、锡霍特山脉的火山奇观、滨海边疆区的海湾和萨哈（雅库特）共和国的"勒拿河柱状岩"自然公园。中国东北地区拥有近现代史、冰雪温泉、世界文化遗产、满族风情、生态休闲、滨海度假等特色旅游主题，应加快双方旅游合作步伐，助推旅游业优质发展。当前，俄罗斯欢迎中国投资者在远东地区实施旅游合作项目。为了扩大双方的旅游合作，应该做到：

第一，中国尤其是东北地区应该加强与俄罗斯东部地区旅游合作的意识，通过"旅游搭台、经贸唱戏"战略进一步提升区域合作水平。

第二，充分发挥政府的组织协调作用，建立国家政府层面双边或多边国际旅游合作机制。通过成立国际性旅游合作开发委员会以及区域性旅游合作管理机构，加强对跨国区域旅游合作的宏观协调与指导，编制跨国区域旅游合作开发总体规划或行动计划等，指导地方政府、旅游城市及企业，协调各国相关区域之间的各项旅游事务并制订统一的服务标准。

第三，提高双方旅游业合作规模。政府应大力培育各自的重点龙头旅游企业，切实发挥旅游企业的主体作用，为旅游企业"走出去"和"引进来"提供大量资金支持。

第四，提高两地区旅游业服务质量。通过完善旅游相关的法律法规和政策，简化出入境手续，提高验关效率；积极组建旅游咨询中心，开创旅游基地，协调解决双方游客的组团、出入境管理及行程和住宿等相关问题，促进旅游业健康发展；重视旅游行业协会、民间组织的作用；重视旅游研究机构为政府制定政策和企业制订投资计划的作用。

第五，注重两地区旅游资源交流互动。要加强两国地方政府、企业机构、社会团体的深度互动，特别是鼓励中国各大城市与俄罗斯东部地区城市之间建立友好城市关系，与俄罗斯东部地区政府旅游局签订友好合作意向书。

第六，通过举办文化节、"旅游年"、大型的旅游推介会等措施，加大宣传和促销本土旅游资源，并针对不同需求推出特色旅游线路和产品，创造旅游亮点，开拓更丰富的旅游项目。同时，东北地区还要提高对俄罗斯旅游宣传推介水平，加大宣传远东地区有关使用电子签证制度在内的旅游活动，推进旅游跨境经营、连锁经营和品牌输出，协同建设中蒙俄文化旅游带。

第七，加快大连国际邮轮中心建设，打造国际邮轮旅游新品牌。随着生活水平的不断提高，人们的旅游方式和旅游品位正在悄然发生变化，传统的旅游方式已难以满足需要，人们对旅游体验产生了新的追求，尤其是对邮轮旅游体验需求日益增加。因此，应把握新形势下旅游产业的发展趋势，加快大连国际邮轮中心的建设，打造国际邮轮旅游的新品牌，并在该领域与包括俄罗斯远东地区在内的东北亚地区开展合作。目前可考虑开辟以下具有发展前景的两条新航线：一条是大连—韩国济州岛—日本福冈—俄罗斯符拉迪沃斯托克。该航线可"跨越三海"（渤海、黄海、日本海）、"途经三国三城"并"领略三种风光"（韩国济州岛风光、日本福冈风光、俄符拉迪沃斯托克风光）；另一条是大连—韩国釜山—俄罗斯符拉迪沃斯托克。该航线同样跨越渤海、黄海和日本海。这两条航线都途经韩国和日本，延伸到俄罗斯远东地区的符拉迪沃斯托克，能够成为邮轮旅游的新亮点。

第六节　本章小结

深度融入共建"一带一路"，加强在俄罗斯远东及东北亚地区合作，建设开放合作高地，是习近平总书记对新时期东北地区的精准定位和给出的东北振兴良方，成为东北地区深度开展对俄罗斯远东地区开放合作的重要战略引领。本章的研究结论认为，中国东北地区加强与俄罗斯远东地区的合作，构筑对俄罗斯远东地区的开放合作高地，需要全面发力，多点突破，并找准如下四个着力点：

第一，全面贯彻落实习近平总书记关于打造东北对外开放新前沿、建设面向东北亚开放合作高地的重要指示精神，推动东北新一轮全面振兴、全方位振兴，将东北地区打造成我国向北开放重要窗口，建成对俄罗斯远东地区合作开放的"桥头堡"。中国已连续多年保持俄罗斯远东地区第一大贸易伙伴地位，也是远东地区第一大外资来源国，这与东北发挥中俄两国开放合作的"桥头堡"作用密不可分。中国东北振兴与俄罗斯远东开发的有效互动，已成为两国地方合作的一张"名片"。尤其是作为中国对俄罗斯远东地区合作的"桥头堡"和枢纽站，黑龙江发挥与俄罗斯远东地区相互毗邻的优势，在打造"一个窗口"和建设"四个区"，即打造中国向北开放窗口、建设黑龙江中俄自由贸易区、沿边重点开发开放试验区、跨境经济合作示范区、面向欧亚物流枢纽区方面取得明显进展。总之，只有充分发挥中国东北地区对俄罗斯远东地区合作的地缘优势、产业优势，以及交通运输、陆海联运、港口等方面的优势，推进与俄罗斯远东地区各领域的务实合作，才能真正将东北地区建成对俄罗斯远东地区的开放合作高地和"桥头堡"。

第二，将辽宁自由贸易试验区和黑龙江自由贸易试验区作为东北地区向北开放、向俄罗斯远东开放的重要平台。辽宁自贸试验区的建立是扩大开放和推动东北老工业基地新一轮振兴的重要举措，其目标之一是打造面向东北亚的重点开放合作平台，同时，推动日本、韩国、俄国先进制造业、战略性新兴产业和现代服务业在自贸试验区内集聚发展。本章还提出并论证了辽宁自由贸易试验区（大连片区）的大连港与俄罗斯远东符拉迪沃斯托克自由港开展对接合作、共同推进东北亚国际航运中心和国际物流中心建设问题。而作为国家最北的自由贸易试验区，黑龙江自由贸易试验区要建成向北开放重要窗口，打造对俄罗斯及东北亚区域合作的中心枢纽和承载高地，成为东北全面振兴全方位振兴的示范区。从发展趋势看，随着中俄新时代全面战略协作伙伴关系的发展，黑龙江省与俄罗斯远东地区的经贸合作会越来越密切，因而黑龙江自由贸易试验区作为对俄罗斯远东地区的开放合作前沿，其作用会日益凸显。总体上，辽宁自由贸易试验区和黑龙江自由贸易试验区一南一北遥相呼应，全面发力，能够形成东北地区面向俄罗斯远东地区和东北亚的开放合作高地。

第三，精准施策，不失时机地推进《中俄在俄罗斯远东地区合作发展规划（2018—2024年）》项目合作。与已经到期的主张俄罗斯远东地区与中国东北地区联动发展，鼓励双向投资合作的《中华人民共和国东北地区与俄罗斯联邦远东及东西伯利亚地区合作规划纲要（2009—2018年）》不同，《中俄在俄罗斯远东地区合作发展规划（2018—2024年）》致力于引导中国对俄罗斯远东地区的投资，是进一步推进中俄两国区域合作，尤其是引导中国东北地区对俄罗斯远东地区投资的纲领性文件。基于"中国是俄罗斯加快远东地区经济发展的关键合作对象"的定位，今后中国东北地区与俄罗斯远东地区的经济合作应发挥"五大优势"和更加关注《中俄在俄罗斯远东地区合作发展规划（2018—2024年）》推介的"七个优先领域"。所谓"五大优势"，是远东地区在中俄经贸合作中具有的资源优势、物流优势、产业与项目优势、政策优势和机制优势；而"七个优先领域"为：天然气与石油化工业、固体矿产、运输与物流、农业、林业、水产养殖和旅游业。这七个优先合作领域均具有良好的合作基础与发展前景。中国东北地区和俄罗斯远东地区应本着政府引导、企业主体和市场运作的原则，务实推进两个毗邻地区的全方位合作。特别是引导东北地区资金和技术实力雄厚的企业入驻俄罗斯远东地区跨越式发展区和符拉迪沃斯托克自由港开展投资合作。这不仅是因为《中俄在俄罗斯远东地区合作发展规划

（2018—2024年）》为鼓励来自中国尤其是东北地区的投资，专门提出了对中国投资者非常具有建设性和包容性的政策措施，而且承诺对中国入驻"一区一港"企业实施的所有项目提供配套服务（包括由国家出资修建专门的交通、工程或其他基础设施），以降低项目实施风险并提高收益率。俄方支持力度之大前所未有。

第四，加快构建东北对俄罗斯远东地区开放的大通道、大平台，交通互联互通是关键。实现东北地区对俄罗斯远东地区"陆海冰"交通互联互通，构建陆海互济的新格局，既是东北地区建设对俄罗斯远东地区开放合作高地的重要基础性条件，也是当务之急。要建立陆海联运通道和推进国际交通走廊建设；畅通大连港到俄罗斯符拉迪沃斯托克港的海路；开发"冰上丝路"陆海双向发展带，稳定运营开通后的"辽海欧"国际运输大通道第二条北极航线。

第五章

"一带一路"背景下中俄区域经济合作新格局

2013年，习近平总书记在访问中亚和东盟期间先后提出共建"丝绸之路经济带"和"21世纪海上丝绸之路"的构想（以下简称"一带一路"倡议），该倡议为泛亚和亚欧区域合作注入了新的活力，在国际社会得到广泛关注并引起积极反响。该倡议提出了一种全新的"互利共赢"合作模式，为"一带一路"沿线国家和地区提供了广阔的合作发展空间。2014年5月20日，中俄两国签署的《中华人民共和国与俄罗斯联邦关于全面战略协作伙伴关系新阶段的联合声明》，标志着中俄全面战略协作伙伴关系进入历史最好时期。而2015年5月8日两国签署的《中华人民共和国与俄罗斯联邦关于丝绸之路经济带建设和欧亚经济联盟建设对接合作的联合声明》，则标志着"一带一路"搭建的国际经济合作大平台，为新时期中俄经济合作提供了新机遇。

第一节 "一带一盟"对接合作：中俄区域经济合作的新机遇

中国提出的"丝绸之路经济带"倡议与俄罗斯主导的"欧亚经济联盟"对接合作，是在欧亚大陆形成"共同经济空间"的长远愿景，也体现了中俄两国打造互利共赢的"利益共同体"，加强区域经济一体化，推动地区经济持续稳定增长的利益诉求。

一 欧亚经济联盟发展历程与现状

欧亚经济联盟由俄罗斯主导,建立横跨欧亚大陆的欧亚经济联盟,实现了俄罗斯长期致力于建立多极世界中重要一极的夙愿。欧亚经济联盟最初来自独联体国家建立欧亚国家联盟的设想和倡议,是由哈萨克斯坦总统纳扎尔巴耶夫在1994年提出的建立类似于欧盟的欧亚联盟的建议。后来于2010年1月1日成立了由俄罗斯、白俄罗斯、哈萨克斯坦三国组成的"关税同盟";2012年1月1日三国形成"统一经济空间",负责三国一体化进程的超国家机构欧亚经济委员会也同时开始运行;2014年5月29日,俄罗斯、白俄罗斯和哈萨克斯坦三国总统在哈萨克斯坦首都阿斯塔纳签署《欧亚经济联盟条约》,宣布欧亚经济联盟于2015年1月1日正式启动。自2015年1月1日起,欧亚经济联盟内开始实行商品、服务、资本和劳动力自由流动,并在不同部门实行经济政策的协调和同步化。自2010年1月1日至2015年1月1日,欧亚经济联盟在5年内完成了"四步走"战略的前三步。下一步,是在2019年之前建立共同电力市场,2025年之前建立统一的石油、天然气和石油产品市场。如果2025年能够实现区域内商品、服务、资本和劳动力的自由流动,欧亚经济一体化就可以基本实现。同时,也希望中国能够参与欧亚经济联盟建设,寻找两者之间合作的契合点,以达到区域利益的最大化。[1]

欧亚经济联盟是新的一体化国际经济组织,由最初的三个成员国——俄罗斯、哈萨克斯坦和白俄罗斯发展成为五个,后来亚美尼亚和吉尔吉斯斯坦加入。欧亚经济联盟成员国经济一体化最重要的措施之一是提高商品的自由流动。欧亚经济联盟的海关联盟规定,在联盟内各成员国间实行"零关税"税率,取消关境,并规定了对第三国的统一对外税率。欧亚经济联盟旨在形成联盟框架内统一的商品、劳务、资本和劳动力资源市场,目标是建立统一的中央银行,发行统一的货币,实行统一的宏观政策,形成统一市场,最终建立类似于欧盟的欧亚联盟。目的是为成员国经济的稳定发展创造条件,并提高成员国国民的生活水

---

[1] 郑楠:《欧亚经济联盟与"一带一路"战略未来合作与发展》,人民网—能源频道,http://energy.people.com.cn/n1/2017/0328/c71661-29174845.html。

平。目前欧亚经济联盟已形成了明确的中期发展路线图，预计到2025年能够推行协调一致的经济政策，进入全方位的运行状态。①

　　截至2020年1月1日，欧亚经济联盟成立已满5年。自2018年1月1日起，欧亚经济联盟海关法典正式生效，表明欧亚经济联盟一体化进程进一步深化。据专家预测，欧亚经济联盟不仅要扩大统一的服务市场，而且下一阶段的发展目标应是建立货币联盟。近两年的工作是继续完善欧亚经济联盟共同市场的职能作用，消除内部市场的障碍，发展与第三国的经贸关系。而且未来欧亚经济联盟还可能扩员。目前欧洲、亚洲和拉丁美洲约有50个国家对与欧亚经济联盟合作表现出兴趣，正在就欧亚经济联盟和中国经贸合作协议、欧亚经济联盟与以色列自由贸易协议展开谈判，与埃及、印度、塞尔维亚、伊朗和新加坡也开始进行类似协议的谈判。② 2015年5月29日，欧亚经济联盟还与越南在哈萨克斯坦签署了自贸区协议，这是欧亚经济联盟与第三方签署的首个自贸区协议。

　　总的来看，由俄罗斯主导的欧亚经济联盟，是普京主政后在独联体地区推进一体化和重新凝聚该地区力量，力争在欧洲和亚太地区发挥重要作用的产物。应当说，欧亚经济联盟的成立不仅对独联体地区一体化意义重大，尤其是有利于入盟成员国经济的融通合作，并使这些国家能够抱团应对外部挑战，而且欧亚经济联盟也体现了地区经济一体化的客观要求，形成了较完备的决策、执行和分歧解决等机制，也制定了中期发展路线图。

　　但与此同时，还应看到，欧亚经济联盟在其发展进程中依然存在一些问题或障碍因素。正如俄罗斯学者所指出的，在独联体内推动建立一体化的欧亚经济联盟并非易事，因为现在的独联体国家似乎谁都不愿意无偿地与俄罗斯实行一体化或联合。因此，俄罗斯必须要做好为提升联

---

① "ЕАЭС и Шелковый Путь: Новый Мировой Порядок"，http://www.vestifinance.ru/articles/71847.

② "ЕАЭС: Три Года Интеграции"，http://eurasianeconomic.org/news_ecco/2018/01/10/document3272.phtml.

第五章 "一带一路"背景下中俄区域经济合作新格局

盟影响力"付出代价"的思想和行动上的准备。① 而且有学者和官员认为，欧亚经济联盟的内部环境距理想状态仍相去甚远，尤其是规范文件和法规的制定滞后。再者，欧亚经济联盟是根据商品、服务、资金和劳动力自由流动原则建立起来的，而欧亚一体化框架下的劳动力自由流动，有可能增加从吉尔吉斯斯坦向区域内经济较发达国家首先是俄罗斯、哈萨克斯坦的移民。②

二 "丝绸之路经济带"建设与"欧亚经济联盟"建设对接合作

俄罗斯是丝路经济带沿线的重要国家，也是中国推动丝路经济带建设的重要伙伴。对于"一带一路"倡议，俄罗斯积极回应，希望与中国加强在基础设施等领域的合作，寻求双方之间的利益契合点。正如俄罗斯总统普京所言，"丝绸之路经济带"和"欧亚经济联盟"，一个是深化合作和促进地区经济发展的宏大构想，另一个是利用苏联遗留下来的经济联系打造的"多极世界中的一极"。③ 当前，中俄两国全方位合作达到了历史最好水平，而"一带一路"建设与"欧亚经济联盟"建设对接，有利于将中俄两国的全方位合作推向一个更高的阶段。

2015年5月8日，习近平主席与普京总统在莫斯科签署了《中华人民共和国与俄罗斯联邦关于丝绸之路经济带建设和欧亚经济联盟建设对接合作的联合声明》，表明中俄高层领导人在"一带一盟"建设对接上已经形成一致，达成了共识，强调这一对接行动是为了"确保地区经济持续稳定增长，加强区域经济一体化，维护地区和平与发展"。同时，强调要通过双边和多边机制，特别是上合组织平台开展合作。此后，两国领导人在不同场合的双边会晤中多次强调"一带一盟"对接合作的必要性和重要性。2016年6月25日，在中俄两国元首在北京发布的《中华人民共和国和俄罗斯联邦联合声明》中，再次指出落实"丝绸之路经济带"建设与欧亚经济联盟建设对接合作具有重大意义，

---

① 瑟拉耶什金 К. Л.：《欧亚经济联盟与"丝绸之路经济带"的对接》，《欧亚经济》2016年第5期。

② Никишина В., "Член Коллегии (Министр) по Торговле Евразийской Экономической Комиссии, Каким Сложится Взаимодействие ЕАЭС и Китайского 'Шелкового Пути'", https://ru.sputnik.kg/analytics/20170912/1035168962/html.

③ Путин В., "Новый Интеграционый Проект для Евразии – Будущее, Которое Рождается Сегодня", Известия, 02 Октября, 2011 г.

责成两国政府相关部门继续积极研究落实该倡议的举措，以推动深化地区一体化进程。2017年5月，在北京举办"一带一路"国际合作高峰论坛，为"一带一路"与"欧亚经济联盟"的对接合作进而实现合作共赢迎来了全新的机遇。

在"一带一盟"制度和政策层面的合作上，2017年10月1日，中国商务部与欧亚经济委员会共同签署了《关于实质性结束中国与欧亚经济联盟经贸合作协议谈判的联合声明》。这是中国与欧亚经济联盟首次达成的重要经贸方面制度安排。该协议的达成对中国和欧亚经济联盟各成员国都具有重大意义。将进一步减少非关税贸易壁垒，提高贸易便利化水平，促进与欧亚经济联盟及其成员国经贸关系深入发展。《中华人民共和国与俄罗斯联邦关于丝绸之路经济带建设和欧亚经济联盟建设对接合作的联合声明》明确了要在条件成熟的领域建立贸易便利化机制，在有共同利益的领域制定共同措施，协调并兼容相关管理规定和标准、经贸等领域政策，研究推动建立中国与欧亚经济联盟自贸区这一长期目标。据此，时任商务部部长的高虎城表示，中国将通过经贸合作谈判，与欧亚经济联盟建立贸易便利化的制度安排，并最终与欧亚经济联盟建立自贸区。俄罗斯对中国与欧亚经济联盟建立自贸区也持积极态度，普京认为，与中国建立自贸区符合双方利益。中国与欧亚经济联盟的经济互补性强，有利于两者进行自贸区建设。

在"丝绸之路经济带"建设与"欧亚经济联盟"建设对接合作中，中国东北地区和俄罗斯远东地区是互相毗邻且对接合作的优先区域之一。欧亚经济联盟的启动对俄罗斯远东地区开发具有一定的促进作用。"一带一盟"对接需要交通、能源等基础设施的互联互通，无疑将推动俄罗斯东部地区的开发进程，特别是通过有效的投资贸易协定，落实丝路基金、亚投行、上合组织银联体等机构在区域内的融资项目，推动中俄在重大的基础设施、产业园区和跨境经济合作区方面进行合作，为中俄两国在东部地区实现经济良性互动和互利合作提供了难得的机遇。正如俄罗斯总统普京所指出的，"丝绸之路经济带"和"欧亚经济联盟"的对接有助于加强中俄双方在高科技、交通和基础设施等领域的合作，特别是推动俄罗斯远东地区的发展。

三 "一带一盟"对接合作的风险与挑战

尽管"丝绸之路经济带"与欧亚经济联盟对接合作能够促进两者的共同发展,也符合两个国际组织主导国家中俄双方的利益。但无论是欧亚经济一体化还是"丝绸之路经济带"与欧亚经济联盟对接合作所面临的风险和挑战却不容忽视。

一是政治风险,俄罗斯作为欧亚经济联盟的主导者和推动者,由于受到以美国为首的西方国家的多轮经济制裁,并经受国际油价下跌和卢布贬值等多重打击,其经济实力下降,有些自顾不暇,因而推动欧亚经济联盟发展的能力受限。加之,近一个时期以来俄罗斯与美英日趋激化的外交互怼风波,也对俄罗斯形成了极大的掣肘,在一定程度上削弱了俄罗斯对欧亚经济联盟的领导力。

二是安全风险,中亚地区的政治局势总体并不稳定,安全形势不容乐观。中亚地处欧亚大陆腹地,地缘政治形势和民族关系纷繁复杂。中亚国家几乎都不同程度地发生过政治动荡,有的国家甚至还相当严重。更令人不安的是,中亚地区的安全形势严峻,一些非传统安全问题导致中亚地区局势更加复杂多变,尤其是中亚恐怖主义、极端主义和民族分裂主义活动频繁且有日益猖獗之势。同时,中亚地区还是一个大国角逐和争斗的舞台,大国的地缘政治博弈令该地区更加动荡不安。尤其是俄罗斯一直把中亚地区视为自己的势力范围,不能坐视其他国家与其争夺该地区的领导权。因此,中亚地区局势是否稳定、安全是否有保障,不仅事关欧亚经济联盟的发展,也直接影响着它与"一带一路"倡议的对接合作。

三是投资风险。总体而言,中国对欧亚经济联盟成员国的投资尤其是对外直接投资在这些国家吸引外资总额中占有较大比重,特别是对中亚国家经济发展具有重要的影响。有资料显示,中国连年保持俄罗斯第三大投资来源国地位,也成为在中亚五国排名前三位的投资国。其中,中国是哈萨克斯坦和吉尔吉斯斯坦 FDI 的最大来源国。"一带一盟"对接合作启动后,中国对欧亚经济联盟成员国的投资快速增加。2016 年 6 月 25 日,中国铁路总公司和俄罗斯铁路公司签署了全面战略合作协议,针对国际铁路运输和通道建设、高铁、中蒙俄经济走廊及合作开发第三方市场等领域的合作达成了重要共识。这些项目的实施需要投入巨额资金。而欧亚经济联盟成员国经济的不稳定性加之中亚国家不同程度的政治动荡和安全风险，致使投资环境欠佳，会给投资合作带来一定的风险。

四是竞争风险。作为普京总统上任后推动欧亚经济一体化的重要成果，欧亚经济联盟尽管内部联系较为松散，且近几年经济发展水平并不尽如人意，但欧亚经济联盟在推动本地区经济合作与发展方面还是发挥了应有作用。而"丝绸之路经济带"将经济合作作为驱动该倡议的重要车轮，而且为了发展必将不断加强经济合作态势。由于"丝绸之路经济带"与欧亚经济联盟成员国的交叉和具有经济功能上的重合，尤其是欧亚经济联盟不仅机制化程度高，而且具有一定意义上的"超国家职能"，在法律、制度、政策和机制化建设方面要高于"丝绸之路经济带"倡议。这样有可能对两者的对接合作产生不利影响。

此外，由俄罗斯戒心和担忧可能会引发的风险。一方面，尽管俄罗斯对"丝绸之路经济带"建设持支持和响应态度，希望同中国合作，"搭上中国高速行驶的顺风列车"，但实际上对开展类似建立自贸区这种更深层次的合作却仍存有一定程度的戒心，担心会对欧亚经济联盟内部市场造成冲击。另一方面，俄罗斯还担心随着上合组织及中国影响力的增强，俄罗斯在中亚地区的领导力会被削弱，进而会使欧亚经济联盟和欧亚一体化的发展进程受到影响。有学者认为，中国准备在中亚地区与俄罗斯展开直接竞争，因而中俄在中亚地区的一体化是相互排斥的。[①] 这不仅反映出俄罗斯对对接合作的真正担心和戒备之心，也表明了中俄在对接合作认识上的差异性和出发点的非一致性。总体来看，上海合作组织与欧亚经济联盟对接合作中合作意愿上的不对等、合作认识上的差异性和合作出发点的非一致性会直接制约和束缚两者的对接合作，尤其是涉及某些关键和核心领域的对接合作必定会面临重重障碍。

第二节 "一带一盟"背景下上海合作组织与欧亚经济联盟的对接合作

上海合作组织和欧亚经济联盟是既有重叠又相互联系的两个地区性

---

① Шлапеко Е., Степанова С., "Великий Шелковый Путь и Евразийская Интеграция", *Мировая Экономика и Международные Отношения*, №1, 2018, С. 43–52.

第五章 "一带一路"背景下中俄区域经济合作新格局

国际组织,是中国推进丝绸之路经济带建设的重要核心对象。在丝绸之路经济带倡议提出之前,许多学者认为,这两个组织在经济领域虽有合作但主要是一种竞争关系。丝绸之路经济带倡议的提出,为两者进一步明晰经济合作关系提供了具体而明确的思路。2015 年 5 月中俄两国签署的《中俄关于丝绸之路经济带建设和欧亚经济联盟建设对接合作的联合声明》指出:"双方将秉持透明、相互尊重、平等、各种一体化机制相互补充、向亚洲和欧洲各有关方开放等原则,通过双边和多边机制,特别是上海合作组织平台开展合作。"[①] 这意味着上海合作组织与欧亚经济联盟这两个实体性组织具备对接合作的基础。上海合作组织与欧亚经济联盟都是从地区发展大势出发,这两个组织的对接合作对地区发展具有较大的影响,不仅有利于应对全球化风险,同时也有利于扩大上海合作组织和欧亚经济联盟成员国的共同话语权。

一 上海合作组织与欧亚经济联盟对接合作历程

上海合作组织的前身是"上海五国"会晤机制,该组织起源于 1989 年,是一个由中国、俄罗斯、哈萨克斯坦、吉尔吉斯斯坦、塔吉克斯坦五国成立的关于加强边境地区信任和裁军的谈判进程的组织。2001 年 6 月 15 日,上海合作组织在中国上海宣布成立,是一个永久性的政府间国际组织,其宗旨和原则集中体现为《上海合作组织成立宣言》中所阐述的"上海精神",即"互信、互利、平等、协商、尊重多样文明、谋求共同发展"。上海合作组织成立之初,高度重视安全合作,而安全合作首先着眼于解决传统安全问题,摆脱"冷战"格局在欧亚地区留下的国家关系隐患。随着传统安全问题的基本解决,以及地区形势的变化和各国对安全合作需求的增加,安全合作的重心转向非传统安全领域。

在上海合作组织成立之初,就确定了安全合作与经济合作两轮驱动的发展思路。自 2013 年习近平就任国家主席以来,多次出席上海合作组织峰会,并多次深入阐述中方对上海合作组织发展的主张,强调成员国要继续弘扬"上海精神",牢固树立命运共同体和利益共同体意识。

---

① 《中华人民共和国与俄罗斯联邦关于丝绸之路经济带建设和欧亚经济联盟建设对接合作的联合声明》,http://www.gov.cn/xinwen/2015-05/09/content_2859384.htm。

2013年9月3日,习近平主席在接受土、俄、哈、乌、吉五国媒体联合采访时指出,面对复杂的国际和地区形势,维护地区安全稳定和促进成员国共同发展,过去、现在乃至将来相当长时期内都是上海合作组织的首要任务和目标。我们必须加强合作,联合自强。①

经过近20年的发展和不懈努力,上海合作组织已成功实现了功能的进一步拓展。正如俄罗斯总统普京2017年6月2日在圣彼得堡国际经济论坛上所言,上海合作组织成立之初是为了解决边界问题。在拥有良好内部氛围的背景下,上海合作组织的合作有了全新的意义,它已成为一个重要的国际组织,成为地区和国际社会中的一个重要因素。② 作为欧亚地区维护和平稳定的重要力量和重要的地区性国际组织,上海合作组织从打击"三股势力"到各安全领域的合作,包括打击国际恐怖主义、极端主义、有组织犯罪、贩卖毒品等非传统安全领域合作都取得了长足进展。不仅如此,上海合作组织已从最初的"安全拉动"发展到安全合作与经济合作的"双轮驱动",合作范围扩展到安全、经济、文化、科技、教育、旅游、人文、国际协调等众多领域,所承担的使命日益增多,功能不断拓展和完善。如今,在"上海精神"的引领下,上海合作组织在安全、经济、人文等多个领域的合作均取得了令世人瞩目的成就。

上海合作组织与欧亚经济联盟都是开放性的国际组织,都积极开展与其他组织间的合作。随着上海合作组织经济合作功能的日趋突出,如今的上海合作组织已在维护地区安全稳定的基础上发展成为以经济合作为重要功能的一个国际组织,而欧亚经济联盟仍是一个地区性经济组织。上海合作组织和欧亚经济联盟致力于形成横跨欧亚大陆的统一经济空间的制度安排,面临着实现一体化的共同任务,具有对接合作、相互促进和联动发展的关系。

上海合作组织与欧亚经济联盟的对接合作和联动发展,既符合这两个国际组织整体发展的需要,也符合两个国际组织各成员国自身发展的

---

① 《习近平主席关于上海合作组织发展的重要论述》,《人民日报》2016年6月16日。
② 《普京:丝绸之路经济带与欧亚经济联盟建设对接具有全球意义》,中国新闻网,http://www.chinanews.com/gj/2017/06-02/8240603.shtml。

第五章 "一带一路"背景下中俄区域经济合作新格局

需要,是一种真正的合作互动和互利共赢的对接合作。早在上海合作组织成立之初,就有俄罗斯学者指出了开展区域经济合作的必要性,以及经济合作对上海合作组织发展的重要性。他们认为,任何国际组织的顺利发展都离不开强大的经济基础,因而上海合作组织的经济合作非常重要。而且上海合作组织成员国之间的经济关系和经济合作应从双边到多边,奠定多边经济一体化的基础。① 也有俄罗斯学者认为,上海合作组织发展的主要任务不仅是要解决安全和同国际恐怖主义斗争问题,而且应当在经济上成为对潜在的新成员具有吸引力的组织。②

上海合作组织与欧亚经济联盟的成员国多次表达出合作的意愿。早在 2006 年 5 月 8 日,上海合作组织就与欧亚经济联盟的前身——欧亚经济共同体在北京签署了谅解备忘录,表明双方将加强投资、贸易、能源、旅游、劳务、交通、环保、教育、科学、文化、体育等各领域的合作。③ 这些领域都是两个组织推行一体化的重要方面,这种合作符合各方的利益。2011 年,白俄罗斯总统卢卡申科曾表示,"欧亚经济联盟的一体化不能仅局限在西方,还要与东方国家建立经济联合体,与我们的战略伙伴中国的紧密一体化应当成为优先重要的任务"。④ 俄罗斯驻乌兹别克斯坦大使久尔捷涅夫表示,俄罗斯认为上海合作组织与欧亚经济联盟应加强对接合作,两者的合作潜力较大,针对当今世界经济的不稳定和不确定,这两个国际组织的联合会起到稳定的作用。他认为,"欧亚经济联盟可以成为上海合作组织的天然伙伴,双方可考虑商签相关合作文件"。⑤

2017 年 6 月 9 日,中国国家主席习近平在阿斯塔纳出席上海合作组织成员国元首理事会第十七次会议并发表题为《团结协作 开放包

---

① Сафронова Е. И., Тихонов О. С., "Проблемы Центральноазиатской Интеграции в Контексте ШОС", *Китай в Мировой и Региональной Политике (История и Современность)*, Москва, 2003, С. 92 – 93.

② Комиссина И., Куртов А. А., "*Шанхайская Организация Сотрудничества: Становление Новой Реальности*", Москва, 2005, С. 74.

③ 廖雷:《上海合作组织与欧亚经济共同体签署谅解备忘录》,http://www.gov.cn/zwjw/2006 – 05/08/content_ 275430. htm。

④ Луркашенко А. О., "Судъбах Нашей Интеграции", *Известия*, 2011 – 10 – 17.

⑤ 《俄认为上合组织和欧亚经济联盟应加强对接》,http://www.mofcom.gov.cn/article/i/jyjl/e/201806/20180602750953.shtml。

容　建设安全稳定、发展繁荣的共同家园》的重要讲话中提出，中方和有关各方正积极推动"一带一路"倡议同欧亚经济联盟建设等区域合作倡议以及哈萨克斯坦"光明之路"等各国发展战略对接，上海合作组织可以为此发挥重要平台作用。在同日发表的《上海合作组织成员国元首阿斯塔纳宣言》中重申，成员国欢迎"一带一路"倡议，支持在相互尊重、平等互利原则基础上促进可持续发展的各项国际、地区和国别倡议对接合作。

在推动上海合作组织与欧亚经济联盟这两个组织的经济合作中，中俄两国发挥着重要的作用。总体上看，目前在两者的对接合作中，中俄两国经贸合作的水平最高。可以说，为其他成员国之间的合作起到了一定的"示范效应"。2017年，中俄两国双边贸易额为840.95亿美元，占中国与上海合作组织成员国贸易总额的38.7%。由于中俄两国是上海合作组织与欧亚经济联盟的主导国，因此，中俄两国的经贸合作在很大程度上体现着这两个组织在区域经济合作中所取得的成效。为了实现建设"上海合作组织自贸区"的设想，中国提出贸易投资便利化、推动区域经济合作等方面的新倡议，并按照"构建开放性经济新体制"的总体要求，根据中国产业发展需求，积极拓展发展中国家市场，加快出口多元化发展。[①] 为了提高中俄经贸活动中人民币使用的便利性，2017年3月中国工商银行（莫斯科）股份有限公司在莫斯科正式开展了人民币清算行服务。中国还与哈萨克斯坦签订了双边本币互换协议，这些举措给上海合作组织与欧亚经济联盟贸易便利化方面带来了明显的进展，有利于进一步推动两个组织的对接合作。

从两个组织对接合作的领域来看，在上海合作组织框架下，能源、贸易和交通等领域的合作是成员国重要的合作领域。而在2014年5月俄、白、哈三国签署的《欧亚经济联盟条约》中，涉及的合作领域也包括能源、交通、贸易等诸多领域。可见，上海合作组织与欧亚经济联盟两组织在重点领域的"融合度"相当高，两者在很大程度上不仅要相互扶持，而且需要进行对接合作。中国正与欧亚经济联盟国家在基础

[①] 关兵：《欧日EPA对欧盟、日本和中国的经济影响》，《现代日本经济》2018年第3期。

设施建设、推进互联互通、产能领域上展开多方面的合作,尤其是基础设施建设和产能合作是两者对接的优先方向,而各成员国间油气、电网等能源基础设施的互联互通也在不断加强。

目前,上海合作组织成员国大多处于工业化、现代化和产业转型升级的关键时期,欧亚经济联盟成员国所在地区正处于工业化加速发展和产业结构转型升级期,其经济发展战略及诉求与上海合作组织各成员国契合程度较高。因此,可将产能合作作为上海合作组织与欧亚经济联盟对接的突破口。当然,在国际产能合作中要注重输入国的环境保护,应当摒弃技术和环保指标不达标的落后产能,输出先进的产业和产能,不能挤压当地产业发展空间。欧亚地区是中国开展国际产能合作较早和推进较快的地区,这有利于推进上海合作组织与欧亚经济联盟在这一领域的合作。

在交通物流领域,欧亚经济联盟成员国的基础设施特别是交通基础设施大多陈旧老化,需要进行现代化改造,因而需要巨额投资。[1] 上海合作组织与欧亚经济联盟成员国在交通基础设施尤其是在过境运输领域蕴藏着巨大的合作潜力。上海合作组织框架内已经启动的各种机制可以为两组织成员国间的"互联互通"创造条件,提供有力的保障。近几年来,为贯通欧亚交通大走廊,中国、俄罗斯、哈萨克斯坦等相关国家均积极进行相互协作,推动相互连通的交通基础设施的建设。2011年,哈萨克斯坦总统纳扎尔巴耶夫曾表明,要让欧亚经济联盟成为连接西欧和中国西部的公路运输走廊,以及将来在泛欧亚高速铁路建成后在沿线形成现代物流运输体系。[2] 目前,中国正在全力推动上海合作组织和欧亚经济联盟在交通运输领域的对接,现有的合作成果有:中国—中亚天然气管道、中哈两国共建的双西公路和中吉乌公路等诸多项目。

在合作机制与制度建设方面,上海合作组织与欧亚经济联盟是两个

---

[1] Никишина В., "Каким Сложится Взаимодействие ЕАЭС и Китайского 'Шелкового Пути'", https://ru.sputnik.kg/analytics/20170912/1035168962/kak - slozhitsya - vzaimodejstvie - eaehs - i - kitajskogo - shelkovogo - puti.html.

[2] Назарбаев Н., "Евразийский Союз: от Идеи к Истории Будущего", Известия, 2011 - 10 - 25.

实体合作组织，具有各自的机制，在两者对接合作中正不断发挥和提升机制效率，在制度建设中遵循成员国的共同意愿，规范合作制度与机制，探讨某些制度改革的长远战略目标及制度安排，根据现实需要不断创新和探索磋商协调机制。

二　上海合作组织与欧亚经济联盟对接合作的意义与现实性

上海合作组织与欧亚经济联盟的合作原则基本相吻合。以《上海合作组织宪章》为基础而进一步升华的"上海精神"，即"互信、互利、平等、协商、尊重多样文明、谋求共同发展"，成为全面推进上海合作组织合作，促进本地区繁荣稳定，构建人类命运共同体的重要原则。《上海合作组织成员国多边经贸合作纲要》也规定了经贸合作的原则，即"在完全平等、市场关系、相互尊重、互利、非歧视和开放性、循序渐进、通过相互协商建设性解决出现的问题以及兼顾各国利益的原则基础上发展和扩大合作"。《欧亚经济联盟条约》强调维护成员国国家主权平等和领土完整；实行权利平等、合理性、阶段性、实用性和互利互惠原则；实现商品、服务、资本和劳动力的自由流动，组建统一的服务市场和劳动力资源市场，实施统一的技术管理和认证；在能源、工业、农业、交通运输等关键性经济领域推行协调一致的经济政策。不难看出，上海合作组织与欧亚经济联盟的合作原则是基本吻合或者说是可以兼容的，都强调平等互惠、协商沟通、政策协调、谋求共同发展的合作理念和原则。这使上海合作组织与欧亚经济联盟对接合作成为可能。

上海合作组织与欧亚经济联盟的合作目标基本相契合。《上海合作组织宪章》规定，"支持和鼓励各种形式的区域经济合作，推动贸易和投资便利化，以逐步实现商品、资本、服务和技术的自由流动"。《欧亚经济联盟条约》确定的发展目标是消除联盟内关税和非关税壁垒，在2025年前实现联盟内部商品、服务、资本和劳动力的自由流动，推行协调一致的经济政策。与欧亚经济联盟相比，上海合作组织的经济合作程度仍较低，且并未谋求发行统一的货币，实行统一的宏观经济政策，直至建立统一市场。因此，两个组织的发展不存在根本性的矛盾。通过战略层面的沟通可以达到取长补短，相互促进，实现两者的良性互动和协调发展。总的来说，上海合作组织与欧亚经济联盟在合作目标上

第五章 "一带一路"背景下中俄区域经济合作新格局

的契合点主要集中在三个方面:一是都鼓励开展更高层次的区域经济合作,并在这一进程中推进贸易投资便利化。二是都强调并注重实现经济要素的自由流动。三是都在实践中推行协调一致的经济政策。这三个主要契合点和共性使上海合作组织与欧亚经济联盟对接合作更有针对性、更具现实性。

上海合作组织与欧亚经济联盟都是"大国 + 小国"的地区性国际组织,在这两个国际组织中都有一个大国作为主导国,中国是上合组织的主导国,俄罗斯是欧亚经济联盟的主导国。近年来,在中俄双方的共同努力下,两组织的合作取得了较大进展。一方面,中俄战略协作伙伴关系是上海合作组织与欧亚经济联盟开展对接合作的坚实基础。"冷战"结束后,中俄两国致力于发展以合作为主的双边关系,且这种关系在健康稳定中不断向前发展。另一方面,中俄两国所主导的上海合作组织与欧亚经济联盟的各成员国具有共识,即均支持在这两个地区性国际组织框架内的一体化进程,力争使各成员国和本地区能够实现和平而稳定的发展,大力推进区域合作的不断深化。正如俄罗斯总统普京2012年参加北京举办的上海合作组织峰会前夕在《人民日报》上发表的《俄罗斯与中国:合作新天地》中所指出的,"建立上海合作组织与欧亚经济共同体,以及未来与欧亚经济联盟的合作是一个全新的且非常具有发展前景的工作方向。我相信,这些组织的活动能够相互补充、相得益彰"。[①] 因此,只要中俄两国能够达成共识和良好合作,两个组织的合作就有充分的保障。

俄罗斯学者认为,上海合作组织与欧亚经济联盟对接合作具有全球意义,其现实性和相互作用的可能性是由以下两种共同利益决定的:一是中亚地区的经济利益;二是参与形成多极化世界体系和全球治理的利益。无论是以独联体自由贸易区、关税同盟、统一经济空间和欧亚经济联盟为代表的欧亚一体化方案,还是"丝绸之路"经济带的中国方案,中亚国家都占有重要地位。俄罗斯需要发展有中亚国家参加的独联体自由贸易区,以及建立欧亚一体化的统一经济空间,并依靠中亚国家来扩大欧亚经济联盟的参加国。中国则希望通过建立伙伴关系网并与中亚国

---

① 弗拉基米尔·普京:《俄罗斯与中国:合作新天地》,《人民日报》2012年6月5日。

家签署双边协议来实现上合组织的优势,同时,中国也需要形成经由中亚地区通往欧洲和近东的经济走廊。而在中亚国家中,哈萨克斯坦处于上述两个方案在中亚地区的交叉点和中心位置,也是中亚和俄罗斯之间地理上的桥梁,哈萨克斯坦是推进欧亚经济一体化的积极参与者。同时,哈萨克斯坦也被中国看作实现中国对中亚地区战略中连接中亚国家与中国的重要环节。推进丝绸之路经济带倡议,哈萨克斯坦能够对中亚国家、俄罗斯和中国经济利益的地区平衡发挥关键性作用。[1] 俄罗斯历来将中亚地区视为自己的势力范围,同时,作为欧亚经济联盟的主导国,俄罗斯特别重视与中亚成员国的关系,强化与中亚国家在本组织内的经济一体化合作。而从上海合作组织的宗旨和职能来看,上海合作组织重要的职能作用之一是维护本组织尤其是中亚地区的安全和稳定,在此基础上实现安全和经济"两个轮子"同时转动。可见,中亚无论对欧亚经济联盟还是对上海合作组织来说,都具有重要的战略意义。

三　上海合作组织与欧亚经济联盟的功能交叉与重合特性

上海合作组织与欧亚经济联盟是欧亚大陆上并存的两个快速发展的多边国际性组织,这两个国际组织不仅在成员国方面有所交叉和重叠,而且在经济功能上也有重合。

(一) 成员交叉

从上海合作组织与欧亚经济联盟所包括的成员国来看,上海合作组织成员国中的俄罗斯、哈萨克斯坦、吉尔吉斯斯坦同时又是欧亚经济联盟的成员。上海合作组织成员国中的塔吉克斯坦则是欧亚经济联盟中的候选国,上海合作组织中的观察员国白俄罗斯是欧亚经济联盟的成员国,上海合作组织中的对话伙伴国亚美尼亚是欧亚经济联盟的成员国(见表5-1),这些国家所具有的双重地区组织的角色,有利于它们将本国的发展与所在地区的发展结合起来,从而体现出这两个地区合作组织的集体促进经济社会发展的合作理念与宗旨。

---

[1] Мухамеджанова Д., "Интеграционные Процессы в Евразии: ЕАЭС и ШОС", *Россия и Новые Государства Евразии*, №3, 2015 г, С. 27–33.

表 5-1　　　上海合作组织与欧亚经济联盟成员国交叉情况

国际组织 国家	上海合作组织			欧亚经济联盟	
	成员国	观察员国	对话伙伴国	成员国	候选国
中国	√				
俄罗斯	√			√	
哈萨克斯坦	√			√	
吉尔吉斯斯坦	√			√	
塔吉克斯坦	√				√
乌兹别克斯坦	√				
印度	√				
巴基斯坦	√				
白俄罗斯		√		√	
亚美尼亚			√	√	

注：表格中的√表示该国为组织成员国（包括观察员国、对话伙伴国、候选国），空格表示该国不是成员国。

（二）地域重叠

上海合作组织与欧亚经济联盟地域辽阔，由于两个组织的成员国有所交叉，进而使这两个国际组织所处的地域出现大面积重叠的情况。上海合作组织与欧亚经济联盟地域重叠主要表现在俄罗斯和中亚地区的有关国家。从上海合作组织与欧亚经济联盟重叠地域面积来看，上海合作组织 8 个成员方总面积为 3408 万平方千米，占欧亚大陆 62.6%；欧亚经济联盟总面积为 2029 万平方千米，占欧亚大陆的 37.3%。俄罗斯是世界上国土面积最大的国家，拥有 1709.82 万平方千米的国土；哈萨克斯坦国土面积为 272.49 万平方千米，位居世界第九；吉尔吉斯斯坦为 19.99 万平方千米（见表 5-2），这三个国家同时拥有上海合作组织与欧亚经济联盟成员国的身份，三国面积之和占上合组织总面积的 58.8%，占欧亚经济联盟总面积的 36.8%。

（三）功能重合

从上海合作组织与欧亚经济联盟的功能划分来看，上海合作组织主要是在非传统安全和经济合作方面发挥主要功能，欧亚经济联盟的主要功能是经济合作。在两者的经济功能上，上海合作组织与欧亚经济联盟均致力于形成横跨欧亚大陆的统一经济空间的制度安排，都具有能够顺利发展下去的强大经济基础，都是以合作方式来带动地区经济的繁荣与发展，有利于推动区域经济一体化的发展。

表 5 – 2　　上海合作组织与欧亚经济联盟成员国地域重叠情况

国际组织、地区或国家	上海合作组织	欧亚经济联盟	欧亚大陆	俄罗斯	哈萨克斯坦	吉尔吉斯斯坦
面积（万平方千米）	3408.00	2029.00	5440.00	1709.82	272.49	19.99

上海合作组织是一个为确保广袤欧亚空间的稳定与安全而建立的机构，强化包括经济、政治、传统和非传统安全的综合性地区安全是上海合作组织各成员国的基本共识。上海合作组织的基本宗旨是互信、互利、平等、协商、尊重多样文明、谋求共同发展，欧亚经济联盟的基本宗旨是实现成员国经济一体化。经过近20年的发展，上海合作组织经济合作机制不断完善，为区域经济合作向前发展提供了必要的机制保障。

作为上海合作组织的主导国，中国在推动该组织开展经济合作方面具有重要的作用。目前，上海合作组织在维护成员国所在地区安全合作的基础上，将合作重心向成员国间的经济合作转变，提出促进地区经济发展的构想。2003年9月，上海合作组织总理会晤发表的《上海合作组织成员国总理会晤联合公报》指出，"在经济全球化和区域经济一体化背景下，深化上海合作组织成员国多边经济合作，有利于各国经济的发展和增强组织的凝聚力"。[①] 上海合作组织将经济领域中的合作视为与安全合作同等重要的任务，是具有历史意义的转变和深化。[②] 完成了由地区安全合作向经济合作转变的历史必然过程。

从欧亚经济联盟的成立来看，它是由于苏联解体后地区经济格局发生变化，苏联各加盟国共和国经济发展对区域合作的需求度和依存度不

[①] 《上海合作组织成员国总理会晤联合公报》，《人民日报》2003年9月24日。
[②] 潘光：《稳步前进的上合组织》，时事出版社2014年版，第58页。

断上升而组建的。换言之，欧亚经济联盟是为加深经济、政治合作而组建的国际组织，是利用苏联遗留下来的经济联系打造"多极世界中的一极"。作为欧亚经济联盟的主导国，俄罗斯正在快速推进该组织的经济一体化进程。

综上所述，上海合作组织与欧亚经济联盟在实现区域经济一体化这一功能上并行不悖，这为两者建立良好的互动关系奠定了重要的基础。

四　上海合作组织与欧亚经济联盟的互动发展

早在2001年6月，由中国、俄罗斯、哈萨克斯坦、乌兹别克斯坦、吉尔吉斯斯坦和塔吉克斯坦六国元首在上海签署的《上海合作组织成立宣言》规定：将利用各成员国之间在经贸领域互利合作的巨大潜力，努力促进各成员国之间双边和多边合作的进一步发展以及合作的多元化。① 如今，上海合作组织倡导建立开放、包容、合作、共赢的新型机制，主张互信、互利、平等、协作，这体现出该组织的魅力所在。广泛和深入的多边经济合作是该组织存在和充分发挥作用的关键所在，且已成为各成员国的共识。多边经济合作不仅有利于上海合作组织各成员国的经济发展，提高居民的生活水平，而且有利于区域内的社会稳定。②

欧亚经济联盟自成立之初便是一个单纯的地区性经济组织。欧亚经济联盟的前身为1996年俄、白、哈、吉四国建立的关税同盟，该关税同盟成立的目的旨在协调四国的经济改革步伐，加快各成员国的经济一体化进程。2000年10月，俄、白、哈、吉、塔五国签署条约成立欧亚经济共同体，目的是在关税同盟的基础上建立统一经济空间，把一体化提高到一个新水平，实现区内贸易自由化及建立统一关税和非关税调解体系，制定商品和服务贸易市场相互准入原则，建立统一的外汇调解和外汇监管机制等。③ 在2014年5月俄、白、哈三国签署的《欧亚经济联盟条约》中，阐述了欧亚一体化的目标、任务和经济合作机制，规

---

① 《上海合作组织成立宣言》，https：//www.fmprc.gov.cn/web/ziliao_674904/1179_674909/t4636.shtml。

② 李福川：《俄白哈关税同盟及对上海合作组织的影响》，《俄罗斯中亚东欧市场》2011年第7期。

③ 《欧亚经济共同体在地区合作中的作用和发展前景》，http：//www.mofcom.gov.cn/aarticle/i/dxfw/jlyd/200805/20080505538237.html。

定到2025年三国将实现商品、资金、劳动力和服务的自由流动，最终建立类似于欧盟的经济联盟，形成一个拥有1.7亿人口的统一市场。

可见，上海合作组织与欧亚经济联盟在经贸合作领域中的经济功能具有重合性，上海合作组织以促进成员国间的多边经贸合作为主，而欧亚经济联盟则是追求发展地区经济一体化，这是这两个国际组织在经济合作领域所共同追求的平行过程，两者在农业、科技、人才、旅游、能源、采矿业、石化工业、重工业及装备制造业等领域优势突出，具有对接合作的基础。正如原中国驻白俄罗斯大使吴虹滨曾指出的，上海合作组织与欧亚经济共同体在经济领域开展了积极合作，因为经济已经成为维护地区安全的基础，两者是合作伙伴而并非竞争对手。[1] 目前，上海合作组织与欧亚经济联盟所共同遵循的"合作、开放、互通互联、互利共赢"的原则为两者的深化合作提供了更广阔的空间。经济合作、互利共赢是各成员国所寻求的"最大公约数"。中国与欧亚经济联盟成员国的经济互补性强，贸易合作潜力大，2017年中国与欧亚经济联盟成员国的贸易额达1094亿美元。

今后，在上海合作组织与欧亚经济联盟对接合作与联动发展中，要不断挖掘合作潜力，加强各领域合作。正如欧亚经济委员会一体化主要方向和宏观经济部长瓦洛娃娅所认为的，"欧亚经济联盟和上海合作组织必须研究建立统一的经济空间，俄中两国已经签署了研究'一带一路'经济项目与欧亚经济联盟建设对接的谅解备忘录，问题是需要创建一个总的经济空间的概念，即不仅是与中国，应该包括沿途的其他国家，上海合作组织成员国及其邻国，包括蒙古国。为了将中国的商品运送到欧洲，必须有统一和共同的海关程序，在技术调控和植物检疫措施上有一定程度的协调"。[2] 由此可见，两者的联动发展对地区经济发展具有重要意义。

---

[1] "Ответы на Вопросы Корреспондента ИА Интерфаксу", https：//by.chineseembassy.org/rus/DS/CF/t264845.htm.

[2] 《部长：欧亚经济联盟和上合组织必须研究建立统一的经济空间》, http：//www.sohu.com/a/46901320_115402。

第三节 "一带一路"背景下俄罗斯"向东看"战略与中俄区域经济合作

中国"一带一路"倡议规划建设的六大经济走廊，有三条经济走廊与俄罗斯密切相关。因而中俄两国加强区域经济合作是顺利实施"一带一路"建设的重要保障。从俄罗斯看，融入"一带一路"，加强与中国的合作，也是一种必然的选择，这符合普京执政以来确定的经济重心战略东移，推进与亚太地区的政治经济联系的目标。而且，中国以"一带一路"倡议为重点的全面开放新格局和俄罗斯"向东看"的战略布局，不仅为中俄进一步深化合作提供了机遇，也为"一带一盟"合作创造了新契机。总体来看，促使俄罗斯实行"向东看"战略的关键性因素有两个：一是西方制裁；二是融入"一带一路"和经济重心东移的需要。

一 西方制裁与俄罗斯"向东看"战略

自2014年乌克兰危机爆发以来，俄罗斯与以美国为首的西方国家的博弈和对抗不断加剧，致使俄罗斯深陷多重困境。尤其是西方接二连三的制裁使俄罗斯面临着前所未有的挑战。俄罗斯"兼并"克里米亚不仅导致俄罗斯与乌克兰关系迅速极度恶化，而且引致美欧等西方国家在政治经济外交等领域联手对俄罗斯轮番实施制裁，致使俄罗斯与美欧等西方国家的关系全面破裂，双方的对峙和对抗不断升级，甚至达到了空前尖锐的程度。俄罗斯与西方国家在制裁与反制裁上的博弈和严重对抗，不仅加剧了俄罗斯与西方国家的政治危机和深刻矛盾，而且也将俄罗斯经济拖进泥潭。这种严酷的现实迫使俄罗斯调整经济外交战略，寻求并确定经济外交的新方向和新目标，以突破西方国家的外交重围，推进本国经济在困境中向前发展。其中，实施"向东看"战略，将经济关系发展和经济合作的重心转向亚太地区尤其是东亚地区，是俄罗斯的一种现实选择。

长期以来，欧洲尤其欧盟一直是俄罗斯最大的贸易伙伴，在俄罗斯对外经济和外交中占有重要地位。重视欧盟、欧洲优先，历来是俄罗斯经济战略和经济外交的重心所在。但乌克兰危机以来欧美对俄实施多轮经济制裁，以及俄罗斯采取反制裁措施，不仅致使欧俄双方均遭受严重的经济损失，而且也在一定程度上动摇了双方经过长期努力形成的政治和经济合作基础。在这一背景下，俄罗斯一直奉行的欧洲优先的经济外交战略和政策不得不发生改变。加之以美国为首的北约与俄罗斯在中东欧地区对峙和对抗加剧，特别是北约东扩对俄罗斯战略空间形成挤压，都迫使俄罗斯对经济外交战略做出调整。"西方不亮东方亮""向东看"面向亚太尤其是东亚地区，实现经济合作重心的转移，成为俄罗斯对外经济战略调整的关键。新版《俄罗斯联邦外交政策构想》提出，俄罗斯将巩固自己在亚太地区的地位和积极发展与该地区国家的关系，作为外交政策的重要战略方向。俄罗斯要积极参与亚太地区的一体化进程，在实施西伯利亚和远东社会经济发展规划中充分利用亚太地区的潜力，并在本地区建立全面的、开放的、平等的安全和合作模式。[①]

西方制裁促使俄罗斯将经济重心东移即转向亚太尤其是东亚地区，实行"向东看"战略。俄罗斯这一战略的实施，其核心是调整东亚地区对俄罗斯至关重要的两种特殊关系：一是俄中关系，二是俄日关系。关于俄中关系，西方实行制裁后"俄罗斯开始与中国在政治、经济和军事领域建立更密切联系"。[②] 俄罗斯总统普京对俄中关系有高度的概括，认为"俄中全面战略协作伙伴关系已成为保障全球和地区稳定的关键因素"，俄中关系是"国际秩序下国家间关系的典范"。[③] 因而俄罗斯实施"向东看"战略，中国的广阔市场是必然选择，中国势必成为俄罗斯"向东看"战略下更加可靠的经济合作伙伴。

二 俄罗斯融入"一带一路"和"向东看"战略下的中俄区域经济合作

自2013年6月普京总统在圣彼得堡国际论坛上表示俄罗斯要进行战略东移后，2014年的乌克兰危机加速了战略东移进程，促使俄罗斯

[①] "Концепция Внешней Политики Российской Федерации（Утверждена Президентом Российской Федерации В. В. Путиным 30 Ноября 2016г.）"，http：//www.mid.ru/foreign_policy/news/-/asset_publisher/cKNonkJE02Bw/content/id/2542248.

[②] "Дипломатия Принуждения 2014 - 2016. Как Россия Противостояла Атакам США"，http：//politrussia.com/world/laquo-diplomatiya-prinuzhdeniya-ssha-226/.

[③] 汪嘉波：《普京：俄中关系是互利合作典范》，《光明日报》2016年12月2日。

第五章 | "一带一路"背景下中俄区域经济合作新格局

明确提出"向东看"战略并付诸实施。一方面,俄罗斯"向东看"战略与中国东北老工业基地新一轮振兴战略在时间上大致吻合,为中俄在东北地区和远东地区的经济合作创造了条件。另一方面,俄罗斯"向东看"战略与中国提出的"一带一路"倡议的持续推进,不仅对中俄两国,而且也正在给东北亚地区的经济繁荣与和平发展带来新机遇、新动力。

第一,在任期内实施远东大开发战略,加快俄罗斯融入东北亚和亚太经济圈的步伐,是普京总统的执政目标之一。无论是实施"向东看"战略,还是融入"一带一路",都是实现这一目标的重要举措。这不仅为俄罗斯抢得先机,而且也为其远东地区的开发与中国的合作提供了新的增长点。不仅如此,中国东北地区参与俄罗斯远东地区开发,使落后的远东地区加速实现"跨越式发展",也是西方制裁背景下俄罗斯的重要战略选项。这同样为中国东北地区提供了新机遇,有利于实现东北地区新一轮振兴与俄罗斯远东跨越式发展区建设的对接合作,从而使中俄的合作基础更为坚实,合作前景更加广阔。

在"向东看"战略推动下,俄罗斯已设立了20个跨越式发展区和符拉迪沃斯托克自由港,此举推进了俄罗斯远东经济发展与"一带一路"建设规划的对接,为中俄两国进一步深化合作奠定了基础。中国东北地区和俄罗斯远东地区要素禀赋互补性强,产业内互动合作潜力巨大,随着俄罗斯"向东看"战略的进一步实施,尤其是中俄共同融入"一带一路"北向通道,双方在东北地区与远东地区的合作发展机会将越来越多。因此,中俄双方应抓住难得的发展机遇,夯实现有基础,充分利用有利条件,尤其是积极参与远东跨越式发展区和符拉迪沃斯托克自由港建设,通过互动合作拉动中俄毗邻地区经济社会的快速发展。

第二,加强与中国和其他东北亚国家的合作,促进远东地区开发与经济发展,并将远东地区打造成为连接东北亚地区的"桥头堡",是俄罗斯的既定战略,也是一种必然选择。这不仅有助于实现俄罗斯东西部地区的均衡发展,同时为中俄东北地区与远东地区的务实合作带来新机遇,而且也有助于推动"一带一路"向北延伸,强化东北亚区域合作。俄罗斯积极支持中国的"一带一路"倡议,助推"一带一路"北向通道建设,这不仅对中俄两国,也对整个东北亚地区的经济合作与发展具有十分积极的意义。

　　必须指出，俄罗斯已将远东开发提升到国家战略的高度，其背景是"向东看"战略的实施以及亚太地区尤其是东北亚地区经济的快速增长。实际上，远东开发并不仅仅是俄罗斯经济社会发展的内在需求，也带有让俄罗斯搭上亚太经济特别是中国经济高速发展"快车"的战略意图。俄罗斯著名智库"瓦尔代"俱乐部在"俄罗斯向东看"研究报告中指出，全球经济重心不断向亚洲转移，亚洲经济正在蓬勃发展，俄罗斯必须加强其"东方属性"，真正找到自己的历史定位。这是俄罗斯加快实施"向东看"战略的重要原因之一。

　　此外，俄罗斯"向东看"中的远东开发战略与作为东北亚重要的次区域合作机制的大图们倡议，在促进东北亚区域合作和推动东北亚区域经济一体化方面的目标相一致。俄罗斯希望借大图们倡议的"东风"，加强与东北亚国家的区域合作，推进区域贸易投资自由化便利化，提升区域跨境基础设施互联互通水平，打造涵盖蒙古国、中国东北、俄罗斯远东地区等在内的国家间海、陆、空三维立体运输通道网。2019年8月22日通过的大图们倡议第十九次部长级会议《长春宣言》提出，要逐步发挥区域发展战略聚合的效应，加强俄罗斯"欧亚经济联盟"计划、中国"一带一路"倡议、"东北振兴"战略、蒙古国"发展之路"计划、韩国"新北方政策""新南方政策"在内的各方战略对接，积极拓展合作伙伴，推动大图们倡议各领域务实合作取得成果。致力于构建开放、自由、包容的东北亚经济圈。①

　　再者，中俄在东北地区与远东地区的密切合作、中蒙俄经济走廊建设和中俄"冰上丝绸之路"建设的初步成效，使东北亚国家看到了"一带一路"建设的真实成果。今后进一步推动"一带一路"在东北亚地区走深走实，对于俄罗斯实施"向东看"战略尤其是对于远东地区开发和发展，无疑是重大利好，也为俄罗斯参与东北亚区域合作提供了契机。

---

① 大图们倡议第十九次部长级会议《长春宣言》，http：//www.mofcom.gov.cn/article/jiguanzx/201909/20190902897026.shtml。

第五章 | "一带一路"背景下中俄区域经济合作新格局

第四节 本章小结

综合本章以上对"一带一路"国际合作背景下中俄区域经济合作问题的分析,可以提炼出以下三个要点:

第一,"一带一路"倡议为中俄地区合作注入了新动力,深化"一带一路"倡议同欧亚经济联盟对接合作为中俄合作开辟了更加广阔的空间。《中华人民共和国与俄罗斯联邦关于丝绸之路经济带建设和欧亚经济联盟建设对接合作的联合声明》,无论对于"一带一路"建设的拓展还是对中俄两国经济合作关系的进一步发展和深化,都具有划时代意义。中国的丝绸之路经济带建设和俄罗斯主导的欧亚经济联盟建设对接合作,既是新形势下中俄两个大国的理性和顺势选择,也标志着两国合作关系在重大国际和地区问题上的新进展和重要突破。同时,"一带一盟"的对接表明中俄双方在推动地区经济一体化方面的立场愈益吻合,也意味着两国在加强地区合作问题上达成共识并达成了高度一致。这些共同点和利益的高度融合,为两国地区经济发展和合作提供了强大动力。俄罗斯总统普京认为,"一带一路"与欧亚经济联盟的对接合作有助于加强中俄双方在高科技、交通和基础设施等领域的合作,特别是推动俄罗斯远东地区的发展。同时,也有助于形成开放、包容、均衡、普惠的区域经济合作架构。

第二,上海合作组织与欧亚经济联盟的对接合作,是"一带一盟"对接合作的一个重要载体。中国作为上合组织的主导国,俄罗斯作为欧亚经济联盟的主导国,在"一带一盟"对接合作中发挥独特的引领作用。习近平总书记提出的"丝绸之路经济带"倡议引起了包括上合组织成员国在内的欧亚各国的强烈反响,而普京总统的"欧亚联盟"设想也在包括上合组织成员国在内的欧亚地区受到广泛关注。中俄两国领导人对丝绸之路经济带建设和欧亚经济联盟建设对接合作,以及对上合组织在对接合作中作用的共识和高度认同,既能够推动丝绸之路经济带建设和欧亚经济联盟建设的对接合作,也能够促进上合组织的发展。更为重要的是,正如《中华人民共和国与俄罗斯联邦关于丝绸之路经济带建设和欧亚经济联盟建设对接合作的联合声明》所强调的,"一带一盟"应在上海合作组织平台上开展合作。丝绸之路经济带不仅覆盖了上海合作组织成员国以及观察员国的所有区域，而且也囊括了欧亚经济联盟的所有成员国。由于上海合作组织与"一带一盟"的内在关联性，加之上合组织已建立了较完善的组织架构和制度基础，在区域合作方面也积累了较为丰富的经验，因而利用好这一重要平台，将有助于"一带一盟"对接合作的顺利推进，也更加有利于中俄区域经济合作的发展。

第三，俄罗斯"向东看"战略与"一带一路"倡议相契合。"向东看"战略虽并非完全是西方对俄罗斯制裁的产物，但西方制裁和由此与西方关系的恶化在很大程度上加速了俄罗斯实施东向战略的进程。而且随着近几年俄罗斯融入"一带一路"和与东北亚国家合作步伐的加快，"向东看"战略越来越呈现俄罗斯长期国家战略的特征。

应当看到，俄罗斯"向东看"战略与中国东北振兴战略、丝绸之路经济带倡议存在许多契合点。随着"一带一盟"建设的深入对接，中俄两国间的经济合作模式将会不断创新。"一带一盟"建设和"向东看"战略下中俄两国区域经济合作尤其是俄罗斯远东地区开发合作，能够进一步丰富丝绸之路经济带倡议的内涵，并推动中俄战略协作伙伴关系迈向更高水平。

从未来发展趋势看，首先，"一带一盟"合作能够发挥设施联通优势，打通多条经济走廊，与新亚欧大陆桥经济走廊、中蒙俄经济走廊、中国—中亚—西亚经济走廊等进一步对接，形成全方位的互联互通新格局。其次，"一带一盟"产能合作的潜力巨大，应是未来一个时期对接合作的着力点。最后，正如普京总统所认为的，"一带一盟"合作"可以在第一阶段建立自贸区"。因而建立自贸区应成为今后一个时期"一带一盟"对接合作的阶段性目标。至于"一带一盟"下未来的中俄两国地方合作，应将习近平总书记提出的改善营商环境，创新合作思路，深挖互补优势，密切人文交流的四点建议落到实处。

第六章

总结性评述与对策建议

第一节 总结性评述

第一,长期以来,俄罗斯一直将经济发展重心放在其欧洲部分,致使东部地区的经济社会发展长期落后,经济开发不足,人口大量流失,经济增长速度和各项主要经济指标多年来一直低于俄罗斯全国平均水平。东部和西部地区经济发展严重失衡成为综合国力增强的主要障碍。基于此,俄罗斯历届政府一直重视东部地区的开发与建设,以实现区域经济社会稳定均衡发展。早在叶利钦时期,俄罗斯就着手东部地区尤其是远东地区的开发建设。普京就任俄罗斯总统后,明确提出俄罗斯要利用其东部地区——西伯利亚和远东的地缘政治、自然资源、交通运输和科学技术等优势,积极参与东北亚和亚太地区经济一体化。在他任期内和"梅普组合"期间,俄罗斯先后出台了几个有关东部地区尤其是远东地区社会经济发展的法令或专项规划纲要,对远东地区开发做出了分阶段的规划和具体部署。其中,《2025年前远东和贝加尔地区经济社会发展战略》不仅意味着俄罗斯东部开发与开放已成为其国家战略,而且提出了在远东和贝加尔地区实施加速战略,以及俄罗斯远东和贝加尔地区与东北亚国家开展国际合作的途径,其中与中国东北地区的合作被视为最关键的优先合作方向。总的来看,中俄两国在俄罗斯东部地区特别是中国东北地区与俄罗斯远东地区的合作被赋予特殊意义。中俄双方先后签署了《中华人民共和国东北地区与俄罗斯联邦远东及东西伯利亚地区合作规划纲要(2009—2018年)》和《中俄在俄罗斯远东地区合作发展规划（2018—2024 年）》，这是两个具有接续性的纲领性文件，也表明了中俄地区合作的可持续性。与此同时，俄罗斯远东各联邦主体纷纷制定发展战略规划并采取有效措施，把加速本地区经济发展与中国东北地区合作列为优先发展方向，从而推动了中国东北地区与俄罗斯远东地区的合作进程。

第二，中俄区域合作尤其是中国东北地区与俄罗斯远东地区的合作力度不断加大，这既是两个毗邻地区经济发展和区域合作的现实需求，也是俄罗斯远东地区开发理念的重大变化和开发模式的根本性转变。远东地区开发不再仅仅依靠俄罗斯中央政府，"自我发展"模式日趋显现。而且，远东地区的开发和发展也不能只依靠本地区的力量，而是需要遵从市场经济的原则，走区域经济合作的发展道路。中国东北地区与俄罗斯远东地区具备经济合作互动的基础性条件，要素禀赋互补性强，产业内互动合作潜力巨大。随着中国东北新一轮振兴战略的全面实施，东北地区经济发展已经进入了全面振兴阶段，初步形成了承接"一带一路"建设较为完善的经济基础。不仅如此，东北地区拥有融入"一带一路"建设的互联互通基础，而且，装备制造业发达，具备转移优势产能的产业基础。围绕"一带一路"建设，坚持"引进来"和"走出去"并重，遵循共商共建共享原则，加强创新能力开放合作，形成陆海内外联动、东西双向互济的开放格局，构成了中国东北地区新一轮振兴战略与俄罗斯远东地区开发战略对接合作的现实基础。

第三，构筑东北地区对外开放新前沿和对俄罗斯远东地区开放合作新高地，将东北地区打造成我国向北开放的重要窗口，是新时期我国东北全面振兴的重要规划目标。为实现这一目标，一要紧紧抓住辽宁自由贸易试验区和黑龙江自由贸易试验区建立的契机，使两个自贸试验区南北呼应，形成东北地区面向俄罗斯远东地区和东北亚的开放合作高地，尤其是打造成对俄罗斯远东地区开放的重要平台。二要不失时机地开展与俄罗斯远东跨越式发展区开发建设和符拉迪沃斯托克自由港建设的对接合作。东北地区新一轮振兴战略的实施对俄罗斯远东地区开发尤其是跨越式发展区和符拉迪沃斯托克自由港建设来说是一次历史性的重大机遇，俄罗斯试图借力中国东北地区新一轮振兴，搭上中国经济快速发展的"顺风车"，加速远东地区开发，加快"一区一港"建设。而中国也希望通过东北地区新一轮振兴所提供的巨大市场和开放合作平台,加强与俄罗斯远东地区的经济合作,寻求双方互利共赢的利益交会点和契合点,促进东北地区经济的快速发展。总之,中国东北地区进一步开放、新一轮振兴和俄罗斯远东开发战略的实施,为两国的两个毗邻地区通过合作相互倚重和借力发展提供了新的可能。

第四,"丝绸之路经济带"与"欧亚经济联盟"对接合作是中俄两国的顶层设计。《中华人民共和国与俄罗斯联邦关于丝绸之路经济带建设和欧亚经济联盟建设对接合作的联合声明》不仅明确表达了中俄双方坚定实行"丝绸之路"经济带建设和欧亚经济联盟建设对接合作的共同立场,而且强调要加强区域经济一体化,确保地区经济持续稳定增长。"一带一盟"对接合作为新形势下中国东北地区新一轮振兴与俄罗斯远东地区开发的有效合作搭建了新平台,赋予中俄两地区以新的发展内涵,为两地区的经济合作提供了新的广阔发展空间。

"一带一盟"对接合作下,上海合作组织与欧亚经济联盟的对接合作必不可少。这两个既有重叠又相互联系的地区性国际组织,不仅都有一个大国作为主导国(中国是上合组织的主导国,俄罗斯是欧亚经济联盟的主导国),而且在合作目标上有诸多契合点,如开展更高层次的区域经济合作并推进贸易投资便利化,推行协调一致的经济政策措施等。这是两个地区性国际组织能够开展对接合作的基础性条件。而最为关键和十分重要的,是发挥上海合作组织在"一带一盟"对接合作中的平台作用。将上海合作组织作为"一带一盟"对接合作的重要平台,拓宽务实合作空间,带动欧亚经济一体化发展,这是中俄两国达成的共识。而且,将上海合作组织框架内的合作,推升到上海合作组织成为"一带一盟"对接合作的重要平台,这表明新形势下上海合作组织作用的增强和合作范围的进一步拓展。另外,上海合作组织之所以能够作为"一带一盟"对接合作的平台,是因为上海合作组织与"一带一盟"的合作原则基本吻合或者说可以相互兼容,都强调平等互惠、协商沟通、政策协调、谋求共同发展的合作理念和原则。

第五,俄罗斯实施"向东看"战略不仅意味着其试图摆脱西方制裁并实行经济外交战略的调整,而且也表明"向东看"战略作为俄罗斯国家战略与"一带一路"倡议的契合。由乌克兰地缘政治危机引发的西方对俄罗斯的制裁以及俄罗斯的反制裁，致使俄罗斯深陷与西方国家博弈和对抗的多重困境，特别是经济受到严重冲击。为摆脱困境，俄罗斯在西方制裁期间一方面采取反危机措施重振本国经济；另一方面实施从欧洲优先的经济外交取向转为面向亚太地区的"向东看"战略。而注重发展与中国的经济合作关系，是俄罗斯做出的现实选择。亚太地区是世界经济发展的"火车头"，其经济的快速发展对资源有巨大的需求，这为俄罗斯提供了巨大的商机。因此，加快远东地区参与亚太经济一体化是迅速振兴俄罗斯经济的关键，俄罗斯经济要取得长期、持续、稳定发展，必须融入亚太区域经济合作进程。

还应当指出，由普京总统2016年6月正式提出的大欧亚伙伴关系倡议加速了俄罗斯"向东看"的战略步伐。同时，普京也强调大欧亚伙伴关系要与中国的"一带一路"倡议对接，他还认为"一带一盟"的对接就是大欧亚伙伴关系建设的第一阶段。2019年6月，《中华人民共和国和俄罗斯联邦关于发展新时代全面战略协作伙伴关系的联合声明》指出，中方支持建设"大欧亚伙伴关系"倡议，认为"一带一路"倡议同"大欧亚伙伴关系"可以并行不悖。[①] 大欧亚伙伴关系倡议有助于推进俄罗斯"向东看"战略的实施，从而强化中俄合作尤其是东北地区与远东地区的合作。

第二节 对策建议

综上所述，在俄罗斯东部开发和打造"一带一路"北向通道的大背景下，中国东北地区与俄罗斯远东地区的经贸合作关系更加紧密，两地区构成了事实上的区域经济合作共同体，成为促进中俄双方关系不断深化的领跑者和提升两国整体合作水平的重要载体。这种密切合作关系还会随着俄罗斯东部开发战略的实施和中国东北全面振兴进程的进一步加快，特别是"一带一路"北向新通道的开发和建设而不断深化。《中

[①] 《中华人民共和国和俄罗斯联邦关于发展新时代全面战略协作伙伴关系的联合声明》，中华人民共和国中央人民政府网，http://www.gov.cn/xinwen/2019-06/06/content_5397865.htm，2019-06-06。

第六章 总结性评述与对策建议

俄在俄罗斯远东地区合作发展规划（2018—2024年）》，已为中俄两个毗邻地区的合作规划了新的具体蓝图，也表明了中俄地区合作的可持续性。坚持互利共赢的合作理念，推动中国东北地区与俄罗斯远东地区合作的可持续发展，始终是中俄两国区域合作的主旋律。

第一，应将打造"一带一路"北向新通道，将东北地区建成中国向北开放重要窗口，建设以中国东北地区的辽宁自由贸易试验区和黑龙江自由贸易试验区为一方，以俄罗斯远东地区的跨越式发展区和符拉迪沃斯托克自由港为另一方的开放合作新高地，进而全面带动包括东北地区与远东地区经济合作在内的中俄全方位合作，作为新时期中俄深度合作的重中之重。东北地区的南北两个自贸试验区与俄罗斯"一区一港"的对接合作互有需求，互补性强，因此，中俄双方深入探索东北地区新一轮振兴与俄罗斯"一区一港"对接合作的有效途径和方式，其现实意义毋庸置疑。关键是必须找准对接合作的契合点：一要将交通互联互通作为对接合作的重点，建立陆海联运通道和推进国际交通走廊建设。二要加强物流领域合作，包括完善中俄两个毗邻地区的边境口岸物流体系，加快国际物流中心建设，重点扶持大连港与符拉迪沃斯托克自由港在物流领域的对接合作，共同打造东北亚地区的物流中心（枢纽）。三要加强投资领域合作，俄罗斯"一区一港"建设需要投入巨额资金，但其国内资金匮乏，而中国则有许多资金实力雄厚的企业在为东北地区新一轮振兴寻找投资项目。因此，中俄两地区可以找到投资合作的契合点，尤其是在能源、港口、农业、矿产、旅游等领域的合作大有可为。

第二，深度融入中蒙俄经济走廊建设，尤其是加快基础设施建设，实现交通互联互通，提升跨境运输能力和贸易便利化水平，通过经贸合作、产能合作和旅游等领域合作促进中蒙俄经济走廊发展，推动区域经济一体化进程。还要重点打造"辽满欧""辽蒙欧"海铁联运跨境通道。中蒙俄经济走廊作为"一带一路"的北向通道，既是联通东北亚和欧洲的重要桥梁，也是向北开放和全方位深化与俄罗斯、蒙古国合作的重要通道。东北地区要拓展国际物流通道，并重点支持和提升大连港、营口港等港口在中蒙俄经济走廊东北通道的节点地位。一方面，要将大连港"辽满欧"通道建设成中蒙俄合作走廊的主通道，促进中欧班列提质增效和可持续发展，助推"丝绸之路"经济带与欧亚联盟的对接。另一方面，以哈大铁路为主轴、高速公路与普通公路为集疏运通道，开展多式联运，将营口港建设成为中蒙俄经济走廊东北通道的重要节点。

第三，共建"冰上丝绸之路"。"冰上丝绸之路"已经成为中俄"一带一盟"对接合作的重要一环，中俄共建"冰上丝绸之路"将推动两国新时代全面战略协作伙伴关系迈上新台阶。北极东北航道是连接东北亚和北欧的最短航线，能够大大缩短我国与西北欧的海运里程。与传统的南线苏伊士航线相比，这条"冰上丝路"可大大缩短航行时间和节省燃油，具备较大的经济价值，在贸易、能源、资源等方面的重要性不言而喻。从大连港出发，经日本海、白令海、白令海峡，进入北极东北航道，最终到达荷兰鹿特丹港，全程比苏伊士航线可缩短 12—15 天。从营口港出发，经日本海、白令海、白令海峡后，再穿越北极东北航道，最终到达瑞典海纳桑德、俄罗斯圣彼得堡、荷兰阿姆斯特丹三地。这两条航线有利于节约时间和减少运输成本，从而提高产品的竞争力并促进东北地区与欧美地区的贸易往来。

目前，中俄双方已共同成立了北极海运有限责任公司，这是中俄两国企业积极落实两国领导人有关共同推进北极可持续发展合作声明，践行"一带一路"倡议、打造"冰上丝绸之路"，积极参与北极航道商业化运作的重要举措，将为两国企业共同开发利用北极航道提供新的契机、注入新动力。此举将有助于推动北极航道进一步发展成太平洋和大西洋之间全球性的商业运输走廊，为进一步优化畅通国际贸易大通道、促进世界互联互通及经济增长发挥作用。此外，世界上最大的液化天然气项目——"亚马尔 LNG"项目正式投产，也成为中俄两国以新的模式探索北极合作的成功典范。随着"冰上丝绸之路"建设下中俄两国在北极地区合作的不断深化，中俄双方应不断扩大对北极大陆架石油和天然气的开采合作，增加能源基础设施建设投资和技术方面的合作，并积极参与北极事务的多边组织活动。

第四，加快推进中国东北地区与俄罗斯远东地区的国际交通运输走廊对接，畅通多式联运通道。俄罗斯的"滨海1号""滨海2号"是"一带一路"建设和欧亚经济联盟建设对接的重要接口。"滨海1号"国际运输走廊为：哈尔滨—牡丹江—绥芬河/波格拉尼奇内，绥芬河/格罗杰科沃、东宁/波尔塔夫卡—乌苏里斯克—符拉迪沃斯托克港/东方港/纳霍德卡港—海上航线；"滨海2号"国际运输走廊为：长春—吉林—珲春/克拉斯基诺，珲春/马哈利诺（卡梅绍瓦亚）—扎鲁比诺港—海上航线。这两条国际交通运输走廊经过俄罗斯远东符拉迪沃斯托克自由港地区，将黑龙江和吉林两省与滨海边疆区的海港连接起来，能够缩短运输距离，改善中俄之间的货物运输条件，加速双方货物运输。可通过大连—哈尔滨与"滨海1号"、大连—长春与"滨海2号"国际运输走廊相连接，进而对接俄罗斯远东地区东方港、纳霍德卡及亚太地区港口，使陆海联运货物直达日本和美国等国家。通过与上述两条国际交通运输走廊的连接，在中国东北与俄罗斯远东地区建立一条高效的运输走廊，打通东北大宗物资跨境运输通道，加快打造我国向北开放的重要窗口。

习近平主席2018年9月在俄罗斯符拉迪沃斯托克召开的第四届东方经济论坛全会上的致辞中强调，中方将与有关国家一道，"加强在俄罗斯远东及东北亚地区合作，推动实现本地区多元化、可持续发展，不断做大共同利益蛋糕，使本地区人民共享合作机遇和发展成果，携手开创远东和东北亚更加美好的明天"。紧接着，习近平总书记在东北三省考察，主持召开深入推进东北振兴座谈会并发表重要讲话时又指出，深入推进东北振兴，"要深度融入共建'一带一路'，建设开放合作高地"。他还强调，东北地区要加强对俄罗斯远东地区的合作。因此，今后东北地区要深入贯彻落实习近平总书记关于建设面向东北亚开放合作高地、破解东北发展难题、推进新时代东北振兴的重要指示精神，推进东北振兴在深度融入共建"一带一路"和建设面向东北亚开放合作高地的进程中走深走实，进一步开创与俄罗斯远东地区开发合作和打造"一带一路"北向通道的新局面。

参考文献

中文文献

［俄］阿巴尔金院士 Л. И.：《俄罗斯发展前景预测——2015 年最佳方案》（中译本），社会科学文献出版社 2001 年版。

［俄］奥斯特洛夫斯基 A. B.：《俄罗斯远东和中国东北地区共同发展计划：问题与前景》，《西伯利亚研究》2012 年第 2 期。

［俄］奥斯特洛夫斯基 A. B.：《俄罗斯与亚太经合组织及中国在其经济互动中的战略作用》，《西伯利亚研究》2012 年第 4 期。

［俄］奥斯特洛夫斯基 A. B.：《"丝绸之路经济带"框架下中国东北与俄远东经贸规划对接研究》，程洪译，《西伯利亚研究》2016 年第 3 期。

曹晔：《中俄农产品物流与贸易联动发展——基于"一带一路"背景的研究》，经济管理出版社 2019 年版。

曹志宏：《俄罗斯远东开发新思路与中俄区域经济合作》，《学术交流》2014 年第 12 期。

陈君、王海涛：《2025 年前俄远东和贝加尔地区社会——经济发展战略解读》，《特区经济》2010 年第 7 期。

程伟：《普京的选项：经济颓势下的外交强势》，《俄罗斯东欧中亚研究》2017 年第 1 期。

程伟：《俄罗斯 2017 年宏观经济形势分析》，《俄罗斯学刊》2018 年第 1 期。

初冬梅、刘毅：《俄罗斯远东开发新举措与中俄沿边区域合作——以"一带一盟"对接为视角》，《欧亚经济》2017 年第 6 期。

参考文献

崔亚平：《俄罗斯远东渔业的现状与未来》，《欧亚经济》2011年第1期。

刁秀华：《中国东北与俄罗斯远东超前发展区对接合作研究》，《财经问题研究》2018年第4期。

刁秀华：《上海合作组织与欧亚经济联盟对接合作研究》，《财经问题研究》2019年第12期。

东征：《普京批准远东大开发，政府牵头成功后在全俄推广》，《中国日报》2006年12月20日。

《俄机构调研："一带一路"让中俄跨境包裹交货缩短一半时间》，http://news.ifeng.com/a/20170413/50934439_0.shtml，2017-04-13。

《俄罗斯总统普京接受新华社社长独家专访 强调丰富中俄合作内涵 推动"一带一路"与欧亚经济联盟建设对接》，《新华每日电讯》2016年6月24日。

《俄媒：35个中国城市富可敌国》，《环球时报》2017年11月13日。

封安全：《俄远东超前发展区与自由港建设状况综述》，《西伯利亚研究》2017年第2期。

冯绍雷、相蓝欣主编：《普京外交》，上海人民出版社2004年版。

冯绍雷、相蓝欣主编：《俄罗斯与大国及周边关系》，上海人民出版社2005年版。

冯绍雷、相蓝欣：《俄罗斯经济转型》，上海人民出版社2005年版。

冯玉军：《"一带一盟"对接路径要具可操作性》，《黑龙江日报》2016年6月15日。

高际香：《俄罗斯〈2025年前远东和贝加尔地区经济社会发展战略〉解读》，《俄罗斯中亚东欧市场》2011年第1期。

高建：《俄罗斯加强远东开发的动因及挑战》，《国际研究参考》2016年第10期。

高天明：《中俄北极冰上丝绸之路合作报告（2018）》，时事出版社2018年版。

葛新蓉：《俄罗斯区域经济政策与东部地区经济发展的实证研究》，黑龙江大学出版社 2010 年版。

顾炜：《中俄战略协作与欧亚地区秩序的演进》，中国社会科学出版社 2018 年版。

顾小清等：《总理亲自来挂帅 俄罗斯要搞东部大开发》，《环球时报》2007 年 2 月 15 日。

关健斌：《俄罗斯远东地区新一轮开发规模空前》，《中国青年报》2010 年 1 月 26 日。

关雪凌、祝明侠：《俄远东超前发展区给中俄合作带来的机遇和挑战》，《西伯利亚研究》2016 年第 1 期。

郭力：《俄罗斯推进与东北亚各国合作的具体措施》，《西伯利亚研究》2004 年第 3 期。

郭力：《俄罗斯东北亚战略》，社会科学文献出版社 2006 年版。

郭力：《中俄地区合作新模式的区域效应》，社会科学文献出版社 2015 年版。

郭力：《俄罗斯东部地区的发展与中俄合作新空间》，社会科学文献出版社 2017 年版。

郭连成主编：《俄罗斯对外经济关系研究》，经济科学出版社 2005 年版。

郭连成：《中俄区域经济合作与东北老工业基地振兴的互动发展》，《俄罗斯中亚东欧市场》2007 年第 2 期。

郭连成：《俄罗斯东部开发新战略与中俄区域经济合作的进展评析》，《俄罗斯东欧中亚研究》2014 年第 5 期。

郭连成等：《中国东北地区与俄远东地区交通运输网络及城市群空间经济联系》，《东北亚论坛》2017 年第 3 期。

郭连成：《普京时代的俄罗斯经济发展道路及未来展望》，《国外社会科学》2018 年第 3 期。

胡仁霞：《中国东北与俄罗斯远东区域经济合作研究》，社会科学文献出版社 2014 年版。

黄定天：《中俄关系通史》，人民出版社 2013 年版。

姜胤安：《"冰上丝绸之路"多边合作：机遇、挑战与发展路径》，

《太平洋学报》2019年第8期。

姜振军:《金融危机背景下俄远东地区经济社会形势分析》,《俄罗斯中亚东欧市场》2009年第11期。

康佳:《俄罗斯远东地区开发问题浅析》,《对外经贸》2016年第4期。

康佳:《"一带一路"背景下中俄经贸合作问题探析》,《边疆经济与文化》2017年第4期。

李铁、朱显平:《新形势下中俄区域合作研究》,吉林人民出版社2014年版。

李晓如:《俄罗斯远东地区与中国东北地区经济合作发展历程及前景展望》,《对外经贸》2016年第9期。

李兴:《关于"一带一盟"对接合作的几点思考》,《欧亚经济》2016年第5期。

李兴:《俄罗斯对"一带一路"的认知》,《中国社会科学学报》2017年5月12日。

李杨、贾瑞哲:《以"一带一盟"对接促中俄经贸有效合作》,《东北亚论坛》2017年第4期。

李永全:《走向全面战略合作的中俄关系》,《东北亚论坛》2013年第4期。

李永全:《互信共赢是"一带一盟"对接与中俄地区合作的基础》,《黑龙江日报》2016年6月15日。

李振福、刘硕松:《东北地区对接"冰上丝绸之路"研究》,《经济纵横》2018年第5期。

《辽宁省同俄罗斯远东地区渔业企业再次合作》,http://www.shuichan.cc/news_ view–225120.html,2014–11–19。

刘广东、于涛:《中俄共建"冰上丝绸之路"的博弈分析——基于主观博弈的视角》,《太平洋学报》2019年第5期。

柳丰华:《普京总统第四任期内外政策走向》,《国际问题研究》2018年第4期。

刘清才、齐欣:《"一带一路"框架下中国东北地区与俄罗斯远东地区发展战略对接与合作》,《东北亚论坛》2018年第2期。

陆南泉：《中俄经贸关系现状与前景》，中国社会科学出版社 2011 年版。

陆南泉：《中国与俄罗斯远东地区经贸合作战略分析》，《学习与探索》2013 年第 2 期。

庞昌伟：《俄罗斯能源战略框架中的对外能源合作》，《国际经济评论》2004 年第 12 期。

庞昌伟：《俄罗斯油气资源及中俄油气合作》，《俄罗斯学刊》2013 年第 4 期。

庞大鹏：《乌克兰危机对俄罗斯发展战略的影响》，《俄罗斯学刊》2014 年第 3 期。

庞大鹏：《世界政治中的俄罗斯：互动与传导》，《俄罗斯东欧中亚研究》2019 年第 1 期。

齐欣：《"一带一盟"对接对中俄关系的影响分析》，《党政干部学刊》2017 年第 11 期。

《深度解读俄罗斯远东开发进程中的"中国潜力"》，http：//finance. qq. com/a/20120918/002444. htm。

石泽：《俄罗斯东部开发：中俄合作的视角》，《国际问题研究》2017 年第 1 期。

《数据解读：中国已成俄第一大进口来源地直接投资激增》，http：//intl. ce. cn/specials/zxxx/201410/13/t20141013_ 3691685. shtml，2014 - 10 - 13。

［俄］斯·日兹宁：《俄罗斯能源外交》（中译本），人民出版社 2006 年版。

宋魁：《俄罗斯东部资源开发与合作》，黑龙江教育出版社 2003 年版。

宋魁：《新世纪俄罗斯能源战略的地缘取向》，《俄罗斯中亚东欧市场》2005 年第 4 期。

宋魁等：《中俄电力合作的回顾与展望》，《俄罗斯中亚东欧市场》2007 年第 6 期。

孙先民、曾勇：《东北老工业基地振兴与俄罗斯远东开发联动效应分析——基于中俄毗邻地区经济增长联动的视角》，《学习与探索》

2017 年第 4 期。

谭武军：《俄加快开发远东和贝加尔地区》，人民网，http：//world.people.com.cn/GB/57507/10842640.html，2010-01-26。

田春生：《俄罗斯经济外交与中俄合作模式》，中国社会科学出版社 2015 年版。

王兵银：《东北老工业基地振兴与俄远东地区开发的耦合和互动》，《东北亚学刊》2016 年第 3 期。

王殿华：《互利共赢的中俄经贸合作关系》，科学出版社 2011 年版。

王海燕：《"一带一盟"对接的基础、领域与挑战》，《欧亚经济》2016 年第 5 期。

王海运等：《"丝绸之路经济带"构想的背景、潜在挑战和未来走势》，《欧亚经济》2014 年第 4 期。

王海运：《新世纪的中俄关系》，上海大学出版社 2015 年版。

王倩倩：《中俄经贸合作现状、问题及对策分析》，《对外经贸》2017 年第 9 期。

王树河：《俄罗斯远东地区投资环境分析》，《对外经贸》2012 年第 8 期。

王四海、闵游：《"页岩气革命"与俄罗斯油气战略重心东移》，《俄罗斯中亚东欧市场》2013 年第 6 期。

王宪举：《远东超前发展区建设为中俄合作带来新机遇》，《西伯利亚研究》2015 年第 5 期。

王晓泉：《"一带一路"建设中深化中俄战略协作研究》，中国社会科学出版社 2018 年版。

王志民、陈远航：《中俄打造"冰上丝绸之路"的机遇与挑战》，《东北亚论坛》2018 年第 2 期。

王志远：《"一带一盟"：中俄"非对称倒三角"结构下的对接问题分析》，《国际经济评论》2016 年第 3 期。

《为企业合作搭台，中资在俄建 27 个经贸合作区》，http：//money.163.com/17/0707/05/CONHPVJ6002580S6.html，2017-07-17。

武冠军、张延萍：《俄罗斯东部天然气资源及天然气管网规划》，

《国际石油经济》2005年第4期。

吴焰、曲颂:《远东"超前开发"见证中俄走近》,《环球时报》2017年11月21日。

项义军等:《"一带一路"国际合作升级——中俄经济合作视角》,中国商务印书馆2019年版。

许永继:《"一带一路"倡议下中国东北与俄罗斯远东区域经贸合作探析》,《学术交流》2019年第8期。

薛君度、陆南泉:《俄罗斯西伯利亚与远东——国际政治经济关系的发展》,世界知识出版社2002年版。

闫午:《俄罗斯至2020年能源战略》,《俄罗斯中亚东欧市场》2003年第10期。

杨雷:《"一带一路"建设路径的理论探析》,《徐州工程学院学报》(社会科学版)2018年第2期。

杨莉:《俄罗斯新一轮远东开发进程及影响》,《当代世界》2017年第8期。

杨莉:《"一带一路"倡议与俄罗斯远东开发战略融合的路径》,《国际贸易》2020年第3期。

《"一带一路"跨境系列报道近邻俄罗斯》,http://money.163.com/17/0707/05/CONHQHTB002580S6.html,2017-07-07。

于小琴:《乌克兰危机以来俄罗斯远东对华合作舆情分析》,《俄罗斯东欧中亚研究》2019年第6期。

于砚:《东北地区在"冰上丝绸之路"建设中的优势及定位》,《经济纵横》2018年第11期。

《远东地区中国投资现状、障碍总结与分析》,http://www.chinaru.info/zhongejingmao/lubuhuilv/34096.shtml。

[俄]伊·菲利蒙诺娃等:《东西伯利亚和远东地区石油天然气工业发展前景》,《西伯利亚研究》2010年第5期。

苑生龙:《促进中俄经贸合作新篇章》,《中国经贸导刊》2017年第19期。

赵立枝:《俄罗斯东部经济社会发展概要》,黑龙江教育出版社2001年版。

赵立枝：《俄罗斯西伯利亚经济》，黑龙江教育出版社 2003 年版。

赵秋艳：《浅析普京的石油政策》，《俄罗斯中亚东欧市场》2006 年第 3 期。

张弛：《中国东北地区与俄罗斯东部地区经济合作模式研究》，经济科学出版社 2013 年版。

张聪明：《"一带一盟"对接问题探讨》，《欧亚经济》2016 年第 5 期。

张学昆：《中俄关系的演变与发展》，上海交通大学出版社 2013 年版。

张艳璐：《试析欧亚经济联盟与"丝绸之路经济带"对接的障碍》，《欧亚经济》2016 年第 5 期。

郑羽、庞昌伟：《俄罗斯的能源外交与中俄油气合作》，世界知识出版社 2003 年版。

周永恒等：《俄罗斯远东地区矿产资源开发现状与潜力》，《中国矿业》2017 年第 11 期。

《中共中央国务院关于全面振兴东北地区等老工业基地的若干意见》，中央政府门户网站，www.gov.cn，2016 - 04 - 26。

朱显平、李天籽：《俄罗斯东部开发及其与我国东北振兴互动发展的思路》，《东北亚论坛》2008 年第 5 期。

朱显平、李天籽：《新形势下中国东北振兴战略同俄罗斯东部发展战略的互动合作》，《东北亚论坛》2009 年第 4 期。

朱显平、[俄]季塔连科：《俄罗斯东部与中国东北的互动发展及能源合作研究》，长春出版社 2013 年版。

朱宇、[俄]奥斯特洛夫斯基 А. В.：《中俄经济合作蓝皮书：中国—俄罗斯经济合作发展报告（2018）》，社会科学文献出版社 2018 年版。

左凤荣：《普京开启第四任期与俄罗斯面临的挑战》，《当代世界》2018 年第 4 期。

外文文献

Аганбегян А., "Социально - экономическое Развитие России: Стратегия Роста и Возможности Инвестиционного Обеспечения",

Общество и Экономика, №1, 2008г.

Баженова, Е. С., "Программа Возрождения Северо‐востока КНР и Освоения Дальнего Востока РФ: Основные Направления Соразвития в Рамках Концепции Экономического Пояса Шелкового Пути", *Сборник 4‐го Форума Китайско‐российского Экономического Сотрудничества Высокого Уровня《Один Пояс, Один Альянс》*, Харбин, 2017. 6.

Бакланов П. Я., *Дальневосточный Регион России: Проблема и Предпосылки Устойчивого Развития*, Дальнаука, 2001.

Бухвальд Е. М., Валентик О. Н., "Территории Опережающего Развития: Падение или Иллюзия?", *ЭТАП: Экономическая Теория, Анализ, Практика*, №2, 2015.

Бушуев В. В., "Государство, ТЭК и Экономика России", *Энергетическая Политика*, №3, 2003.

"Всего на Территории Дальнего Востока Создано 20 ТОР", https://erdc.ru/about‐tor/.

"Дипломатия Принуждения 2014 – 2016. Как Россия Противостояла Атакам США", http://politrussia.com/world/laquo‐diplomatiya‐prinuzhdeniya‐ssha‐226/.

Дьяков М. Ю., "Территория Опережающего Развития как Инструмент Рационального Использования Природного Капитала", *Сибиская Финансовая Школа*, №2, 2017.

Евразийская Экономическая Комиссия, "Сопряжение ЕАЭС и ЭПШП Приобретает Реальные Очертания: Согласован Список Инфраструктурных Проектов", http://www.eurasiancommission.org/ru/nae/news/Pages/2‐03‐2017‐1.aspx.

Ишаков В. И., *Концепция Развития Дальнего Востока России*, ДВОРАН, 2001г.

Капустин Н., "Сопряжение Евразийского Экономического Союза и Экономического Пояса Шелкового Пути: Дилемма Интеграции?", http://russiancouncil.ru/blogs/nikolay‐kapustin/33975/.

"Концепция Внешней Политики Российской Федерации (Утверждена

Президентом Российской Федерации В. В. Путиным 30 Ноября 2016г.)", http：//www. mid. ru/foreign _ policy/news/ - /asset _ publisher/cKNon-kJE02Bw/content/id/2542248.

Коржубаев А. Г. и др, "Современная Концепция Комплексного Освоения Ресурсов Нефти и Газа Востока России", *Бурение и Нефть*, №11, 2011г.

Коростиков М., Дорохина О., "ЕАЭС и Шёлковый Путь Год Спустя. Нестыковки Сопряжения Политики и Экономики", *Коммерсантъ Власть*, №18, 2016.

Минакир П. А., *Дальний Восток и Забайкалье*—2010. Экономика, 2002.

Минэкономразвития России, "Прогноз Долгосрочного Социально - экономического Развития Роcсйской Федерации на Период до 2030 года", http：//www. economy. gov. ru/.

Мухамеджанова Д., "Интеграционные Процессы в Евразии: ЕАЭС и ШОС", *Россия и Новые Государства Евразии*, №3, 2015.

"Об Итогах Деятельности Министерства Российской Федерации по Развитию Дальнего Востока в 2016 Году и Задачах на 2017 Год", https：//minvr. ru/.

"Объем Китайских Инвестиций в Проекты Свободного Порта и TOP на Дальнем Востоке Превысил 300 млрд Рублей", http：//www. ved. gov. ru/news/26305. html.

Олейник Е. Б., Ерёмин А. Ю., "Экономический Рост и Проблемы Реализации Проектов Территорий Опережающего Развития на Дальнем Востоке России", *Экономические Науки*, №7, 2016.

Островерхова Н., "Территория Опережающего Развития: Создание, Льготы, Закон. Территория Опережающего Социально - экономического Развития в Российской Федерации", https：//www. syl. ru/article/313835/territoriya - operejayuschego - razvitiya - sozdanie - lgotyi - zakon - territoriya - operejayuschego - sotsialno - ekonomicheskogo - razvitiya - v - rossiyskoy - federatsii.

Путин В. , "Послание Президента России Владимира Путина Федералъному Собранию Российской Федерации", *Денъги и Кредит*, №5, 2003г.

ПутинВ. , "Россия: Новые Восточные Перспективы", *Независимая*. 14 Ноября, 2000 г.

Путин В. , "Новый Интеграционый Проект для Евразии – Будущее, Которое Рождается Сегодня", *Известия*, 02 Октября, 2011 г.

"Развитие Дальнего Востока: Итоги 2017 Года", https://min-vr.ru/press-center/news/14650/? sphrase_id=378992.

Скриба А. С. , "Сопряжение ЕАЭС и Экономического Пояса Шелкового Пути: Интересы Участников и Вызовы Реализации", *Вестник Международных Организаций*, №3, 2016.

Смольков Д. , "Особенности Государственной Поддержки Моногородов в РФ", *Фонд Развития Моногородов*, 2016-09-23.

Сорокин А. П. , *Стратегия Развития Топливо-энергетического Потенциала Дальневосточного Экономического Района до 2020г*, Дальнаука, 2001.

"Стратегия Социально-экономического Развития Дальнего Востока и Байкальского Региона на Период до 2025 года", http://www.assoc.fareast.ru/fe.nsf/pages/str_soc_ekon_razv_dviz.htm.

"Стратегия Социально-экономического Развития Сибири на Период до 2020 года", http://www.sibfo.Ru/strategia/strdoc.php.

Татаркин А. , Толченкин Ю. , "Российская Угольная Промышленность: к Методологии Прогнозирования Социально-экономических Результатов Технологического Обновления", *Российский Экономический Журнал*, №4, 2006.

Чичканов В. П. , *Дальний Восток: Стратегия Экономического Развития*, Экономика, 1988 г.

Шафраник Ю. К. , "Нефтегазовый Комплекс России: Проблемы Современного Этапа Развития и Пути их Решения", *Энергетическая Политика*, №6, 2004.

Шлапеко Е., Степанова С., "Великий Шелковый Путь и Евразийская Интеграция", *Мировая Экономика и Международные Отношения*, №1, 2018.

"Экономический Пояс Шёлкового Пути и Евразийский Экономический Союз: Проблемы и Перспективы Сопряжения Двух Проектов", http://to-ros.info/?p=47508.

"Энергетическая Стратегия России на Период до 2020 года", http://www.mte.gov.ru/docs/32/1752.html.

Яновский А. Б. и др, "Перспективная Энергетическая Государственная Стратегия и Политика России", *Энергетическая Политика*, №5, 2003.

"5 Мая Дмитрий Медведев Проведёт Совещание о Создании Территорий Опережающего Социально-экономического Развития на Дальнем Востоке в 2015-2017 Годах", http://government.ru/announcements/27552/.